超常儿童发展与教育研究文集

查子秀

— 编著 —

北京出版集团

北京出版社

图书在版编目（CIP）数据

超常儿童发展与教育研究文集 / 查子秀编著. — 北京：北京出版社，2022.9
ISBN 978 - 7 - 200 - 17372 - 7

Ⅰ．①超… Ⅱ．①查… Ⅲ．①超常儿童—儿童教育—教育研究—文集 Ⅳ．①G763 - 53

中国版本图书馆 CIP 数据核字（2022）第152167号

超常儿童发展与教育研究文集
CHAOCHANG ERTONG FAZHAN YU JIAOYU YANJIU WENJI
查子秀　编著
*
北　京　出　版　集　团
北　京　出　版　社　出版
（北京北三环中路6号）
邮政编码：100120
网　　　址：www．bph．com．cn
北　京　出　版　集　团　总　发　行
新　华　书　店　经　销
河北宝昌佳彩印刷有限公司印刷
*
787 毫米×1092 毫米　　16 开本　　18.25 印张　　370 千字
2022 年 9 月第 1 版　　2022 年 9 月第 1 次印刷
ISBN 978 - 7 - 200 - 17372 - 7
定价：98.00元
如有印装质量问题，由本社负责调换
质量监督电话：010 - 58572393

序：拓荒者之韵

查子秀老师编著的《超常儿童发展与教育研究文集》即将出版，一直想为此写点文字，却迟迟没能下笔。作为查子秀老师的学生，在跟随老师从事超常儿童发展与教育研究的三十多年间，每次回想该领域在我国的发展历程，总有一种五味杂陈的感觉。我的眼前常常会不由自主地浮现出拓荒者的画面：一群坚毅的探索者在黎明的晨曦中艰难行进着，脚下除了丛生的荆棘和杂草并没有现成的路，他们奋力地挥着手中的刀斧砍掉眼前的荆棘，缓慢地探索着前行。有时候又会出现另一幅画面：在茫茫的雪原上，一只头狼在厚厚的积雪中奋力刨出了一条雪槽，后面有一群狼沿着头狼刨出的雪槽缓慢地前行，所过之处留下了深深的血痕，而这些痕迹很可能会在下一场大雪中消失得无影无踪……这些画面反复出现，挥之不去。于是，我联想到查子秀老师等人开创超常儿童研究和教育事业的艰辛，而这部文集则犹如拓荒者留下的脚印，无论时间过去多久，都发人深省。

我国的超常儿童发展与教育研究事业始于1978年。当时，超常儿童研究在中国可以算是一片荒芜，查子秀老师就是在这样一种要钱没钱、要人没人、要资料没资料的情况下，跟四川师范大学教育系的贺宗鼎教授、上海师范大学教育系的洪德厚教授、华东师范大学心理系的李丹教授、华中师范大学教育系的刘荣才教授等同行联合发起了对超常儿童心理发展与教育的协作研究，并成立了全国超常儿童研究协作组，在人、财、物奇缺的情况下，采用协作的方式，弥补了当时研究条件的不足。这种协作形式在当时就是一种创新。

随后，全国超常儿童研究协作组在查子秀老师等核心成员的领导下，进行了一系列开创性的工作，编制了鉴别超常儿童认知能力测验和青少年非智力个性心理特征问卷等超常儿童鉴别工具，弥补了国内没有自主研发的鉴别超常儿童工具的空白，并且在研究中提出了"多指标、多途径，动态鉴别超常儿童"的原则，为我国超常儿童鉴别和教育实践提供了科学的理论指导。特别值得一提的是，查子秀老师等人在20世纪70年代末80年代初提出的"多指标、多途径"的观点，就是要告诉人们，超常儿童的表现形式是多样的，不只有智力（或智商）超常儿童，还有音乐、美术和体育等多种形式的超常儿童。这个观点与美国哈佛大学的加德纳提出的多元智力的观点是同时代的，甚至还要早些。

全国超常儿童研究协作组在查子秀老师等主要成员的带领下，率先开始了对超常儿童的追踪研究，并于1981年出版了三年追踪研究的初步成果《智蕾初绽——超常儿童追踪研究》，随后于1987年出版了第二期追踪研究的成果《怎样培养超常儿童》。特别是《智蕾初绽——超常儿童追踪研究》，可以说是中华人民共和国成立后第一次以严谨的科学方式向社会讲述超常儿童的故事。

在国内开展超常儿童研究的同时，查子秀老师还积极开展国际交流，第一次把中国的超常儿童研究介绍给国际同行，并让国际同行知道了中国学者对西方的"gifted and talented children"有自己专门的称谓"超常儿童"（supernormal children）。

在国际合作方面，查子秀老师所领导的超常儿童研究小组于20世纪80年代末与德国慕尼黑大学的库尔特·海勒教授的研究小组合作，开展了中德青少年科技创造力的跨文化研究。该项目是我国创造力研究领域第一个国际合作项目，不仅对中国的创造力研究具有十分重要的意义，对德国乃至整个欧洲都是非常重要的。

在中国科学院国际合作局及心理研究所时任领导的大力支持下，在查子秀老师和香港同行的持续努力下，世界天才儿童协会决定将1995年的第十一届世界超常儿童研究双年度会议的主会场放在香港，同时在北京召开一个卫星会议。这是世界天才儿童协会首次在亚洲地区召开国际会议，对于让世界了解亚洲的天才（超常）儿童研究和教育，特别是对中国的超常儿童研究和教育起到了直接的宣传和推动作用，也为2000年在北京召开第六届亚太地区天才（超常）儿童国际会议做了很好的铺垫。

除了基础研究，查子秀老师领导的研究小组坚持理论联系实际，将科学研究与教育实践紧密结合。在中国科学院心理研究所和北京市教育局（后来改为北京市教委）时任领导的支持下，查子秀老师领导的超常儿童研究课题组与北京市第八中学合作，在北京创办了第一个中学超常儿童教育实验班，开始了超常儿童集体教育和系统培养的探索模式，为我国拔尖创新人才早期培养模式的探索做出了开创性的贡献。北京市第八中学超常教育实验班三十六年的教育实践，还有中国人民大学附属中学、东北育才学校、江苏省天一中学等中小学的超常教育实验证明，对智力超常儿童的这种集中加速教育模式不仅具有科学性，也具有很好的可行性。

在查子秀老师文集的编辑和出版过程中，查子秀老师的先生王方定院士在沟通联系等方面提供了鼎力支持，在文集布局、编排等方面给了大量建议，中国科学院心理研究所的张兴利博士为此付出了很多努力，心理研究所图书馆的卫垌圻馆长给予了大力协助，张艳丽同学为文稿的收集和整理付出了很多时间和精力，北京出版集团的编辑刘超、牟苗为文集的编辑出版付出了很多努力，北京中科心翔教育科技有限公司对文集的出版提供了支持，还有其他为查子秀老师的文集出版做出贡献的朋友们，在此一并表示衷心感谢。

读着查子秀老师的文集，让我体会到"平凡而伟大"的含义，同时也让我想到2008年北京奥运会主题曲《北京欢迎你》中的两句歌词："有梦想谁都了不起，有勇气就会有奇迹。"很多不平凡的奇迹不都是在平凡的坚持不懈下实现的吗？

中国科学院心理研究所超常儿童研究中心主任　施建农

Contents

应 用 研 究 篇

实 践 篇

理论篇

婴幼儿的心理发展与教育 [①]

中国科学院心理研究所　查子秀

为了早出人才、多出人才，广大教育工作者和家长越来越多地关心下一代的教育。我们观察到，婴幼儿也有巨大的学习积极性和潜力。那么，对婴幼儿进行识字和数学启蒙，是否会对他们的发育产生不良影响？应该如何进行婴幼儿的教育呢？这篇文章将谈谈我们的初步看法。

一、婴幼儿言语的发展

▼

初生的婴儿不会说话，但在成人的教育和影响下，仅仅几年之后，就能初步掌握人类几千年来创造的语言财富，这是儿童心理发展过程的一个显著的跃进。语言的发展是和其他心理发展紧密联系、互相影响的。一般来说，儿童掌握了语言，抽象思维的发展就有了支柱，整个心理发展也会发生质的变化。因此，积极促进儿童言语的发展具有重要的意义。

儿童言语的发展是有规律性的。新生儿只有哭喊的反应，到两三个月大时开始发音，半岁以后能听懂成人的一些简单言语，并以相应的动作来做出回应；1岁左右的婴幼儿能模仿成人说话，并逐步发出一些有意义的字词；2~3岁是幼儿学话积极性高涨的时期，在积累了一定数量的词汇之后，就能由字词、简单句逐步发展到掌握各种基本类型的句子；4~5岁以后，幼儿的词汇量迅速扩大，语法结构体系基本掌握，言语的连贯性进一步发展，而且开始出现内部言语。也是在这个时期，幼儿可以开始学习书面语言。

国外一些研究资料认为，2~3岁是儿童口头言语发展的最佳年龄，在这期间儿

---

① 原文刊登于《人民教育》，1979年第4期。

童学说话迅速而容易。4~5岁是儿童开始学习书面语言的最佳年龄，因为4岁左右是儿童形象知觉发展的敏感期，这一阶段适合教儿童进行识字和阅读。这与我国儿童言语发展的实际情况基本是一致的。家庭教育条件较好的儿童，4~5岁时识几百字并不困难。在我们的调查中，该年龄段的儿童有些甚至已学完了小学一年级的语文课本，还有些在学习外语，这种实例目前已不罕见。

为了促进儿童言语的发展，应该多跟婴幼儿进行语言交流，这种交流开始得越早越好。不要认为婴幼儿不会说话，就只让他躺着自己玩，要看到成人跟婴幼儿说话的积极意义。成人的言语对婴儿是一个正面的刺激，会引起他们积极的反应，从而促进他们视觉、听觉、语言和运动的协同发展；在成人言语的引导下，婴幼儿发出"哦""啊"等音，能很好地锻炼其发音器官，并给他们模仿成人发音和说话提供了可能性。即使在幼儿会说词语或简单句后，也还要从与成人的语言交流中进一步学习某些难发的音节，丰富词汇，掌握句法结构，发展言语的连贯性。所以，成人应该把跟婴幼儿说话交流作为一项重要的教育任务。

儿童的生活实践也应丰富多样，为其掌握语言提供感性基础。列宁指出："任何词（言语）都已经是在概括。"任何词都是客观现实生活中一类事物（或动作、关系等）的概括化的结果和标志。例如，"灯"这个词是各种灯的概括化的标志，让儿童见识各种形式的灯，如家中的日光灯、台灯，街上的路灯、车灯等，才能真正掌握"灯"这个词。各种句法形式都是客观现实中各种现象之间的一定关系和联系的反映，要儿童掌握句法结构，首先要让他认识相关的某些关系和联系。

教婴幼儿说话和识字时，要考虑他们的思维的直观性和形象性等特点。应遵循从具体到抽象的顺序，先教那些经常看得见、摸得着、听得到的实物的名词，以及他们经常重复的动作的动词，对婴幼儿生活中不常用的或比较抽象的词就不教或缓教；在教的过程中，还应根据不同词类的特点，让他们看一看、摸一摸、听一听、尝一尝、闻一闻，教动词时让他们也动一动，体会一下该动词表示的动作等；还要考虑婴幼儿注意力不集中的特点，每次教的内容不宜多、时间不宜长；教授方式要多样化、游戏化，引起婴幼儿的兴趣，让他们没有压力、乐于学习。即使对比较聪明的婴幼儿，也应采用这些方法，才能取得较好的效果。

二、婴幼儿对数概念的初步掌握

恩格斯指出："数和形的概念不是从其他任何地方，而是从现实世界中得来的。……为了计数不仅有可以计数的对象，而且还要有一种在考察对象时撇开对象的其他一切特性而仅仅顾到数目的能力……"儿童掌握数概念的能力，随着言语的发展，特别是通过认数和运算的学习活动，是能够逐步发展起来的。

观察和实验研究的资料表明，1岁左右的婴儿，在会说话之前，就已能笼统地感知多和少。例如，当他正玩着的两个（或几个）东西，被人悄悄地拿走一个（或几个）时，他会发现少了，闹着非要回不行；当两份数量悬殊的食品摆在他面前时，他会要多的那份。在1岁半以后，我们常常能听到正在玩着实物的婴儿说"一个、一个"，或"一个、另一个"；当给他们食物或玩具时，他们常会用"还要""再给""多多的"等来表示还没有满足。两岁后，幼儿会正确数"一个、两个"，当问他有几只眼睛、几只手时，他能正确回答。由于在婴幼儿的实际生活中，3个一组的实物的数量群，不如两个一组的实物（如两只脚、两个耳朵等）的数量群多，所以他们掌握"3"这个数相对要困难一些。我们说掌握"3"这个数，不只是看他口数到几，还要看他点数实物的实际能力。点数完3个实物知道是3个，并知道3比2多，2比3少；而且当3个一组的实物（或图片）呈现时，不用逐个数，一看就能正确回答是3个。一般来说，幼儿在3岁左右只能初步掌握"3"的数概念。4~5岁的儿童可以掌握10以内的数概念和数运算，5~6岁的儿童可以掌握20以内的数概念和数运算。现在有不少儿童，在进入小学之前，基本上已掌握了20以内的数概念和数运算，还有些儿童掌握了100以内的数概念和数运算，有些甚至学完了小学一年级的算术知识。

由于数概念比较抽象，在教婴幼儿认数和运算时，应该充分利用其生活中所接触到的认数和运算的机会，逐步培养儿童撇开实物的其他特征以抽象出数目的能力。例如，可以让两岁多的幼儿认数自己身体的有关部分（如一个头、两只手等），或联系食物和玩具、结合游戏等来认数。要有意识地从各方面启发幼儿，培养他们在舍弃对象的其他特性的情况下认数的能力。随着幼儿年龄的增长，他们的活动范围扩大，家长可利用的教育机会就更多。由于婴幼儿抽象概括水平较差，最初的认数实际是对实物数量的感知。因此，教他们认数时，应该运用各种各样的实物，但是到适当时候一定要拿走实物，运用语言来引起儿童头脑中保留的实物形象的再现，促使他们在脑中借助表象进行认数和运算。表象在一定程度上是概括化的但又没有完全脱离直观性，可作为从感知向思维转化过程中的中间环节。适时要求儿童不拘泥于实物而运用表象，有利于他们从具体向抽象数概念的过渡，然后再直接运用数字，让儿童认数和运算。这个教学程序对不同年龄的儿童来说侧重点不一样，对婴儿可偏重运用实物和表象，对较大的幼儿则可偏重运用表象和数字。

在教婴幼儿认数和计算的过程中，要发挥语言的调节作用，用婴幼儿理解的话讲明问题的关键，这样可以缩短他们自己摸索的过程。例如，3~4岁的幼儿在判断数量时，容易受物体空间排列布局的影响（即面对同样多的实物，幼儿在该物不同的排列形式下，往往不能正确判断其数量）。成人可以提示他们："不要管这些东西是怎样摆放的，只要它们的数目一样多，就是同样多。"经过启发，多数儿童能触类旁通。

数词是抽象数量的物质外壳，适时教婴幼儿认识和书写一定范围的数字（一般在4岁左右可以认数和写数），利用书面数词这个工具，有助于儿童数概念的扩大和加深。

三、关于早期教育问题

婴幼儿能够不同程度地识字和认数，对学习感兴趣。但是这个年龄段应该教他们学习吗？过早学习会不会影响其大脑发育，损害他们的健康？这涉及了儿童早期教育的问题。

有相关资料表明：儿童3岁时的脑重相当于成人脑重的2/3，7岁时相当于成人的9/10；其大脑皮层细胞的分化在3岁时已大致完成，8岁时与成人几乎无异；神经纤维髓鞘化在学前末期也基本完成；脑电图则在13~14岁时接近成人水平。可见，婴幼儿大脑结构和机能一直在发展，7~8岁后接近成熟，而这种发展是在生活环境和教育条件影响下实现的。有些研究材料表明，人脑还有很大潜力，早期训练可以促进大脑的发展。但是也有一些研究认为，在生命的头四年里，营养不良、缺乏教育或者教育不当，都可能给儿童大脑带来不良影响。因此，我们首先要肯定对婴幼儿进行早期教育的重要性和必要性，同时也要重视早期教育的适当性。

怎样才算适当？总的来说，就是要从婴幼儿心理发展的实际水平出发，遵循其心理发展的规律，教授适当的知识和经验，促使婴幼儿心理向更高的发展阶段逐步过渡，而不要操之过急。早期教育的重点不要只着眼于传输大量的知识经验，而是要着眼于通过一定的知识、经验的教育，发展其智力，培养其品质。因为婴幼儿时期是智力迅速发展的时期，也是个性品质开始形成的时期。生活中有一些小学生很聪明，但是由于他们不爱动脑筋、怕困难、没有毅力，所以学习成绩并不如意。之所以形成这些缺点，一般都是由于婴幼儿时期家长过于溺爱或者教育方式不当。儿童一旦在学前形成了某些习惯，入学后改正起来就不大容易。因此对儿童进行早期教育时，在注重智力发展的同时，也要注重良好品质的养成。对婴幼儿进行早期教育的方式和方法要适合婴幼儿的特点，要多用游戏的方式，让他们轻松愉快地完成，不影响睡眠和健康。当然，早期教育还是一个新的课题，究竟怎样做才最科学，还有待于通过实践和科研进一步解决。

国外心理学中关于类比推理的一些研究 [①]

中国科学院心理研究所　查子秀

类比推理是一种重要的思维活动，是儿童认知发展的一个重要方面，也是评定儿童认知能力的一个重要方面。本文根据斯滕伯格的著作扼要介绍这方面的一些主要理论及几种研究的方法。

一、类比推理的有关理论

类比推理在人们的日常经验中时常发生。当我们将经验中的某件新事情与某件旧事情做对比时，其中就包含类比推理的成分。类比推理在各种脑力活动中是极端重要的，例如在科学工作中，类比推理的作用怎么高估也不会过分。

但是，在心理学的研究中，类比推理是研究得很少的一个课题，对推理的研究倾向于演绎推理这方面。关于类比推理的理论可以分为下列3类。

（一）差异理论（Differential Theories）

类比推理的差异理论是以实验对象在类比推理测验中成绩的个别差异为依据的，这些理论一般表现为所设定的智力因素上的因素负荷。持差异理论的心理学家们认为了解智力要依据所有的基本因素，了解类比推理要依据特殊因素或与类比推理测验成绩相关性很高的那些智力因素。因此，类比推理测验为测量一种或多种智力因素提供了工具。

对持差异理论的心理学家们来说，类比推理研究是作为智力研究的副产品，而对类比推理本身的目的却很少注意，只有斯皮尔曼除外。因此，差异理论只是作为

智力理论而不是作为类比推理的理论来阐述的，是不完全的。在差异理论中，只有吉尔福特的理论看起来在说明类比推理方面是较好的一种。他提出类比推理中至少包括两种运演，即对关系的认知和对关系的辐合的产品，在某种情况下，还可以包括对一个单元的认知和发散的产品的过程。

（二）信息加工理论（Information-processing Theories）

斯皮尔曼持差异理论的同时又兼有信息加工理论的思想，且他对信息加工理论的阐述要比差异理论更好一些。他的信息加工理论是以认知三项定性的原则为基础的，即对经验的理解、关于关系的推断以及相关物的推断。图1是斯皮尔曼认知三原则在类比推理中的应用的图解。

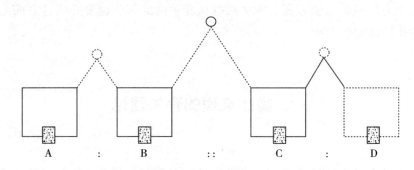

图1 斯皮尔曼的认知三原则在类比推理中的应用

上述图解可以用公式表示为A∶B∷C∶_。对经验的理解相当于对每个类比项的编码，关于关系的推断相当于推断出关联A项和B项的法则；相关物的推断则相当于把这推断出来的法则应用于类比的C项，产生答案即D项。

斯皮尔曼还认为，在类比推理中包含各种运演，还包含广泛的关系。这些关系主要有两种类型，即现实的类型和观念的类型。

现实的关系有7种具体表现：属性，即特性与其基础的关系，如红色与红的东西的关系；同一性，即任何一个特征由别的特征取代后，其基础仍与以前相同；时间，两个时期彼此相接所涉及的关系（就是序列关系）及其所依据的基础，都属于时间一类；空间，即物体位置的关系；因果，即原因与结果的关系；客观性，指在心理上呈现的东西与其客体的关系；组成，是以X、r和Y表示一种组成关系，其中r是联系X和Y的关系。

观念上的关系有4种具体表现，即：相似，包括同和异；证据，就是认为X是Y的真理性的证据；结合，即"与"的关系；混合，即前10种关系的混合。因此，在斯皮尔曼的理论中总共有11种关系。

斯滕伯格认为，斯皮尔曼的信息加工理论比其他人在这方面的理论更完善，但是斯皮尔曼忽略了两个过程：一是联系类比公式的前一半（A∶B）和后一半（C∶＿）的高一层关系的发现过程，也就是类比关系的发现过程，即发现两种关系之间的关系的过程；二是实验对象一旦进行回答，转达这一回答的过程。此外，斯皮尔曼所列举的关系也不全面，例如缺少媒介关系，所选的关系有的也还有待讨论。更重要的是，斯皮尔曼提出这一理论时（1923年）缺乏实验资料的支持。尽管如此，他的信息加工理论还是让人印象深刻。

沙洛姆和施莱辛格对斯皮尔曼的信息加工理论有所扩展。他们认为，解决类比问题包括两个过程，即形成一个联结公式（实验对象用以解决类比的特殊公式）及应用这个联结公式。显然他们所提的这两个过程，相当于斯皮尔曼的关系的推断和相关物的推断，或相当于吉尔福特的关系的认知和关系的辐合产品。他们认为，最初形成的联结公式与最后实际解决类比问题的联结公式不是完全一样的，实验对象在应用联结公式的过程中会有所删减。他们还提出在语言类比和图形类比中有两种不同性质的内部表征。语言类比时用的是关系的网络，而图形类比时用的是在记忆中储存的运演目录。他们的理论是相关理论中最详细的一种，但是对类比过程的阐述不够全面，对两种内部表征也还缺乏具体的揭示。

鲁姆利哈特和亚伯拉罕森的理论则从语义空间来解释类比推理，认为类比推理是语义空间上的一组运演。在建立的向量中A和B之间的心理距离，与C和I（理想的正确答案）之间的心理距离是相等的。类比在语义空间上被看成平行四边形。

此外，亨特提出了两种算法，即完形算法和分析算法，可以用来解决矩阵问题。雅各布斯和范德维特提出了12种关系，他们认为这可以正确地将绝大多数的矩阵项目分类。他们还用实验证明，教儿童认识和运用这些关系，可以开发他们的智力。赖特曼和埃文斯等提出了两种以计算机为基础的理论等。

斯滕伯格认为，在类比推理的研究中面临4个主要问题。第一个是理论缺乏实验的支撑，为理论所指导的实验多数与理论联系微弱；第二个是理论的完善问题，大多数的理论很不全面，只说明类比推理某一个或某几个方面；第三个是普遍性的问题，没有一个理论是全面的、概括的，多数都相当狭窄；第四个是多数理论不能说明信息加工的个别差异。因此，他提出了"组成理论"。

（三）组成理论（A Componential Theory）

这一理论认为，类比是关系的等级结构，以A∶B∷C∶D′的形式表现。当两种较低级的关系（A和B的关系与C和D′的关系）之间有一个高一级的等值或接近等值的关系时，就存在类比。也就是说，以领域表示A与B，以范围表示C与D′，在这个领域发现X、X关系通过形成同类关系I而映射到范围中。类比的实质就是高一级的关系Y，它使类比的领域映射到类比的范围。可是在许多类比推理中却缺乏这种较高级的映射。

类比推理的组成理论包括6项信息加工的成分，表现为3种一般的形式，并附加这些成分的联结规则。这一理论的结构见表1和图2。

表1　类比推理的组成理论

组成过程	潜在参数	说明
编码	I.类比推理的组成 A.属性辨认 （a）	辨认每项问题的属性和价值
推断 映射 应用 证明	B.属性比较 （X） （Y） （Z） （t）	发现联系A与B的法则。领域 发现联系A与C的法则。领域到范围 产生形成D′法则和评价D范围 任意选择的，对完成后的运演的效度的考验。领域范围
准备-反应	C.控制 （c）	准备类比的解答，监控解答过程，把解答转译为反应
附	II.联结原则 解决时间=编码时间+推断时间+映射时间+（证明时间）+准备-反应时间 解决难度=编码难度+推断难度+映射难度+应用难度（+证明难度）+准备-反应难度	

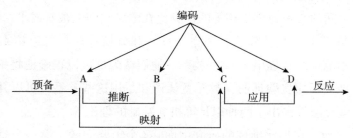

图2　类比推理组成理论的图解

类比推理有以下3种组分（组成成分）：

1.属性辨认（Attribute Identification）。编码就是一种属性辨认的组分。在编码中，刺激转化为一种内部的表征物，心理运演在其上才可能进行。这种内部表征物被储存在记忆中，例如，红：停∷绿：走。编码中这4个类比项都被理解并储存到记忆中。

2.属性比较（Attribute Comparison）。有3项强制性的属性比较组分和1项任意的比较组分。

推断是一个过程，通过这个过程发现联系类比A项和B项的法则X。推断的结果储存在记忆中。从上面的例子看，推断即红和停之间的关系的发现。

映射是发现较高级的法则Y的过程，Y使类比领域中的关系映射到范围。所谓映射就是找到联系A（领域的第一项）和C（范围的第一项）的法则，这些法则储存在记忆中。从上面的例子看，就是对红与绿之间的关系的发现。

应用是产生法则Z的过程。这个Z形成D′（理想的正确答案）和评定D（答案）。应用于是发生在范围之中，结果则储存在记忆中。从上面的例子看，应用是形成一种类比法则，这种法则使实验对象能够确定，正确地做下去就可完成类比。

证明是一种任意的组分。它也是一个过程，通过这个过程，在与D′不相同的几种供选答案中，确证一种与D′最接近的答案。从上面的例子看，红∶停∷绿∶（走、小心），"走"更接近正确答案，因此被判为正确的回答。

3.控制问题。在理论中，控制的成分包括实验现象解决类比问题的准备，监控解决的过程，以及把解决转译为反应的过程。准备-反应成分包含一系列运演，这些运演不宜看成分开的成分，而应看成是适当的联合表现。

类比推理还包括一条结合规则。假定反应时间等于每成分运演所需时间的总和，又假定反应误差（项目的难度）等于每一成分运演进行过程所遇困难的总数，于是两者各自可以得出一个简单的线性模型。这里就不予介绍了。

在类比推理过程中，在信息加工成分和结合规则相同的情况下，依据解决类比推理问题时不同成分组织起来的策略不同，组成过程的顺序的不同，分出了4种基本的模式。这4种模式对选择性类比、是非类比，以及各种内容的类比都适用。

类比推理组成理论对类比推理的整个过程论述得比较全面、详细，应用范围也较广，所以是类比推理理论中较好的一种。

二、类比推理实验的方法举例

这里介绍斯滕伯格一组类比推理实验，包括人形类比推理实验、语词类比推理实验、几何图形类比推理实验、动物名称类比推理实验，以及米利埃类比推理实验。

（一）实验材料

人形类比推理实验的材料是人的体形图，这些体形是按照4对不同的属性绘制的，即高度（高—矮）、腰围（胖—瘦）、颜色（红—蓝）和性别（男—女）。这套人形图绘在印刷模板上，着色复制而成，然后贴在6英寸×9英寸（1英寸为2.54厘米）的速视器卡片上。

语词类比推理实验的材料是从日常生活的词汇中选出的，印在速视器的卡片上。共有168项类比，其中有84项是正确的，84项是错误的（即类比的第4项是错的）。这些类比项目中，简化的类比项目有8项，呈A∶A∷A∶A的形式；半简化的类比项目有两种，8项呈A∶A∷B∶B的形式，另外8项呈A∶B∷A∶B的形式；其余的144项都是非简化的类比。简化的、半简化的和非简化的3种形式的类比，在正确和错误的项目中，数量分配是相等的。语词类比的典型样例见表2。表中项目编号的第一位阿拉伯数字如果是0则代表是正确项目，如果是1则代表错误项目，错误项目的正确答案在该项末尾的括号内。

表2　典型语词类比举例

项目编号	语词类比样例
006	手∶足∷手指∶足趾
009	商人∶卖∷顾客∶买
010	1角银币∶10∷5分镍币∶5
014	律师∶法律∷医生∶医学
019	手枪∶弓∷子弹∶箭
025	词∶字母∷段∶句
045	你的∶我的∷属于你的∶属于我的
047	听∶看∷聋∶瞎
071	怯懦∶妒忌∷黄色∶绿色
073	艺术家∶艺术家∷艺术家∶艺术家
078	钉锤∶钉锤∷钉子∶钉子
084	树∶森林∷树∶森林
103	豹∶虎∷斑点∶汤（条纹）
108	汽车∶道路∷火车∶守车（轨道）
119	打雷∶闪电∷听见∶尝到（看见）
126	火车∶火车司机∷飞机∶声音（飞行员）
127	沉寂∶黑暗∷声音∶月亮（明亮）
130	电冰箱∶食物∷皮夹子∶忍耐（钱）
132	两者∶其一∷和∶连接词（或）
144	那时∶现时∷过去∶种类（现在）
175	机器∶机器∷机器∶草地（机器）
177	云∶云∷雨∶片段（雨）
183	冬天∶季节∷冬天∶月（季节）

几何图形类比推理实验的材料为正方形、三角形、圆形，表现为这些图形的结合以及与这些图形类似的其他图形的形式。共有90项强制选择的几何图形类比，其中36项（40%）为简化的或半简化的形式，54项为非简化的形式。简化、半简化、非简化的正确回答都有两个选项，分别为D1和D2。在简化与半简化形式中，有12项呈A∶A∷A∶（D1、D2）的形式，12项呈A∶A∷B∶（D1、D2）的形式，还有12项呈A∶B∷A∶（D1、D2）的形式。几何图形类比推理实验的项目举例见图3，每个项目中间的直线条将项目的主干部分与回答选项（D1、D2）分开。

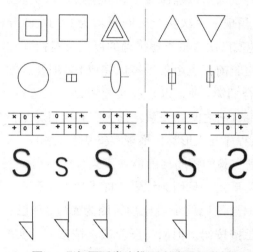

图3　几何图形类比推理实验项目举例

注：图3中前3项是非简化的项目，按从易到难排列，
第4项是半简化的项目，第5项是简化的项目。

动物名称类比推理实验的每一项是一个动物的名称，表现为A∶B∷C∶（D1、D2、D3、D4）的形式。典型的项目是：兔∶狸∷鼠∶（长颈鹿、马、浣熊、狼），被试需要按照动物与理想的回答接近的程度来排列供选答案的顺序。上例的正确排列顺序是：浣熊、狼、马、长颈鹿。现在这个动物名称类比推理实验的材料是30个动物名称的类比课题，每一课题有4个不同的选择，要求被试选择最合适的回答，而不再是如上述那样排列供选答案的顺序。

米利埃类比推理的实验材料是选自米利埃类比测验的60个类比项目。米利埃类比测验是在50分钟内完成100项语词推理的困难的类比测验，这是一种研究院水平的学习能力倾向的测验。

（二）被试

在这组的第一个实验——人形类比推理实验前，通过能力（包括推理和知觉速度）测验，将得分属于下列4种情况之一的选为被试：一是推理及知觉速度分数都在第80个百分位以上的；二是推理分数在第80个百分位以上，知觉速度分数在第10~30个百分位之间的；三是推理分数在第10~30百分位之间，知觉速度在第80个百分位以上的；四是推理及知觉速度都在第10~30个百分位之间的。

（三）实验程序

人形类比推理实验正式开始前，先进行了预备实验，向被试说明实验的重要性，并让他们先练习若干项目以加深对实验的理解。该实验是分4次进行的，每次有228个项目，分4组呈现，每次实验时间平均为1小时15分钟。实验后，被试需要尽可能详细地说明他们解决人形类比推理的过程及实验情况。

在语词类比推理实验前，先由若干被试完成190项开放的非简化类比项目，让他们填写自认为最符合的第4项，以筛选实验项目。又选另外的一组被试，对860对词进行评定，判断每对词之间的关系，作为实验项目分组的依据。语词类比实验项目分8组呈现，其余程序与人形类比推理实验基本上相同。

几何图形类比推理实验的程序与前两项实验有些不同，主要为：被试的反应是选择而不是"是—非"形式；只用无线索（即类比的4个项目被试都要编码）条件及两个线索（即被试只要编码两个类比项，因为A与B项已在前线索中编码）；用脚踏终止前线索而不是按按钮，但回答反应还是按按钮。实验项目分4组呈现，前两组每组15项，后两组每组30项。对每一个被试来说，项目呈现的顺序是随机的，实验分两次完成，每次完成实验项目的一半，两次实验相隔2个月。

实验所用的仪器是一架三向速视器，实验刺激通过速视器的屏幕呈现给被试，被试按适合的按钮以做回答反应。各实验的主要因变量是解决类比推理的时间和错误率，主要的自变量是项目的难度。实验一般由两个主试进行，一人负责操作速视器，另一人负责记录潜伏的时间及错误情况。

本文介绍了国外类比推理的主要理论和实验举例。可以看出，他们对类比推理的过程阐述得较详细，并就类比推理的实质提出了各自的看法。在实验方面，虽然是从理论出发，忽视了类比推理过程质的特点，并缺乏不同年龄发展过程及个别差异的研究资料，但是这组实验的设计还是比较周密，实验材料多样化，实验项目也较多。这些对我们研究类比推理将会有很大启发，可供参考。

从超常儿童概念想到的问题 [①]

中国科学院心理研究所　查子秀

为了对超常儿童进行适合其特点和水平的教育，首先就要能准确地把他们鉴别出来。要想准确地进行鉴别，就要对超常概念有正确的理解，对超常儿童有正确的认识。

对超常概念应怎样理解呢？下面向大家展示一点资料，谈一点个人的看法。

一、从神童到超常儿童——概念的扩展

▼

回顾这个领域研究的历史，在不同时代、不同国家，人们对智能非凡或具有某种突出特殊才能的儿童，称呼不是完全相同的。古代称他们为神童，外国称之为天才儿童。这种称呼上的不同反映了人们对这类儿童认识上的差别，反映了关于这类儿童的概念，随着研究的深入，认识的发展有了明显的扩展。

在古时候，当人们对某种现象不能给予科学的解释时，往往归之于"神"。一个儿童竟能过目不忘，出口成章，下笔成文，写出绝妙的诗词，或绘出栩栩如生的图画，或机智地解决了连成人也难以解决的难题（如破缸放水救人等），古人对之感到神秘莫测，把这些儿童看成是神赐的、从天而降的旷世奇才，称他们为神童或圣童。

"天才"一词，据记载来自西方。当时西方流行一种看法，认为人的能力是天生的，是由遗传决定的。持这种看法的典型代表就是英国的人类学家和心理学家高尔顿。他们对900多位历史名人（包括音乐家、画家、诗人、科学家、文学家、法学家、军事家等）的家谱进行了调查研究，得出能力来源于遗传的结论，于1869年发表了《遗传的天才》一书。之后，遗传决定论的观点在相当长的时期内占据着主流

---

①原文为作者在中国首届超常教育研讨会上所做的报告，刊登在该会论文集。

地位（虽然当时也有学者持另一极端的看法认为天才由环境决定，但这种看法不是主流）。可见，天才儿童的称呼反映了那个历史阶段的人们对这类儿童的认识，反映了那个时代的流行观点。

20世纪初，美国心理学家推孟用智力测验来鉴别天才儿童，他认为在斯坦福－比奈智力量表上，智商达到或超过140就可以称为天才儿童。从此，高智商在许多国家成了鉴别天才儿童的决定性的指标。多数研究者倾向于把智商130定为天才儿童与常态儿童最起码的分界线。

20世纪50年代后，随着心理学家吉尔福特等对智力的深入研究，他们指出智力结构是复杂的，只靠一种智力测验难以测出儿童的全部智力。同时，他们指出智商不能反映儿童的创造力、科学能力、数学能力及领导才能，只能反映儿童在学校的学习能力。研究者逐渐认识到，天才儿童的概念不应只由智商来定义，在天才儿童的概念中不仅有智力，还包括创造力及特殊才能。20世纪70年代初，美国联邦教育部根据研究结果，规定了6个指标：一般智力、特殊学习能力倾向、创造性思维、领导才能、视觉和演奏艺术、心理运动能力（后来删掉了此点）。只要儿童在上述一个或多个指标方面表现优异，都应称为天才儿童。

1978年，美国心理学家任朱利认为美国官方所提5个方面没有包括非智力成分，是不周全的。他提出三圆圈天才儿童概念（The Three-Ring Conception of Giftedness）：超过一般的能力（智力），既包括一般能力（如抽象思维、推理、空间关系等），也包括特殊能力（如艺术、数学、操作及领导能力等）；工作负责，包括强烈的动机，对某个领域的浓厚兴趣，热情、自信、坚毅、顽强、努力地完成任务；较高的创造力，包括思维的流畅性、灵活性和独特性，好奇、不故步自封，对新事物敏感、敢冒风险、勇于创新、深思熟虑。三圆圈天才儿童概念示意图如图1所示，他认为天才儿童是这3方面相互作用的结果。三圆圈的天才概念在智力方面比传统智力标准降低了一些（只要求超过一般的智力），但加上其他两方面的要求，使得天才儿童的判定标准更广、更高、更严了。

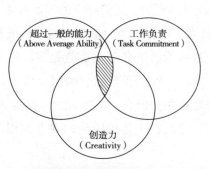

图1　三圆圈天才儿童概念示意图

20世纪70年代以来，我国称这类儿童为超常儿童。我们认为超常儿童的特点不仅包含优异的智力和创造力，还包含良好的个性倾向和品质，在这方面与任朱利的观点比较接近。我们之所以称这类儿童为超常儿童有下列考虑：

第一，超常儿童是相对于常态儿童而言的，超常儿童是儿童中智慧和才能发展优异的一部分，他们与大多数智能中等的常态儿童之间虽有明显的差异性，但又有共同性，他们之间没有不可逾越的鸿沟。"超常"即明显超过"常态"，可见词明义。

第二，超常智能是指在教育和环境的影响下发展起来的人的聪明才智，它既不是神赐的，也不是天生的。先天素质虽然为超常智能提供了某种潜在的可能性，但需要适合的教育和环境条件才能成为现实，它是可能性与现实性的统一。

第三，超常智能是稳定的，但也是发展变化的，它不是固定不变的、预测终身的指标。随着儿童年龄的增长，超常儿童的智能可能加速超常发展，也可能停滞或后退，这取决于儿童所处社会环境提供的学习机会、教育条件、本人的个性特点及主观的努力等多种因素。"小时了了，大未必佳"的例子古代有，现代也有。超常儿童与常态儿童一样都在成长过程中，他们早期发展表现的"优异""非凡""杰出"，并不是固定不变的，因此，称他们为超常儿童似乎更切合实际。

第四，人类对超常儿童的认识经历了几千年，随着研究的深入，我们对这类儿童的认识发生了许多变化。从神童到超常儿童，不论是概念的内涵和外延都有了很大扩展。现在，尽管许多国家仍然沿用天才儿童的称呼，但有些研究者也觉得称这类儿童为天才儿童似乎不够贴切，有的儿童对被称为天才儿童也感到别扭。因此有些研究者称这类儿童为资赋优异儿童（资优儿童）或高天资儿童。

二、超常儿童教育中的几个问题

根据上述资料，我们联想到下列有关问题：

第一，超常儿童有多种类型，既有智力超常出众的，也有各种特殊才能（如音乐、绘画等）出众的。仅就智力超常而言也有不同类型，如数学方面的、科学方面的、文学方面等。尽管不同学者对超常儿童的特点还有不同看法，但大多数人都承认除智力外，创造力是超常儿童特点的重要组成部分。近年来，越来越多的学者认为非智力的个性特征在超常儿童心理构成中是不可缺少的成分。因此，当我们选拔超常儿童的时候不能只着眼智力一个方面，还要考察创造力和非智力的个性特征。在设计对超常儿童的教育时，不仅要考虑到开发他们的智力，还要发展他们的创造力，培养他们良好的个性倾向和品质。

第二，自20世纪50年代以来，研究者已认识到智力是多维的、复杂的，对智力的鉴别要采取多指标、通过多种途径、运用多种方法。所谓多种指标是指：1.不局限于智商，智商可以作为一种指标，但也有研究者不主张用智商，而考虑认知能力（包括思维、观察、记忆等），其中以思维能力（如推理和创造性思维等）作为鉴别的重要指标；2.学习能力也是鉴别智力的一个指标，一般从掌握知识和技能的速度、方式、深刻程度和巩固性等方面来诊断，儿童的学习成绩（考试分数）主要反映掌握知识和技能的多少或程度，虽可参考但不是主要的，不能只靠分数来选拔。

第三，有经验、有洞察力的教师通过教学可以发现某种类型的超常儿童（如数学教师能发现有数学才能的儿童）。一些调查研究表明，许多教师未能发现在自己班上确实存在的超常儿童，其原因往往是多方面的，在此不加分析。如果教师利用与学生朝夕相处、对学生比较了解的条件，又能掌握标准化的测量方式，将班上发现的可能超常的儿童与常模或参照指标做比较，就可更准确地判断、选拔出确实超常的儿童。

第四，鉴别、选拔超常儿童的目的是为了教育。对不同类型的超常儿童，教育培养的目标和要求是不同的。首先要明确计划实验班的类型是不分文、理的综合超常班，或是侧重理科的超常班，或是数学超常班。在选拔对象时要采用不同的量表或诊断工具，如选数学超常学生，可通过数学推理测验及数学竞赛等进行选拔；如果选智力超常的综合班，仅靠数学推理测验或数学竞赛就不够全面。不同类型的超常实验班培养目标不同，在教学计划、教材、教法等方面也要有所区别。不然，入学后将会出现不符合办班要求的情况。

第五，正确对待淘汰问题。如果选拔比较准确，淘汰率应很小或没有淘汰。超常儿童入学后出现分化现象是正常的，因为他们的发展潜力一样。在同一个班上，同样的教学条件下，有的超常儿童发展迅速，超过了入学时比他成绩好的儿童；有的由于某种原因在班上表现中等，甚至表现较差。解决分化现象一般采取分组教学的办法，让特别优异者按照他们的潜力和速度学得快些、深些，时间也可短些；对中等超常的儿童也根据他们的发展速度安排适合的教学，淘汰招生时误选进来的非超常的儿童，或由于非智力的个性因素的影响而跟不上进度的个别学生。由于鉴别手段不够完善，出现少量或个别非超常的儿童在所难免。但总的来讲，淘汰不宜过多。对必须淘汰的少数或个别学生，在处理时也要特别慎重，使他们转到常规班级中不致产生消极影响。

第六，超常教育有多种形式。超常儿童实验班是超常教育的一种形式。国外多数超常儿童是在同年龄普通班学习，在课外接受各种形式的充实教育。比如斯坦利首创的数学快速班，就是利用暑期3~5个星期集中上数学课或平时在周末上两小时的数学课，只需常规中学数学课6%左右的时间就能学完中学数学课程，以这种形式促使具有数学才能的学生充分发展其潜力。由任朱利倡导的在全校范围开展"三轮转门"的教育模式，通过3种水平的课外教育活动和研究来发展智优学生的创造力，不仅出色地完成了规定的学习任务，还通过课外研究创造发明某种成品。这两种形式都是将鉴别与教育相结合。此外，还有校外超常儿童活动中心和自我指导的学习形式等。超常儿童有多种类型，在各地区、各学校的情况也不相同，所以对超常儿童的教育应提倡多种形式。各学校可根据超常儿童的人数、特点及学校的条件，采取适合的教育形式。

超常儿童的概念和鉴别 ①

中国科学院心理研究所　查子秀

从超常儿童概念的历史发展来看，不同时代、不同国家的人们对这类儿童认识上差别甚大。从天才、神童到超常儿童，概念的内涵和外延都有了很大变化和扩展。

怎样鉴别超常儿童，依据什么原则，选择什么指标，采用什么方法，按照什么程序鉴别……在不同的社会历史时期，随着人们对超常儿童概念理解的变化而有所不同。

根据我国实现"四个现代化"，早出人才、多出人才的需要，我们于1978年开始了对超常儿童的研究和教育。这是一项全国30余个单位参加的协作研究。

十余年来，我们追踪研究了数百名超常儿童，开展了对超常儿童和常态儿童认知和个性心理特征方面的比较研究，编制了鉴别超常儿童认知能力的测验及非智力个性特征问卷，探讨了怎样对超常儿童进行特殊教育，总结了超常儿童成长的主客观条件，而且还与国外同行进行了技术创造力方面的跨文化研究……目前，全国范围已有近40所中小学建立了超常儿童实验班，10余所大学建立了少年班，我国超常教育体制的雏形开始出现。

何谓超常儿童？怎样正确理解和认识他们？怎样准确地把他们鉴别出来？怎样才能有效地教育他们，使他们的聪明才智得以充分发展？这些已不仅是从事超常儿童研究和教育的人关心的问题，而且也是社会上一切关心超常儿童健康成长、关心我国高层次人才培养的人所共同关心的问题。

为了更好地教育超常儿童，首先要正确地把他们鉴别出来，而怎样鉴别又与研究者和教育者对超常儿童概念的理解分不开。为此，本文先简略地介绍超常儿童概念的历史发展，再对我国十余年来鉴别超常儿童的原则和做法进行概述，为从事和关心超常儿童教育的同志们提供参考。

---

① 原文刊登于《教育研究》，1990年第8期，23~29页。

一、超常儿童的概念

儿童心理发展存在明显差异，既表现在智力和才能方面，也表现在非智力的个性心理特征方面。大多数儿童发展水平比较接近，属于常态范围，少数儿童智力发展突出优异或具有某方面的特殊才能，被称为超常儿童，这类儿童古今中外都有。可是在不同时代、不同国家对他们的称呼却不相同，这反映了人们对这类儿童认识上的差别。

在古代，人们称这类儿童为神童。因为那时人们对一些儿童才智非凡的原因缺乏科学的认识，以为是天降神赐的。20世纪前，西方的许多学者把人们能力的差异看成是天生的、遗传决定的，把对人类社会有突出贡献的人称为天才。

20世纪初，美国心理学家推孟用智力测验来鉴定天才儿童，凡智商达到或超过140的儿童就被称为天才儿童。从此，在相当长的时期内，天才儿童的概念主要由智商分数来说明。

早在20世纪40年代前，就有一些研究者指出，仅用智力测验来鉴别和说明天才儿童是有局限的。

比如霍林沃斯主张把具有各种特殊才能（如音乐、绘画、文学等）的儿童都包括在天才儿童的定义内。20世纪50年代后，一些研究者指出智力测验不能鉴别出儿童的创造潜力，如吉尔福特主张天才儿童应包括创造力。还有研究者建议应扩大天才儿童概念，如韦蒂在美国教育协会1957年年鉴中提出，任何儿童只要在人类社会活动有价值的领域里成绩一贯卓越就应称为天才儿童。

20世纪70年代初，美国联邦教育部教育委员马兰根据许多研究结果，把天才儿童的定义概括为具有以下几项特点：一般智力优异、特殊学习能力倾向、创造性思维、领导才能、视觉和演奏艺术才能、心理运动能力（此项后来被删除）。

马兰指出，只要儿童在上述一方面或几方面表现优异或显示具有巨大潜力，都应被称为天才儿童。他的这一建议为许多研究者所接受。

然而，到20世纪70年代末，任朱利通过对天才儿童定义的分析，指出美国官方所提5方面的天才概念没有包括非智力成分，是不周全的。他在1978年提出了三圆圈天才儿童概念，如图1所示。

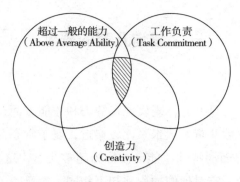

图1 三圆圈天才儿童概念示意图

他对这一概念的具体解释就是：超过一般的能力（智力），既包括一般能力（如抽象思维、推理、空间关系等），也包括特殊能力（如艺术、数学、操作及领导能力等）；工作负责（对任务的承诺），包括强烈的动机，对某个领域的浓厚兴趣，并能热情、自信、坚毅、顽强、努力地完成任务；较高的创造力，包括思维的流畅性、灵活性、独特性，以及好奇、不故步自封，对新事物有敏感性，敢冒风险、勇于创新、深思熟虑。他认为天才儿童是这3方面心理成分相互作用的结果。按照三圆圈天才儿童概念，智力方面比传统智商分数标准降低了，但加上其他两方面的要求，使得天才儿童的概念更宽广了，但标准也更高、更严了。

20世纪80年代初，斯滕伯格认为应根据信息加工理论而不是心理测量理论来解释天才。他提出了智力天才的组成理论，认为天才儿童是下列3种成分相互作用优异发展的结果。这3种成分是：元成分，即解决问题过程的拟订计划、做出决定、选择策略等；执行成分，即编码、推论、映射、应用、比较及证明等过程；获得成分，即保持、熟练、迁移等过程。

1983年泰南鲍姆提出了天才的心理社会的定义，认为天才是由下列5个因素交互作用而产生的：一般能力（即g因素，或测得的一般智力）、特殊能力（特殊倾向和特殊能力）、非智力因素（如自我力量、奉献等）、环境因素（提供激励和支持的家庭和学校等背景）、机遇因素（不可预知的机会等）。

1978年以来，我国研究者和教育实践工作者把这类儿童称为超常儿童。我们之所以称他们为超常儿童主要有下列考虑：

第一，超常儿童是相对常态儿童而言的，超常儿童是儿童中智慧和才能优异发展的一部分，他们与大多数智能中等的常态儿童相比虽有明显的差异性，但又有共同性，他们之间没有不可逾越的鸿沟。

第二，超常智能是指在教育和环境影响下发展起来的人的聪明才智，它不只是天生的。先天素质虽然为超常智能提供了某种潜在的可能性，但需要适合的教育和环境条件才能成为现实。它是可能性与现实性的统一。

第三，超常智能是稳定的，但也是发展变化的，它不是固定不变的、预测终身的指标。随着儿童年龄的增长，超常儿童的智能可能加速超常发展，也可能停滞甚至后退，这取决于儿童所处社会环境提供的学习机会、教育条件、本人的个性特点以及主观的努力等多种因素。"小时了了，大未必佳"的例子古代有，现代也有。超常儿童与常态儿童一样都在成长过程中，称他们为超常儿童似乎更切合实际。

第四，超常儿童的心理结构不仅仅限于智力、才能方面，还包括非智力个性特征方面。"天才"一词即使从才能高度发展的意义上来解释，也不如用"超常"更能全面表达我们关于这类儿童的概念。由此可见，人类对超常儿童的认识经历了几千年的历史，随着研究的深入，对这类儿童的认识发生了许多变化。从"神童"到"超常"儿童，不论是概念的内涵和外延都有了很大变化和扩展。现在国外有些研究者也觉得称这类儿童为天才儿童似乎不够贴切。这是一个重大的理论问题，值得我们深入探讨，因为它不仅直接关系到我们对超常儿童的鉴别，而且直接影响对超常儿童的培养教育。

二、超常儿童的鉴别

要研究和教育超常儿童，首先要能发现他们，把他们从常态儿童中区分出来，这就需要对他们进行鉴别。怎样鉴别？选择什么指标？采用什么方法？在不同的社会历史时期，这些都随着人们对超常儿童概念理解的变化而有所不同。

（一）外国心理学家鉴别超常儿童的指标和方法

根据一些资料，将20世纪以来国外有代表性的心理学家鉴别超常儿童的指标和方法列为表1。

表1　国外心理学家鉴别超常儿童的指标和方法

年代	人名	鉴别指标（或方面）	鉴别方法
20世纪初期	推孟	高智商（智商为130~140或以上）	智力测验（智力量表）
20世纪50年代	吉尔福特	思维的流畅性、独创性、变通性	发散性思维测验、托伦斯创造性思维测验

年代	人名	鉴别指标（或方面）	鉴别方法
20世纪70年代	斯坦利	数学能力、文学能力等	多种方法：智力测验、成就测验、创造性思维测验、问卷、作品分析、观察和谈话
	马兰	多指标：智商、特殊能力倾向、创造性思维、艺术才能、领导才能	学术能力倾向测验（SAT）
20世纪70年代末	任朱利	多指标：中等以上智力（智商）、创造力、任务承诺（动机、兴趣、责任心等）	多种方法：各种测验、个性问卷、三轮转门模式教育实验
20世纪80年代初	斯滕伯格	元认知、调查力	多种方法
	泰南鲍姆	智商、特殊能力倾向、非智力个性特征、环境因素等	多种方法

（二）我国鉴别超常儿童的原则

我们参考了国外鉴别超常儿童的经验，在辩证唯物主义的指导下，经过几年的鉴别实践，逐渐形成了几条原则。

1.在动态的比较研究中鉴别。由于考虑超常儿童智能是发展的，不是固定不变的，而这种发展是受文化条件、环境和教育所制约的，我们把对超常儿童的研究和鉴别，放在与年龄相同、条件接近的常态儿童的动态的比较中来进行。所谓动态的比较研究，即随着儿童发展的进程，与年龄相同及条件（环境和教育等）相近的儿童进行比较。

2.采取多指标、多途径、多种方法进行鉴别和研究。考虑到超常儿童的表现不是单一模式，而是多种类型，因此，我们鉴别和研究采取多方面的指标，通过多种途径，运用多种方法来进行动态的比较研究，多指标及多种方法见表2。

表2 鉴别的多指标和多种方法

动态的比较研究		
	多指标	多种方法
认知（智力）	思维 感知 记忆	认知实验 智力测验
创造力	创造性思维 创造性想象 创造性解决问题的能力	创造性思维测验 发散性思维测验 创造性想象测验 创造力问卷
学习能力	掌握知识的速度、方式、深度及巩固性	学习能力及成就测验 学习过程的观察及作业分析

续表

动态的比较研究		
	多指标	多种方法
特殊能力	数学能力、领导才能，绘画、书法、音乐及外语才能	有关特殊能力测验 产品（作业）评定及观察
个性特征	求知欲、自信心、坚持性等	问卷、观察以及教育实验

3.把发展的质和量结合起来考察。由于超常儿童与常态儿童的差异不仅表现在量的方面，而且也表现在质的方面，因此，我们对超常儿童的鉴别和研究，不仅要有量的方面的指标（反应结果、速度），还要有质的方面的指标（反应过程、方式、策略特点）。

4.鉴别服务于教育，通过教育进一步鉴别。鉴别是为了更好地对超常儿童因材施教，鉴别是手段，为教育服务。通过教育既是对超常儿童的培养，也是进一步更实际的鉴别。尽管采取了多指标、多种方法，测查到的结果却难以排除儿童过去所受教育因素的影响。儿童过去环境与教育条件不同，对测查的结果是有影响的，给他们提供相同的教育条件再观察发展变化，就成为鉴别的一个必要的继续，所以，我们把鉴别、教育和追踪考察结合起来。

（三）鉴别超常儿童的程序

十年来，我们是通过下列途径发现可能超常的儿童和少年的：根据报刊或电视台同志的推荐或报道；由科协、教育部门或妇联等单位的同志介绍；家长主动联系，要求鉴别和教育指导；经统考选拔（包括小学、初中和高中的开学考试）；各种竞赛（数学、物理、外语、绘画、音乐、发明创造活动以及棋赛等）的优胜者；建立超常儿童（少年）实验班，公开招生。

经上述途径发现的可能超常的儿童，一般是通过下列程序来进一步鉴别。

1.一般调查：家长或推荐人带儿童到研究单位或学校填写一份调查表，包括该儿童的发育史、超常的主要表现、家庭简况、家长对儿童的教育情况等。

2.初试：包括对有关知识和能力的考查及一般智力测查。一般智力测查可借用某个已修订的量表，如韦克斯勒儿童智力量表、中国比奈智力量表等，了解儿童是否超出常态范围。

3.复试：用我国超常儿童研究协作组编制的鉴别超常儿童认知能力测验进行鉴别。凡得分超过同年龄儿童均值两个标准差以上，或超过高于两岁以上儿童的均值，或在95百分位以上，就算通过。还可借用我国修订的瑞文测验、托伦斯创造性思维测验等。对于具有特殊才能的儿童，则要将他们的作品（如作文、绘画、制作品等）请有关专家评定。

4.再查：对通过复试的学生，再向他们的原校老师进行问卷调查，了解该学生的个性品质及表现。同时，对他们进行体格检查（或加试体育），了解他们的健康及体育水平。

5.评定：分析上述材料，对每个学生进行综合评定，初步确定是否为超常儿童。将初选出来的超常儿童作为个案追踪对象，或吸收他们参加超常实验班。有的学校还会安排一段时间（两星期、一学期或更长）让他们进行试读，通过试读，从学习的实践中进一步考察他们独立学习或解决问题的能力及有关非智力个性特征，以便做进一步鉴别。

（四）关于鉴别测验和问卷

由于我国1978年前没有开展过关于超常儿童的研究，国内既无自己编制的鉴别智力或创造力的测验，也没有修订出国外的量表，我们不能只凭学校的传统考试来选拔超常儿童和少年，也不能等待别人编制或修订好了智力或创造力等测验才开始研究。因此，我们便结合对超常儿童和常态儿童的比较研究，探讨鉴别超常儿童的主要指标和方法，经过两次修订测题，在全国范围取样进行标准化的基础上编制了鉴别超常儿童认知能力测验。这套测验经统计检验，其位度和效度是较高的。

这套测验的主要特点如下：

1.对儿童认知的不同方面（思维、感知和记忆）进行单项测查，便于对条件相近、类型不同的超常儿童进行多指标的动态的比较研究。

2.重点突出思维方面（包括3种类比推理及创造性思维），使鉴别测验能抓住儿童智能发展的主要方面。

3.鉴别时不仅观察儿童反应的结果，而且考察反应的过程、特点，便于对被试有较全面的深入的了解。

为了适应国内鉴别超常儿童的需要，我们将这套测验（包括3~6岁及7~14岁两个年龄阶段的测验）整理复制，从1984年开始在内部推广试用。几年来，我们协助一些学校，从大范围鉴别选拔了超常儿童和少年，在中小学建立了超常儿童（少年）实验班。同时，我们还将这套测验用于考察追踪研究的超常儿童和少年在不同年龄阶段认知能力发展变化的情况。此外，有些同志还用这套测验进行教育咨询及检验教育（或教学）实验的效果。近五年试用的结果表明，这套测验的经验效度也是比较高的。

在协作研究的第二个五年，即1983—1988年，为了探讨研究超常儿童个性特征较为科学的方法，我们集中了协作组大部分人力，成立了幼儿、小学儿童和少年3个个性特征研究小组，开始编制儿童和少年非智力个性特征问卷。这是一项难度较大的任务，五年来这3个组的同志经过3次修订，已先后完成了个性特征问卷的编制工作。经统计处理的这3个问卷，表现出了较好的信度和效度。有的问卷已开始试用，取得了较好的实际效果。这3个个性问卷的编制完成，为我们诊断超常儿童和少年的个性心理特征，比较研究超常儿童与常态儿童的个性的异同，提供了条件。

编制鉴别测验或问卷在国外是一个专门领域，有大量测验学家从事这项工作。我们协作组的同志出于鉴别超常儿童的急迫性，一边研究，一边编制，由于力量有限，鉴别测验远跟不上鉴别选拔超常儿童和少年的实际需要。

三、讨论和小结

有研究者曾经指出，在我们对才智出众的儿童的研究实际上停滞不前的时期，心理学的许多领域已经经历了迅速的发展，原因是我们满足于老一辈先驱者（如比奈、推孟、韦克斯勒等人）创立的智力测量。

关于智力测验的鉴别作用。从推孟开始使用智力测验来鉴别天才儿童，至今已有半个多世纪了。现在关于超常儿童的定义虽然仍有不同解说，但超常儿童的概念已有很大扩展。一般研究者都同意超常儿童具有多种类型，而不限于高智商。不同类型的超常儿童其智力、创造力及有关非智力个性特征结合的特点是不尽相同的。因此，仅用智力测验，即使是国际公认较好的量表，也难以无遗漏地把各类超常儿童都鉴别出来，而只能作为初次筛选的工具。进一步鉴别，还需要根据各类超常儿童的主要特点来选择或编制各种测验及其他方法和手段。

关于创造力的鉴别。研究者对创造力有不同看法，有些研究者认为创造力（创造性思维）是各类超常儿童心理不可缺少的成分（或核心成分），另一些研究者认为创造力只是某种类型超常儿童具有的特征。由于看法不同，鉴别时就有不同的做法，前者重视对儿童创造力的鉴别，而后者则相反，甚至不予考虑。创造力是一个很复杂的概念，许多研究者已经进行过多年的探讨，编制了一些鉴别创造性（或发散性）思维的测验。可是不同类型（如数学或艺术才能等）的超常儿童，其创造力表现特点不尽相同，仅用一般的发散性思维或创造性思维的测验，虽取得了一定效果，但它是否真能测出儿童的创造潜力还有待追踪考察。因此，创造力的鉴别还是一个未完全解决的重要问题。

关于通过实践鉴别。我们把通过教育进一步鉴别作为鉴别的原则之一，除前面已谈及的理由外，还立足于人的能力（才能）是在实践活动中形成和表现的理论考虑。儿童和少年主要的实践活动是学习、受教育，因此，通过教育干预过程，在给他们提供了各种发展机会的条件下，考察其潜力可达到的水平，实际就成了整个鉴别程序的一个继续，也是对以前鉴别程序的检验。实践中鉴别有多种形式：集体的或个别的，集中进行或分散课余进行。对某种学生较多的实验班，因其学生较多，可采取班级教学，集体试读一个阶段；对个别超常儿童，可以在教师（或专家）指导下进行科学研究，或学习某方面（绘画、计算机等）的技术。学习实践不仅可以实际考察他们的智力和创造力的潜力和水平，还可以观察他们的学习兴趣、求知欲、独立思考等非智力个性心理特征。还应该指出，并非任何教育实践都能起鉴别作用，不合适的教育会使儿童的学习积极性受挫、才能被掩盖。比如文学资赋优异的儿童进了数学快速实验班，就不能发挥出他的优势。所以安排教育实践作为鉴别手段，应是有目的的、有针对性的，在整个多指标、多途径、多层次的鉴别程序中应是最后的一步。

关于新的鉴别方面的探讨。近年来，有些研究者对超常儿童和常态儿童的元认知进行了比较研究。比如多夫尔研究了超常儿童与常态儿童在解决任务过程中的意识及监控能力，发现超常儿童在元认知发展水平上明显高于同龄常态儿童。这方面的研究尽管还是初步的，但研究的结果也初步表明元认知的发展水平有可能是区别超常儿童和常态儿童的一个重要的指标。还有研究者运用脑电图等神经测量技术，探讨大脑组织内部信息加工不同水平的机能，试图揭示超常儿童在智力、创造力等方面的大脑机制，寻找鉴别超常儿童生理方面的指标和方法。

由于我国研究超常儿童的历史还很短，虽然我们关于超常儿童的概念及鉴别原则的考虑都是比较正确、全面的，但是鉴别超常儿童的方法和手段还远不能满足实践的需要。尤其是近年来，我国已有十余所大学建立了少年班，几十所中小学建立了超常儿童实验班。多数学校每年招生，要从几百名或上千名学生中鉴别、选拔出超常儿童或少年。由于我国目前合用的测验太少，有些学校还是根据统考或学校出题考试的分数来录取，有的学校自编知识和能力测验以作补充，但缺乏标准化取样的参照标准，使鉴别、选拔工作受到影响，也给教育实验带来一定问题。

如何有效地鉴别超常儿童？这既是一个现实中提出的实际问题，也是一个有待加强研究的理论问题。因为鉴别问题不仅仅是方法、手段或工具的问题，它与研究者和教育设计者对超常儿童概念的理解、对超常儿童的认识都是紧密联系的。只有通过研究加深对超常儿童的认识和理解，才能较准确地找到鉴别的主要指标，设计编制出针对性强的鉴别工具或其他方法，而鉴别的科学性的提高，对我们研究、认识和教育超常儿童则会更为有利。

本文简述了超常儿童概念的历史发展，指出从古代称这类儿童为神童到当代我国称他们为超常儿童，反映了这个概念的内涵和外延都有了很大变化和扩展。正确理解超常儿童的概念，直接关系到对他们的正确鉴别和有效的教育。

十年来鉴别超常儿童的实践证明，我国超常儿童研究协作组提出并坚持的鉴别超常儿童的4条原则是正确的，采取多步骤的鉴别程序既是必要的也是可行的。

然而，鉴别测验的编制还跟不上我国超常儿童的研究和教育发展的需要。对不同类型的超常儿童具有针对性的鉴别指标以及更为有效的鉴别方法，有待进一步探讨。

参考资料

L. M. Terman. The discovery and encouragement of exceptional talent. American Psychologist, 1954（9）.

Uoanne R. Whitmore. Giftedness, conflict and underachievement. Ailyn and Bacon Inc., Boston, 1980.

J. Freeman. The psychology of gifted children. John Wiley & Sons Ltd., 1935.

L. H. Fox. Identification of the academically gifted. American Psychologist, 1981（10）.

C. P. Clendening, et al. Creaseng program for the gifted. R. R. Bowker Co., New York, 1980.

Joseph S. Renzulli and Sally M. Reis. The school wide enrichment model. Creative Learning Press Inc., 1985.

Kurt A. Heller and John F. Feldhusen. Identification and nurturing the gifted. Hans Huber Publishers, 1983.

Abraham J. Tannenbaum. Gifted children. Macmillan Publishing Co. Inc., 1983.

P. F. Vernon, et al. The psychology and education of gifted children. London, 1977.

Dariel P. Keating, et al. Intellectual talent research and development. The Johns Hopkins Univ. Press, Baltimore Md, 1976.

W. C. Roedell, et al. Gifted young children. Columbia Univ., 1980.

Joe Khatena. Educational psychology of the gifted. John Wiley & Sons Inc., USA, 1982.

查子秀执笔.超常儿童心理发展追踪研究五年.心理学报，1986（2）.

查子秀.鉴别超常儿童认知能力测验的编制和试用.中国超常儿童研究十周年学术研讨会论文，1989.

陈帼眉.学前儿童非智力个性特征与智力发展的关系.心理学会发展专业委员会论文，1983.

王骥业.鉴别超常儿童（小学生）个性特征问卷报告.中国超常儿童研究十周年学术研讨会论文，1980.

洪德厚.中国少年非智力个性心理特征问卷（CA-NPI）（1988年版）的编制与使用.心理科学通讯，1989（2）.

Halbert B. Robinson. The uncommonly bright child. Univ. of Washington, 1979.

B. M. Shore, et al. Metacognition, intelligence and giftedness. Gifted Child Quarterly, 1987, 31（1）.

C. C. N.安德鲁,B. C.凯瑟琳.天才大脑机制的神经学研究.李薇译.心理学动态，1988（3）.

关于超常儿童的教育 [①]

中国科学院心理研究所　查子秀

摘要：超常儿童的认知和个性都有明显的不同，必须适应其水平和特点进行超常教育，使其得到充分发展。超常教育有弹性升级、充实教育、特殊学校或特殊班、个别化教育等种类，还必须重视超常教育师资的选拔与培养。

在《超常儿童的概念和鉴别》一文中，已经阐明了什么样的儿童是超常儿童，应怎样正确理解超常儿童，并介绍了国内外鉴别超常儿童的原则、方法和经验。鉴别超常儿童的目的在于更好地对他们进行教育，因此本文的任务就是介绍国内外对超常儿童的特殊教育（简称超常教育）。

一、超常教育的必要性

超常儿童是客观存在的，已是大家承认的事实，但是，对超常儿童是否需要进行不同于同龄常态儿童的教育，则有不同看法。一种看法认为"不必"，其主要理由是：既然超常儿童聪明过人，不论在怎样的条件下，自然都会超常发展。另一种看法认为"必须"，因为超常儿童与常态儿童在心理发展上有明显差异，教育要根据这个差异有所不同。两种看法反映了人们对超常教育是否必要有不同认识，所以首先就要明确超常教育的必要性。

第一，根据心理学的研究，超常儿童与常态儿童不论在认知或个性发展等方面的差异都十分显著。比如在认知方面，超常儿童不仅发展速度快、水平高，而且认知结构的模式也有明显不同的特点。在个性方面，超常儿童不论在理想、抱负、求

---

①原文刊登于《教育研究》，1991年第4期，12-17页。

知欲、兴趣及独立性、坚持性等特征方面，都表现有优于常态儿童的趋势。教育应适应儿童心理发展水平，才能有效地促进其发展。然而现行普通教育主要是立足于大多数常态儿童心理发展水平和特点的，不仅不能满足超常儿童充分发展的需要，而且不利于他们心理的健康发展。因此，需要建立适合超常儿童心理发展水平和特点的特殊教育。

第二，心理学研究早已表明，超常儿童不只是天生的。遗传素质的优异只为超常儿童发展提供可能性，如果没有适合的环境和教育，即使遗传素质好，也不可能成长为超常儿童。况且，近年来有研究指出，中等以上的智力，在良好的教育条件下，如果注意充分发展他们的创造力和积极的个性特征（如责任心等），就有可能把他们培养成超常儿童。而且，超常儿童不是固定不变的，在他们的成长过程中如果教育不当或缺乏进一步的要求，早期发展超常的儿童也会丧失其优势，成为平庸的人。古代"伤仲永"的例子，现代也有。所以，可以看到，适合的教育对超常儿童的出现和进一步发展都是极为重要的。

第三，研究还表明，从智商的分配看，智力超常（即智商在130以上）的儿童，在儿童中占1%~3%。我国14岁以下的儿童有3亿多，按照1%~3%的比例估计，我国的超常儿童应有300万~900万。而超常儿童中，除高智商外，还包括各种特殊才能的优异者，实际上远大于1%~3%。可是，在现实中表现超常的儿童真是寥寥无几，大多数都被埋没了，因为他们没有得到适合的教育。

第四，超常儿童是儿童中的一部分，根据他们的水平、特点和潜力进行教育，实际就是因材施教原则的贯彻。有人说超常儿童是儿童中的极少数，而教育应面向大多数。超常儿童与常态儿童比虽然是少数，但其绝对数并不少。更应该指出的是，超常儿童是人才资源中的"富矿"，如能及时发现，尽早对他们因材施教，使他们的潜力充分发展，可以想象，在这几百万的"少数"中，将会涌现出比常态儿童中的人才更多的出类拔萃的人才，他们是我国极其宝贵的人才财富。所以，对超常儿童进行适合其需要和潜力的教育，本身就是贯彻因材施教原则。同时，它也是我国教育体制改革的重要组成部分，因为它是我国教育突破常规、加速培养高层次人才的一个途径。这对我国实现"四个现代化"建设具有现实意义。

二、超常教育的性质和任务

超常教育属于特殊教育范围。特殊教育从广义讲，包括对超常儿童的教育、对弱智儿童以及有身心障碍的儿童的教育。特殊教育是相对于普通教育而言的，由于各类特殊儿童在现行普通教育中得不到满足，普通教育不利于他们的发展，因而需要制订符合他们身心发展的特殊教育计划、课程、教材、教法以及辅助教育手段，只有这样才能使他们得到健康、充分的发展。超常教育就是根据智能超常发展及具有特殊才能的儿童的身心发展水平和需要，建立起来的一种特殊教育。

对超常儿童的特殊教育与普通教育一样，都要贯彻党的教育方针，使受教育者德、智、体、美、劳全面发展、充分发展。但是，在培养目标的要求上，对超常儿童应该比对常态儿童更高。通过超常教育，从他们中培养出更多的高层次人才，成为21世纪各个领域的学科带头人或骨干力量。

超常教育的任务主要有以下几项：

一是在各级普通教育统一要求的基础上，扩展和加深基础知识和理论，加强基本技能训练，为超常儿童的充分发展奠定雄厚坚实的基础。

二是有针对性地给超常儿童提供各种机会和教育条件，使他们的优异禀赋或某方面的特殊才能得到不断激励、不断促进、持续发展，以达到最好的水平。

三是关心并妥善解决超常儿童成长过程中可能出现的身心发展的不平衡。比如智力与运动能力、智力和社会适应能力、智力和非智力个性特征，智力不同方面的发展等出现的不平衡现象。采取适当的教育措施，发扬所长、扶持所短，特别要使发展薄弱的方面逐步跟上，使他们的身心得到和谐发展。

四是根据超常儿童未来将肩负的重任，尽早启发他们树立远大的理想、陶冶高尚的情操、培养良好的道德及奉献的精神。同时还要帮助他们形成两方面的能力，即发展创造力，形成独立学习、独立研究和解决实际问题的能力；发展自我意识，形成正确的自我评价、自我调节和自我教育的能力。使他们既能创造性地出色地完成改造客观世界的任务，又能自觉地改造自己的主观世界，排除来自主客观的干扰，抵制压力，坚定地实现既定的理想。

为实现上述任务，在对超常儿童进行教育时，还应注意以下问题：

超常教育与普通教育有基本一致的方面，在许多情况下是交织进行的，因此要妥善处理好超常教育与普通教育的关系，使两者对培养超常儿童能协调一致，相辅相成，避免由于两者的脱节或矛盾造成人才培养上的损失；

超常教育实验不是缩短学制的实验，虽然多种超常教育的结果会导致学习年限的缩短，但是学制是否缩短，不是评价超常教育成败的主要指标；

超常教育是一项培养高层次人才的系统工程，尽管有些超常教育采取了课余教育的形式，但它与满足学生业余爱好的课外活动不同。要考虑超常教育的系统性，探讨从幼儿期的早期教育—小学—中学—大学的衔接，以及各种形式的超常教育的配套；

超常教育的任务，不是学校单方面能完成的，要取得家庭教育的一致和紧密配合，并要争取社会的理解和支持。

三、超常教育的种类

▼

国际上对超常儿童进行特殊教育已有百余年的历史，超常教育的形式多种多样，内容也比较丰富。我国对超常儿童的特殊教育起步较晚，尤其是对智能超常儿童的教育是从1978年才开始的，近年来发展也较快。下面将国内外的超常教育概括为几个方面，做简单介绍。

（一）弹性升级（也称加速学习）

在这方面的具体做法有下面几种：

1.对被鉴别出来的超常儿童，允许比常规入学年龄提前入学（包括小学、中学和大学）；

2.通过考核，允许超常儿童跳级或插班，比如有些出类拔萃的超常儿童，课外自学完了小学或中学的全部课程，经考试合格，就允许跳过这几个年级，插入高年级学习；

3.强化教授某门课，比如美国约翰斯·霍普金斯大学的斯坦利教授倡导的数学快速班，就是利用暑假或周末，为高数学才能的少年快速教完某门数学课。参加了快速班的学生回普通班就可免修该课，从而可选读高年级的数学或到大学选修高等数学。

一些研究的结果表明，提前升级或跳级的超常儿童，在高年级经过一段时间学习，成绩不仅不比同班年长学生低，而且学得比他们好，往往名列前茅。研究者认为这种弹性升级的优点是：一般学校都可采用；缩短了学习年限，可以节约教育经费，并可早出人才。但是在进行中应注意两点：跳级跨度不应过大（一般1~2级为宜），也不要连续跳级，以免给儿童过大压力；采取提前升级或跳级还要注意与其他教育形式的协调和配合，以防儿童出现知识缺漏等情况。

（二）充实教育

充实教育是让超常儿童留在普通班与同龄儿童一起学习，在课内或课外接受教师的个别指导，扩充或加深课程内容。充实教育有多种做法，下面简单列举几种。

1.制订个人前进计划：这是最常用的，即对班上的超常儿童，教师根据他们的能力和优势，结合教学进程，为他们制订补充和提高的学习计划，通过课外阅读、个别研究、参加课外讲座等活动，指导他们按个人的潜力前进。

2."三轮转门教育模式"方案：这是美国康乃狄格大学的任朱利倡导的一项在学校范围的充实教育。该方案分为3个步骤：第一步，超常儿童和同龄常态儿童同班上课，在每门课上，经老师认可，认为他已经掌握了该课的基本知识和技能之后，便允许他离开教室。第二步，到充实活动室去，从事自己感兴趣的学习活动（包括阅读、参观及听讲座等）。经过一个阶段之后，超常儿童兴趣倾向已形成，创造性的独立的研究能力初步表现。第三步，允许他到研究活动室，在教师指导下，选择一个实际问题进行研究，最后交出研究结果（一篇论文或一项产品），对每项研究结果都要请专家进行评定。这是一项将超常儿童的选拔和培养结合的有效形式。

3.学习（或活动）中心：根据不同类型的超常儿童的特点和需要，建立各种形式的学习或活动中心，一般都是利用周末或假期开展活动。比如前面提到的约翰斯·霍普金斯大学就建有"天才儿童学习中心"，这个中心在周末开设了许多课程，如数学、物理、生物、化学、计算机、外语等，并提供各种图书资料，以满足超常儿童的学习兴趣和知识提高的需要。超常儿童可以按自己的兴趣选一门课学习，学完一门再选另一门，以获得科学的综合基础，为进入高一级水平的科学学习准备条件。

4.课外研究小组：根据各学校的条件，建立各种研究小组，如制造机器人小组等，通过研究活动，培养儿童创造性的研究能力。

充实教育最大的优点是超常儿童不离开同龄儿童的班级，至少有部分时间与同龄儿童在一起学习。超常儿童不会产生社会适应问题，也能避免产生优越感或骄傲情绪。但是充实教育常遇到的最大问题是：对教师要求很高，负责充实教育的教师应是博学多才的，至少对自己的专业应是精通的，这样才能有效地指导学生在专业范围得到扩展和深入学习，同时还要保证一定的时间指导学生，不然充实计划将会流于形式。

（三）特殊学校或特殊班

一般都是要经过严格的鉴别程序将超常儿童选拔出来，然后按能力进行分班，有条件地建立特殊学校。

特殊学校一般有两类：一类为综合性的；另一类是专业（单科）性的。美国纽约的汉特尔学院高中就是一所综合性的超常儿童学校，招收智商在130以上的超常儿童入学。西雅图华盛顿大学天才儿童研究中心，为2~5岁早慧儿童建立的实验幼儿园，是一所综合性的超常儿童园。在美国单科性的特殊学校较多，布朗克斯理科中学就是比较有名的。在苏联，1934年就为具有数学才能的儿童建立了数学专门学校，后来又陆续建立了物理、化学、生物及外语等各种专门学校。此外，在许多国家还为有音乐、舞蹈等艺术才能的儿童建立了各种特殊学校。

超常儿童特殊班远比特殊学校多，一般都建在普通中小学或大学里，也可分为综合性和专业性两类。综合性的超常班是根据超常儿童发展的需要进行的全面性改革实验，在1978年，中国科学技术大学创办了我国第一个大学少年班，录取15岁以下的超常少年入学深造，十余年来已连续办了11期，取得了显著成果。1984年，天津实验小学建立了我国第一个小学超常儿童实验班。1985年，北京市第八中学、湖南师范大学附属中学等校建立了中学超常儿童实验班。目前在我国有30余所中小学建有超常儿童（少儿）实验班，10余所大学招收超常少年大学生，专业性特殊班按不同学科建班，一般利用假期或周末上课。我国在音乐、美术、体育等方面建立的单科特殊班发展较早，而在数学、物理、化学和计算机等学科方面的特殊班是最近几年才发展起来的。

超常儿童的特殊学校或班级主要有下列优点：一是教育设计者可按照超常儿童的能力（智力）水平、特点和潜力，提高教育目标，制订教育教学计划，安排教法和进度，便于取得较好效果；二是超常儿童集中在一起，对他们具有更大的挑战性，可以相互学习、相互促进，同时在这样的班上可以找到年龄接近、情趣相投的伙伴，满足情感和友谊正常发展的需要。但是，建立超常学校或班级，需要具备一定条件，比如需要有相当的经费，要物色一批自愿献身超常儿童教育的优秀教师，要有一些设备等。此外，这种把超常儿童与常态儿童分开教育的形式，如果注意不够，超常儿童可能产生优越感或社会经验不足等问题。

（四）个别化教育

个别化教育是根据对各个超常儿童的不同能力、特点、动机、兴趣及学习风格的诊断，提出每个超常儿童的具体教育目标，制订出教育执行计划。在制订个别教育计划时应吸纳学生参加，师生共同商量学习目标、选择学习材料、安排进度和方法、评定学习效果。个别化教育是在教师指导下，学生独立自主地学习和研究，但并不意味着学生孤立地学习，而是有时也参加一些小组或其他形式的集体活动。个别化教育形式有多种，自我指导的学习和独立研究等都是较有效的。

十余年来，个别化教育在国外受到更大的重视，被认为是教育发展的方向。个别化教育的主要优点是：可以根据超常儿童的个别差异，实行较彻底的因材施教，按照每个超常儿童的水平和特点来安排对他的教育，使每个超常儿童的潜力充分发展；学生参加个别化教育计划的制订，有利于调动他们的学习动机，激发学习的责任心，独立学习和研究可更有效地锻炼他们的独立性，发展创造力和自我评价等能力；个别化教育便于和其他教育形式（如充实教育、特殊班等）相结合，取得更大的教育效果。不过，要真正实施好个别化教育也很不容易，因为：第一，个别化教育要求导师不仅精通某方面的专业，而且要善于根据不同超常儿童不同发展时期的情况制订出不同的个别化程度的教育计划，并能灵活执行；第二，要有适应不同超常儿童不同个别化程度使用的教材，以及有检查和评定效果的方法，这些都需要通过研究才能取得。

上述简单介绍没有包括超常教育的全部，已介绍的各种教育形式既有优点也有不足，最好几种教育形式配合使用。如果限于条件，在选择某种教育时，应注意采取措施以补充其不足，争取达到最好的教育效果。

四、超常儿童实验班的特点

前面已经提到，近年来我国的超常教育中为超常儿童建立特殊班的形式发展较快，出现了很多超常儿童实验班。超常儿童实验班与普通班有哪些不同特点呢？根据超常教育的性质和国内外有关超常特殊班的经验，可概括出下列几点。

第一，超常儿童实验班建班的依据主要是儿童的智力水平或特殊才能，而普通班编班依据主要是儿童的年龄和知识水平（在同一个班中有不同的智力水平）。超常儿童实验班的招生需要采取智力、创造力等测验，通过多指标、多途径及多层次的方法进行鉴别、选拔，普通班的招生主要根据传统考试的分数录取学生或就近入学。

第二，超常儿童实验班的学制有两个特点：一是比普通班学制短，我国小学超常儿童实验班的学制是四年，初中与高中一贯制的中学超常实验班的学制一般也是四年，高中超常实验班的学制为两年；二是有弹性，超常儿童作为一个群体，其中个别差异仍然是十分明显的。虽然入学前经过鉴别，入学后经过一个阶段的教育，有些超常儿童发展特别迅速，成绩在班上遥遥领先，出现了新的学习不满足，对这些学生经考核可允许其提前毕业（北京市第八中学每届超常实验班都有学生仅用三年就考上了北大或清华）。同时，在中度超常的儿童中也会有少数由于过去学习基础不够扎实等原因，需要适当延长或转到适合其兴趣（如文科）的普通班去学习。

第三，超常儿童实验班的培养目标比普通班高。虽然都同样贯彻德、智、体、美、劳全面发展的教育方针，但对超常儿童不仅在智育上要求比常态儿童高，以便在更宽更深的基础知识和理论的基础上，充分发展其专长；而且在德育方面对超常儿童的要求也应比常态儿童高，才能把他们培养成符合时代要求的德才兼备的高层次人才。

第四，超常实验班的课程设置分为必修课和选修课。必修课是按国家的统一规定开设，与普通班基本相同。选修课是根据超常儿童发展的需要和优势，结合学校的条件开设，多为工具类课程（如计算机、高级外语等）、理论性课程（如人类学、文艺理论等）和艺术课程（如音乐欣赏、美术、书法等）。

第五，超常实验班的教材一般有以下特点：一是根据各学科的知识结构和体系重新组织，突出基本原理，加强基本知识和技能训练；二是能适应超常儿童的个别差异，根据不同的需要、水平、速度和特点，实行个别化教学，最大限度地贯彻因材施教；三是适时引进该学科的最新科技成果，反映该学科的最新理论；四是吸取程序教学的编排优点，有利于锻炼超常儿童的自学能力，并能允许不同超常儿童根据自己的学习速度前进；五是教材内容不烦琐，也很少重复。

第六，教学方法多采用启发式、讨论式、研究式，避免注入式。教学过程将由教师为主导逐步转变为以学生为主体的教学形式，教学中重视启发学生发展创造力，指导学生提高发现问题、分析问题、预测结果及解决问趣的能力。

第七，建立民主的教和学的环境，鼓励学生独立思考，敢于发表不同见解，提出新的解决方法。教师对不同于自己的观点能容纳，不以个人好恶或成见挫伤学生的积极性和自尊心，以确保学生在班上有安全感。

第八，在教育过程和集体活动中，重视引导超常儿童发展自我意识，帮助他们形成正确的评价和自我评价能力，锻炼他们正确对待成功和失败、胜利和挫折、表扬和批评，逐步学会善于自我调节，并具有自我教育的能力。

第九，正确处理集体教育与个性发展的关系。在集体教育中，允许超常儿童有一定的自由支配的时间，使他们在广阔的领域里，能根据自己的爱好和兴趣进行钻研，充分发展个人的优势和特长。

第十，教育和教学效果的评价，不局限于学习成绩（分数或升学率），而是按照全面发展的要求制定评价标准和方法。在整个实验过程中，通过定期评价，了解学生发展的优劣，并及时给予有针对性的改进，不断促进学生朝着预期目标发展。

上述几点尽管都是基本的，但不一定适合各种超常教育实验班，在此提出仅供参考，并希望通过今后超常教育的实践来检验和修正。

五、超常教育的师资

选择能胜任超常儿童教育的教师是超常教育成功的一个关键因素。不论哪一种超常教育，教师的选拔和配备都是十分重要的。许多国家都很重视超常教育师资的培养，有的国家还要求从事超常教育的教师必须是特殊教育专业毕业，领有证书或执照的人。

（一）超常教育教师的基本素质

从事超常儿童教育的教师，除了要求具备一般教师共同应具有的素质外，还应具有以下素质：

1.要具有特殊教育的基本知识和理论，特别是熟悉超常儿童的心理学和教育学。了解各年龄阶段超常儿童身心发展的特点和需要，在教育过程中，能从超常儿童已有身心发展水平出发，通过适合的教育，有计划地引导他们向更高水平发展。

2.具有某门专业知识和技能，不仅对该门学科有较广、较深的造诣，还要关心该学科的前沿发展，及时了解最新成就，并在教学中有所反映。

3.有为祖国培养优秀人才的热情和责任心，热爱超常儿童，为培养他们成才，有敢担风险、不怕挫折、不辞辛劳的奉献精神。

4.对超常儿童的教育有信心。在教学过程中，能根据不同超常儿童的发展情况，灵活地、创造性地运用超常教育的各种方法和策略，帮助他们充分发展。

5.教师既是超常儿童的良师，又是他们的益友，要对超常儿童的学习、待人和处事给予积极的指导，对他们的弱点能耐心帮助，做到不抱成见、不求全责备，平等相处。

（二）超常儿童师资的培养

目前我国还没有对超常教育的师资进行有计划的、系统的培养。根据国外的资料，对超常教育师资的培养，可分为两类：

1.任职前的培养。即在担任超常教育的教师之前接受有计划的、系统的培养。一般是考入师范院校的教育系特殊教育专业学习，四到五年后毕业，取得大学毕业证书和学士学位，或进一步深造取得硕士或博士学位。根据美国1979年的资料，对335所大学的调查，设有培养超常教育师资的特殊教育专业的共有127所（占

37.9%），其中招收超常教育的硕士或博士生的占56.7%。

2.在职培养。分为两种情况：一是在寒暑假办超常教育师资培训班，这种短期培训大多数是专题性的，如儿童创造性思维发展的师资培训班、超常儿童鉴别测验培训班等。另一种是不脱产，在当地师范院校的特殊教育专业进行系统学习，每年选修1~2门特教课程，几年后修完全部课程，经毕业考试，获得大学特教专业毕业文凭。

许多国家在教育领导部门设有超常教育组织领导机构，负责超常儿童教育的计划、教材编审，教育效果评价以及教师培训等工作。各地区有相应的领导机构，负责超常教育的协调管理工作，常利用假期举办各种短期培训班，帮助从事超常教育的教师提高素质。

十余年来，由于我国超常儿童研究者和教育者的紧密配合、共同努力，我国已有几千名超常儿童和少年在不同层次上按受超常教育，培养了一大批成绩优异的人才，在国内外赢得了赞誉。但也应指出，这几千名超常儿童只不过是极少数的幸运者，还有大量的（几百万）超常儿童没有机会享受到适合的超常教育，他们仍然被埋没，在他们中蕴藏着许多杰出的人才有待我们去开发。

现在，我们即将进入一个新的世纪，21世纪已向教育提出了新的挑战，我国社会主义建设比以往更迫切地需要早出、多出高层次优秀人才。随着教育"面向现代化，面向世界，面向未来"方针的进一步贯彻，我们希望在21世纪里，我国超常教育将得到更大的发展，让更多的各种类型的超常儿童都能得到真正的因材施教，享受到适合其能力、特点和潜力的超常教育。超常教育作为我国整个教育体制改革中的有机组成部分，在为祖国、为世界培养卓越人才上应做出更大的贡献。

参考资料

查子秀.超常儿童的概念和鉴别.教育研究，1990（8）.

查子秀执笔.超常儿童心理发展追踪研究五年.心理学报，1986（2）.

查子秀.超常儿童心理研究十年.心理学报，1990（2）.

Daniel P. Keating, et al. Intellectual talent research and development. The Johns Hopkins Univ. Press, Baltimore Md, 1976.

Joseph. S. Renzulli and Sally. M. Reis. The school wide enrichment model. Creative Learning Press Inc., 1985.

Joe Khatena. Educational psychology of the gifted. John Wiley & Sons Inc., USA, 1982.

Halbert. B. Robinson. The uncommonly bright child. Univ. of Washington, 1979.

徐世京.苏联"天才"儿童专门学校的发展状况.教育研究丛刊，1980.

E. Paul Torrance. Teaching creative and gifted learners. In Handbook of Research on Teaching, M. C. Wittrock, New York, 1985.

中国科学技术大学少年班管委会.十年办学的回顾与思考.中国超常儿童研究十年论文选集，北京：团结出版社，1990.

我国超常儿童的研究和教育的发展 [①]

中国科学院心理研究所　查子秀

一、前言

早在两千余年前，我国已开始了对超常儿童进行选拔、培养和重用，我国的超常教育有着悠久的历史。

但是对超常儿童进行科学的研究，把超常儿童的教育与科学研究相结合，通过实验研究逐步发展超常教育，直至20世纪后期才实现。中华人民共和国成立后，我国对超常儿童的研究和教育，大体可分为两个阶段：第一个阶段是1978年前，主要是对具有特殊才能（如绘画、音乐、舞蹈及体育等）的儿童开始进行早期发现、选拔和有针对性的特殊教育。第二个阶段是1978年以后，增加了对智力超常、科技发明创造等多种类型的超常儿童的研究和教育实验。

1978年以来，我国在超常儿童的研究和教育方面主要开展了以下工作：对数百名超常儿童进行了十几年的追踪研究，从中总结了超常儿童的类型、心理特征及成长的主要因素；对数百名超常儿童和5000余名常态儿童进行了认知、个性倾向和特征及创造力等方面的比较研究，探讨了超常儿童与常态儿童在这些方面的主要差异；编制了鉴别超常儿童认知能力测验和个性心理特征问卷，使鉴别研究超常儿童有了我国的常模标准和工具；进行了个别和集体的多种形式的教育实验，探讨了适合不同年龄超常儿童的教育；开展了多项国际的跨文化研究和学术交流。十七年来的研究成果，在理论和实践上填补了我国在这个领域的空白，并为进一步发展奠定了基础。

本文是对我国十几年来关于超常儿童的研究和教育的发展进行概要的介绍。

---

①原文刊登于《中国特殊教育》，1995年第4期，2-8页，12页。

二、现代关于超常儿童的研究

1978年开始，我国研究者为了探讨超常儿童心理发展的规律，了解超常儿童与常态儿童心理发展之间有哪些明显差异，以便对他们进行有针对性的教育，因此在认知、个性心理特点及创造力等方面，对超常儿童和常态儿童进行了一系列的比较研究。下面是几项研究的主要结果。

（一）认知发展方面

研究者多年来用鉴别超常儿童认知能力测验来测查儿童的感知、记忆、类比推理和创造性思维等方面，对超常儿童和常态儿童的认知能力进行了多次反复的比较研究，结果表明：

1.超常儿童认知能力测验的成绩优于同龄常态儿童，尤其在创造性思维方面，超常儿童高于常态儿童的现象更加突出。不论是超常儿童个体的成绩或群体的平均成绩，还是学龄前、学龄阶段儿童，或是哪个时期所测成绩都表现了这一趋势。

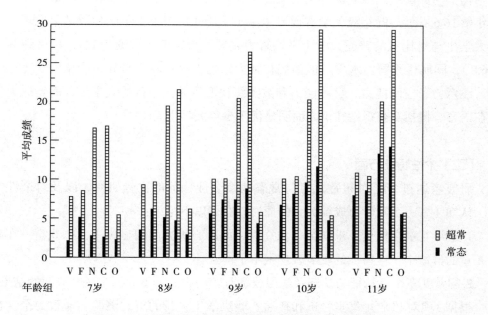

图1　7~11岁超常儿童与常态儿童认知能力测验成绩比较

注：V为语词类比推理，F为图形类比推理，N为数类比推理，C为创造思维，O为观察力

2.超常儿童与常态儿童认知不同方面构成的模式有明显不同的特点。儿童个体认知不同方面的发展是相互联系和制约的一个整体。根据多年对超常儿童和常态儿童认知构成模式的比较，发现不同年龄的超常儿童及同年龄不同时期测验的结果，都表明超常儿童是以创造性思维较高发展为特征而构成不同于同龄常态儿童的认知模式，如图2所示。

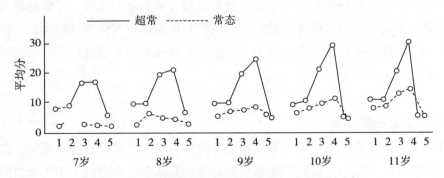

图2　7~11岁超常儿童与常态儿童认知能力剖面比较

注：1为语词类比推理，2为图形类比推理，3为数类比推理，4为创造思维，5为观察力

有些研究者用韦克斯勒儿童智力量表（中国修订版）对超常儿童（少年）与常态儿童（少年）的智力结构进行了比较研究，发现超常班儿童和少年班学生在智力结构上与同龄或同级高龄学生有明显差异。从一项关于大学少年班超常少年（平均年龄16.6岁）与同年级大学普通班学生（平均年龄20.9岁）的比较结果发现，少年大学生与对比班的普通大学生平均智力差异不大（前者智商为127，后者智商为126.8），同属优秀智力水平。但他们在智力结构上存在较大差异，少年大学生记忆力、注意力、空间能力、学习能力和数熟练程度明显优于普通大学生，而普通大学生在语言、概括及获得性知识方面明显优于少年大学生。

（二）个性特征方面

研究者通过多年对超常儿童与常态儿童个性特征的比较研究，以及对个性特征、认知（智力）及学习成绩关系的探讨，获得以下结果：

1.超常儿童在抱负、求知欲、独立性、好胜心等方面明显优于常态儿童。在超常儿童的群体中个性特征的发展表现很不平衡。

2.超常儿童个性特征与认知及学习成绩有较高相关。下面列举一个方面的结果。

根据3项对超常儿童实验班和普通实验班学生进行的智力测验、非智力个性特征问卷及主要学科测验3方面成绩的相关比较和分类，发现学生的智力、非智力个性特征及学习成绩之间的关系如表1所示。

表1 学生智力、非智力个性特征及学习成绩的关系

项目	智力	非智力个性特征	学习成绩
等级水平	优	优	优*
	优	优	中上
	优	中	中*
	优	差	中差或中下*
	中上	优	优
	中上	中	中
	中	优	中上或优
	中	差	差

注：＊为北京、上海、西宁的相同结果。

从表1可以看出，在智力同为优秀（智商130以上）的学生中，学习成绩的好坏主要取决于他们的个性特征。在前4类智力优等的学生中，个性优等的学习成绩也为优等；个性中等的学习成绩为中等（或有时好、有时差，表现忽高忽低）；个性差的学习成绩也为中下或差。由此看来，在智力相等或接近的条件下，学生学习成绩的好坏更多以他们的个性特征为转移。

根据对一个超常实验班学生各种类型所占人数百分比的分析，可以看出，三优型（优优优）占43%；优中中型占46%，优优中上型、优差差（中）型及中上中中型各占3.6%。不同班级各类的百分比不尽相同。

（三）发展过程方面

通过对百余名超常儿童从幼年—童年—少年—青年的整个发展过程的分析总结，研究者看到超常儿童的成长过程是不平衡的，可以概括出4种不同的类型，见表2。

表2中超常儿童发展过程的顺利或曲折说明，一个儿童要能得到超常发展，除了必备的遗传素质的物质基础外，还有着两个极其重要的因素，即适合的环境和教育因素（包括家庭、学校和社会环境及教育）；儿童本身的个性心理特征。这两个方面因素的相互作用和制约，决定着超常儿童是否能超常发展以及发展过程的起伏。

十几年来追踪研究的超常儿童的材料充分表明，儿童本人已形成的个性倾向和特征是他们超常发展的重要的内部条件。

表2　超常儿童发展过程

类型	表现	原因分析
跃进式	幼年表现早慧*，提前入学或插班，此后稳步超常发展；或从小学、中学至大学有过一次或多次跳级，跳跃式前进	家庭、学校提供有利于他们发展的条件；本人求知欲旺盛，主动积极，具有良好的个性特征
V形前进式（波浪式）	幼年表现早慧，提前入学或插班，在小学或中学阶段一度表现下降，与常态儿童无异。经采取措施后，逐渐回升，再次表现超常出众，稳步前进	儿童在学校受挫折，积极性受到影响；儿童本人贪玩，自控能力差，缺乏学习动机；出现某种行为问题；因病旷课过多，缺乏信心
后起式	幼年乃至童年未有超常表现，小学或初中阶段，由于某次竞赛或机遇，成绩突出、一鸣惊人，此后受到重视，稳步上升，发展优异**	幼年在农村跟老人生活，缺乏早教条件；或由于某个原因表现"开窍"较晚
滑落式	幼年早慧，小学或包括中学阶段一帆风顺、名列前茅，获得优良的竞赛成绩，但在中学或大学，由于某个原因，成绩下降、情绪波动或崩溃，不能自拔，经帮助也无效，发展失去优势	在较复杂环境中不能适应，或遇逆境，不能正确认识自己，自我调控能力差、缺乏耐受力或由此引起神经衰弱等身体的不适反应

注：*幼年早慧是指经测试，认知能力在同龄平均成绩两个标准差以上；或经智商测验，智商在130以上；或具有某方面特殊才能，经鉴定为杰出者。**经鉴别考核达到超常儿童或少年的标准。

　　大多数超常儿童超常发展的正面例子说明，由于他们具有旺盛的求知欲、有理想、有抱负、主动探求、积极学习，虽遇困难或挫折，却能坚持有"非学会、非做好不可"的毅力，因此他们的才智得以发展。相反，有少数超常儿童缺乏动机，或不能正确认识和调控自己，一旦遇到困难、挫折或失败，情绪容易波动，尽管客观上学习条件机会仍然很好，但却不能利用吸收，甚至一蹶不振，走下坡路以致发展平庸。

　　这些正面和反面的事例都有力说明，儿童本人的个性因素，在他们超常发展中起着重要的智力发展的中介作用。

　　上述研究的结果，对超常儿童的鉴别和教育都具有积极的指导意义。

三、关于超常儿童的教育

　　为了对超常儿童进行有效的教育，首先要能把他们从常态儿童中区分出来，因此科学鉴别是对超常儿童教育的前提和组成部分。

（一）关于超常儿童的鉴别

研究者在最初几年对超常儿童个别鉴别的实践中总结出5条鉴别原则：在动态的比较中鉴别；采取多指标、多途径、多种方法鉴别；兼顾智力和非智力的个性特征；把发展的质和量结合起来考察；鉴别与教育相结合，在教育实践中进一步鉴别。这5条原则，通过近十年来为建立超常儿童实验班，从大范围鉴别选拔超常儿童的实践检验及个别超常儿童的鉴别，证明是适合而有效的。

从1978年开始，超常儿童研究协作组先后编制了鉴别超常儿童认知能力测验、少年非智力个性特征问卷、小学生个性问卷、幼儿性格特征问卷，为鉴别和诊断超常儿童的智力和非智力个性特征提供了手段。

经过十几年的工作，在鉴别上虽然还有不少问题有待解决，但是也有了下列进展：鉴别工具从无到有，改变了仅仅靠对文化知识的考试成绩或凭经验推荐超常儿童的局面；从只能对已经有超常表现的儿童做验证性鉴别，发展到能主动去发现尚无超常表现的潜在超常儿童；从对超常儿童的个别鉴别，发展到从千余人大范围的儿童中去筛别、选拔超常儿童。

（二）超常儿童教育的发展

1978年以来，我国除了继续对具有艺术和体育才能的儿童进行有针对性的特殊教育之外，重点探讨了对智力超常儿童以及其他类型的超常儿童的教育。这十余年来超常教育发展较快，种类繁多，可概括为下列几种：

1.加速—弹性升级。通过鉴别确定的超常儿童，学校允许他们提前入学或插班，或经过学校考试达到规定年级的标准，学校允许他们跳级。在最初几年这种形势是教育的主要形势，当时很少有学校能允许超常儿童提前入学（插班或跳级），近年来随着社会对超常儿童的认识，已经有越来越多的学校向超常儿童开放，根据他们的智力（学习能力）水平，允许他们到适合的班级学习。

2.建立超常儿童实验班（少年班）。中国科学技术大学在1978年首创少年班，探讨早出理科优秀人才的有效途径，历年来取得了明显成绩。1985年，他们的经验在一些大学推广，此后的西安交通大学、华中科技大学等先后建立了少年班，这些少年班各有特色，成绩都很突出，先后获得了国家或省级的奖励。

关于中小学超常实验班，1984年，研究者协助天津市教育局建立了我国第一个小学超常儿童实验班，次年与北京市第八中学合作建立了一个中学超常少年实验班，探讨适合于中小学超常儿童集体教育的形式。北京市第八中学首届超常实验班的科研成果获得了北京市"七五"期间教育科研成果一等奖。天津市实验小学和天津市耀华中学的超常实验的成果，也已通过了专家鉴定，获得了天津市教育领导部门的奖励。目前全国已有70余所中小学建立了超常儿童实验班或理科实验班。在这些实验班中，小学和中学直接衔接，八到九年一贯制的是少数，多数是中小学分开实验，学制和学生入学年龄也有不同，办学形式多样化并各有所长。

多数学校已经过几轮的教育实验并获得了成功。他们从各方面进行了总结，证明将智力水平、特点和潜力接近的儿童和少年集中起来编班，进行超常集体教育是有益的，不仅便于教学收到较好的效果，而且这样的集体对他们具有更大的挑战性，可以促进他们互相学习、共同进步。同时由于年龄接近、情趣相投，也能满足他们情感和友谊正常发展的需要，

3.课外/校外的教育活动。超常儿童有许多类型，学校和社会有关方面为不同类型的超常儿童提供了内容丰富、形式多样的充实活动。

在文艺、体育方面：十几年来业余班校不仅数量大增，种类也有扩展，如除琴棋书画外还有儿童京剧学校及武术班（校）等。

在科技活动方面：除天文、气象、无线电、航模制作、采集标本等之外，十几年来不断扩大，增加了不少以现代科技为标志和新时代需要的活动项目（如计算机、生物工程、航天技术、环境保护等）以及发展学生创造能力的发明创造活动。活动形式除兴趣小组外，近年来发展了不少学科业余班校（如数学、物理、化学及外语等），利用周末开展活动，以及利用寒暑假开展各种夏（冬）令营活动。为满足各类超常儿童校外拓宽、加深和提高其才智，提供了广阔的机会。

4.个别指导的学习。分散在普通班（同年龄常规班）学习的超常儿童，由于他们在某门学科（或多方面）的特殊优势或潜力，被任课老师（班主任）发现，在老师的指导下制订个人前进的学习计划，以便对他们实行彻底的因材施教。近年来，随着社会上对超常儿童的重视，已有越来越多的老师成了伯乐，对自己班上的超常学生进行个别指导，并取得了许多突出的效果。例如在国内外数学、物理、化学、计算机等学科奥林匹克竞赛中获奖的学生中，不少正是得益于个别指导的学习。

这种教育形势对超常儿童实验班中的超常儿童也适用，因为超常儿童实验班中学生个别差异仍然非常明显，同样需要个别指导的学习形式。

个别指导学习的方式对指导教师有较高的要求。导师多数是学生某门课的任课老师或聘请的校外有关专家，也有一些是具有专长、有指导能力的家长。

5.早期超常教育。20世纪70年代末80年代初，对超常儿童的早期教育主要依靠家长，根据自己孩子的兴趣和优势，在家里进行以早识字、早读、早算为主要内容的教育。十几年来，随着我国早期教育的发展，社会上出现了丰富多彩的专为婴幼儿开设的班（校），广涉琴棋书画、舞蹈、外语及计算机等。家庭与社会教育的结

合，为超常儿童早期发展提供了更多的机会。

6.残疾超常儿童的特殊教育。针对残疾儿童的特点，进行了成功的特殊教育，如聋儿童能说话、写书，盲儿童会弹琴，智力缺陷儿童成为画家……十几年来，残疾儿童成为超常儿童的奇迹已屡见不鲜。

我国现代超常教育虽仅有十几年的历史，但是效果还是明显的，一批批的超常儿童以较短的学习年限、优异的学习成绩和健康的体魄，完成了中小学和大学的学习任务。目前多数人在国内外攻读硕/博士学位，其中出现了17岁的博士生。不少人已经走上了工作岗位，有19岁的建筑设计师、26岁的副教授……他们不一般的工作态度和成绩，赢得了信任和好评。小画家出色的画展，在国内外画坛多次引起轰动；音乐才能非凡的少年，在国内外的演奏会上获奖也已屡见不鲜；某些青少年的发明创造在国内外展赛中多次获得金牌或发明奖。近十年来，在国际数学、物理、化学、信息学等学科奥林匹克竞赛中，我国竞赛选手连年夺冠，多次荣获团体总分第一。所有这些都表明我国超常儿童（少年）在国内外已经逐渐崭露了头角，引起了国际同行越来越多的兴趣和关注。

（三）现阶段超常教育的特点

1.有明确的目标。自1978年来，我国对超常儿童的教育是为适应我国现代化建设对早出、多出优秀人才的需要，以及为21世纪培养高层次人才而发展起来的。

在这一远大目标下，教育是以超常儿童为主体和出发点，教育方案的设计、教育内容及方法等均从超常儿童现有水平和特点出发，通过教育以促进他们身心全面发展、健康成长。

2.重视科学的鉴别。鉴别目的不在于给儿童戴上超常（神童）的桂冠，鉴别是教育的手段，是为了对超常儿童更好地因材施教。

许多教育者在选拔超常儿童的实践过程中，认识到传统的考试不能排除已有文化知识的影响，只有科学的鉴别才能区别出儿童智力、创造力的水平和潜力高低，诊断出特殊能力的优势倾向。因此他们重视科学鉴别，采取多指标和多步骤的鉴别，并继续探讨新的、更为有效的科学鉴别方法。

3.多种形式的超常教育。超常儿童有多种类型，不同类型超常儿童（文学、艺术、科学）特点不同，需要不同的特殊教育。任何超常儿童的成长，不是某一种超常教育可以完成的，需要校（课）内外多方面教育的配合。

十几年来，各级学校根据其可能的条件，为超常儿童设立了多种形式的特殊教育，社会上出现了形式多样的超常教育，为各类超常儿童的需要和发展提供了多种机会。因此超常教育的种类日益增加，目前可以说出现了历史上前所未有的繁荣景象。

4.教育与科研紧密结合。我国现阶段的超常教育从一开始就与科研有不可分的联系。研究为教育提供理论依据，超常教育又多以实验的形式建立，并继续进行着研究探讨。通过超常教育实验，既是对超常儿童的培养，又是在教育干预的过程中深入研究超常儿童发展的规律，为不断改进和完善超常儿童的教育提供根据。

超常教育研究（实验）的面很广：有周期性较长的综合性纵向教育实验，如中小学超常儿童实验班、大学少年班；有单项研究，如学科的教材和教法、课外的充实教育项目等；还有超常儿童认知、创造力及个性道德品质等发展规律的研究等。

5.协作研究组的保证。中国超常儿童研究协作组自1978年成立以来，全国有30余家单位参加（包括研究所、大学和中小学），有领导有计划地开展协作研究和教育实验。研究者和教育者在研究方案下，有分工有合作。十几年来集中了力量，赢得了时间，获得了许多的成果，其中有些经过多次反复，具有一定广泛性和深度。所以，协作组十几年来从组织上保证了教育与研究的紧密结合，促进了超常教育的发展。

四、结语

中华人民共和国成立后，我国对超常儿童的研究和教育逐步得到发展。虽然这十几年发展较快，但还不能满足我国社会主义建设对人才的需求，与发达国家相比差距也很大。比如：鉴别选拔超常儿童的标准化工具和研究方面需要增加数量，提高质量；一些已经取得明显效果的研究成果，需要推广以通过实践应用进行检验，有些实验需要加强理论指导，有些已经重复多次的工作需要进行总结，使其上升到理论（或理性认识）；未来需要的高层次人才应具备哪些基本素质，应如何提高要求，更新教育内容和方法；广大农村和少数民族地区的超常儿童的发现和教育如何创造条件开展；超常儿童教师的培训工作；等。这些都是需要进一步探讨的问题。

我国目前有着许多有利于超常儿童教育发展的条件，如国家建设以及新的世纪需要培养杰出人才，这是强大的推动力量；我国实行改革开放政策，学术思想活跃、科技教育繁荣发展，超常教育也必将发展。在目前的大好形势下，只要我们能在已有成绩的基础上发扬特点，加强学习，学习国际上的先进理论和经验，可以相信，在21世纪，我国超常儿童的教育和研究将会蓬勃发展，上面提到的需要进一步探讨的问题都能够逐步得到研究和解决。我国从事超常儿童研究和教育的专家、学者和教师将与国际同行开展更多的合作研究，共同努力，为21世纪杰出人才的培养做出更大贡献。

参考资料

查子秀.3~6岁超常和常态儿童类比推理的比较研究.心理学报，1984（4）.

查子秀.超常儿童心理发展追踪研究五年.心理学报，1986（2）.

查子秀.超常儿童心理研究十年.心理学报，1990（2）.

王骧业.7~14岁超常与常态儿童图形和语词类比推理的比较研究.青海心理学会通讯，1984（8）.

高荣生.鉴别超常儿童数类比推理测验的编制.中国超常儿童研究十年论文选集，北京：团结出版社，1990.

李仲涟执笔.7~15岁超常与常态儿童创造性思维的比较研究.湖南师大学报，1984（1）.

查子秀.超常儿童心理与教育研究十五年.心理学报，1994（4）.

刘玉华，孔燕，朱源.少年大学生与普通大学生智力比较研究.特殊儿童与师资研究，1994（4）.

袁军，洪德厚.用CA-NPI测试智力超常少年的报告.中国超常儿童研究十年论文选集，北京：团结出版社，1989.

查子秀.超常与常态儿童个性特征及其与认知的关系比较.中国超常儿童研究十年论文选集，北京：团结出版社，1990.

洪德厚.中国少年非智力个性心理特征问卷（CA-NPI）（1988年版）的编制与使用.心理科学通讯，1989（2）.

余强基，荆其桂.天津市超常儿童集体教育实验研究.中国超常儿童青少年研究和教育十五周年学术研讨会论文，1993.

Zha Zixiu. Programs and practices for identifying and nurturing giftedness and talent in People's Republic of China. In International Handbook of Research and Development of Giftedness and Talent,（Eds. J. A. Heller; F. J. Monks & A. H. Passow），New York: Pergamon Press, 1993.

王骧业.鉴别超常儿童（小学生）个性特征问卷报告.中国超常儿童研究十年论文选集，北京：团结出版社，1990.

陈帼眉.幼儿性格量表的编制.中国超常儿童研究十年论文选集，北京：团结出版社，1990.

朱源．一种新型的办学形式——中国科学技术大学少年班．怎样培养超常儿童，西安：西安交通大学出版社，1987．

夏应春．我校工科少年班的教学规律及其改革．中国超常儿童研究十年论文选集，北京：团结出版社，1990．

宋文芝，韩雁洁．严谨与创新．教育与现代化，1989（3）．

天津实验小学（邱方惠执笔）．超常儿童集体教育初探．教育与现代化，1989（3）．

周林，查子秀．超常儿童实验班的建立．心理学报，1986（4）．

龚正行执笔．超常儿童的鉴别和教育——北京八中超常教育实验（1985—1989）实验报告．北京市教育科学研究十年成果选辑，北京：北京师范大学出版社，1991．

中国超常心理和教育研究 [1]

中国科学院心理研究所　查子秀

1978年的春天，我国研究者和教育者开始对超常儿童（青少年）进行较系统的研究和教育。目的在于：揭示超常儿童的心理发展规律；研究鉴别发现他们的科学方法和手段；总结他们超常发展的成因，使他们充分发挥潜力，加速健康成长；为我国社会主义建设早日培养杰出人才做贡献，并由此促进我国下一代素质的提高；在此基础上，也为心理学和教育学等学科积累资料，充实理论。

这是一项全国性的协作研究和教育。从对超常儿童的个案调查和追踪研究，以及对超常儿童和常态儿童心理比较研究着手，多方面地探讨、总结、概括出初步结果，然后进行较全面的教育实验以检验、修正发展所获结果，并在推广应用中进一步考察。研究者提出并采取动态的比较和研究：贯彻整体的和系统的观点；兼顾智力和非智力个性因素；综合运用多种具体的研究方法，以及将鉴别、教育和追踪研究相结合。所以，本研究的规模较大、延续时间较长，研究方法具有我国的特色。

二十年来，进行的研究和取得的成果主要如下：

一是对数百名超常儿童进行了七到十五年的追踪研究和教育，概括出超常儿童表现的多个方面心理发展的共同特点、成长过程和因素，为识别和培养超常儿童提供了较全面的科学知识。

二是对数百名超常儿童和5000余名常态儿童的认知、创造力及个性特征等方面进行了较系统的比较研究，分析找出了超常儿童与常态儿童心理发展的主要差异，为超常儿童的鉴别和教育奠定了理论依据。

三是编制了鉴别超常儿童认知能力测验及幼儿、小学生和少年3个非智力个性特征问卷，使鉴别和研究超常儿童有了我国的常模标准和工具。

四是对超常儿童进行了各种形态的教学实验，如提前入学、跳级、参加课外充实教学活动（学科奥林匹克校、各种艺术培训班等）、建立超常儿童实验班和大学

①原文刊登于《金秋科苑》，1998年第4期，4-5页。

少年班（目前全国已有50余所中小学办了超常儿童实验班，数所大学办有少年班）。数千名超常儿童和青少年受到了适合其潜力和特点的教育，正在茁壮成长，其中不少人在国内外各种竞赛中获奖，有的已参加工作，效绩突出。我国超常教育的体系正在逐步形成。

五是出版了《怎样培养超常儿童》《中国超常儿童研究十年论文集》和《超常儿童心理学》等十几本著作，发表了几百篇论文。这些资料被广泛引用，对帮助广大家长、教师和儿童工作者正确认知超常儿童，针对他们的特点因材施教起了积极的作用，并在个别差异方面充实了心理学和教育学等学科。

总之，二十年的研究成果，不仅在理论和实践上填补了我国这个领域的空白，还为今后进一步的发展奠定了基础。

当年追踪研究的超常儿童如今成长情况怎样？事实是最好的回答。二十年来绝大多数昔日的超常儿童已一批批地以较短的学习年限、优异的成绩、健康的体魄完成了中小学和大学的学习任务。目前多数人在国内外攻读博（硕）士学位，出现了15岁的硕士、17岁的博士生，其中获双学位（双博士）的不乏其人。不少人现在已参加工作，出现了19岁的讲师、26岁的副教授、30岁的教授、19岁的建筑设计师、21岁的副经理……他们的科研论文多次在国内外会议刊物上发表，他们的建筑设计、软件产品在国内外获得奖励或专利，有的已投产被推广使用，为国家创造了很好的经济和社会效益。青少年的发明创造成果在国内外展赛中多次获金牌或发明奖，在国际数学、物理、化学、信息学等学科奥林匹克竞赛中，我国选手连年夺冠，多次荣获团体总分第一。当年的小画家举办了出色的画展，在国内外画坛多次引起轰动，音乐才能非凡的少年儿童，在国内外的演奏会上获奖也已屡见不鲜。所有这些都表明昔日的超常儿童，现在大多数已在国内外崭露了头角，其中不少人已经成才，工作表现非常出色。

追踪研究发现，超常儿童的成长不是一帆风顺，也不是一个模式。从幼年—童年—少年—青年的整个发展过程来看，超常儿童的成长过程是不平衡的，可以总结出5种发展类型，即跃进式、渐进式、波浪式、后起式和滑落式。

同为超常儿童，智力发展水平接近，为什么成长过程会出现明显差别？有些儿童顺利、健康成长，有些儿童出现不同程度的曲折，还有极少数在发展的某个阶段出现大滑坡，个别的甚至泯然于众。根据超常儿童成长过程的正反面经验，可以看出，一个儿童要能超常发展、健康成长，除了必不可少的遗传素质作为发展的物质基础外，还有着两个极其重要的因素：一是适合的环境和教育因素（包括家庭、学校和社会环境及教育），二是儿童本身的个性心理特征。这两个方面相互作用和制约，决定着超常儿童是否能超常发展，以及发展过程是否有起伏。

可见，超常儿童的成长和成才取决于许多因素，需要多方面的关心。而其中良好的家庭环境和教育是他们健康成长的基础；适合的学校和社会教育是他们进一步超常发展的关键性条件；超常儿童本人心理的协调发展，尤其是具有良好的个性倾向的特征是不可或缺的主观因素。所以，超常儿童健康成长、成才，需要家庭、学校和社会教育的紧密配合，以及超常儿童主动参与协同作用才能实现。

一项协作研究能坚持二十年，时间已不算短。但是若与国际上对超常儿童的研究和教育的百余年的历史相比，则还是比较短的，我们已经开展的许多工作，有些需要重复、提高和完善，有些还有待时间的检验。我们还有不少工作尚未开展，比如研究对象目前主要集中在城市范围，还没有对广大农村及少数民族中的超常儿童进行有计划的鉴别和选拔，没有给他们提供适合的教育机会。在面临21世纪的挑战之际，如何去发现更多的超常儿童，及时对他们因材施教，使他们的优势和潜力能充分发展，把他们培养成为各类高素质优秀人才，在今天尤其具有重大的现实意义。

超常儿童健康成长的主客观条件 [①]

中国科学院心理研究所　查子秀

摘要：通过整理和总结二十年来对140余名超常儿童进行的追踪研究，概括出了超常儿童成长过程的5种不同的类型；分析了造成不同类型的原因；讨论了超常儿童健康成长的主客观条件以及两者的相互作用；提出了对教育的建议。

我国自1978年开始对超常儿童进行心理研究和教育实验以来，已经有了二十余年历史。当年的超常儿童，如今已一批批以较短的学习年限、优异的成绩、健康的体魄，完成了中小学和大学的学习任务。目前他们大多数正在国内外攻读博（硕）士学位，其中获双博士学位的不乏其人。不少人现已走上了工作岗位，有19岁的建筑设计师、21岁的副经理、26岁的副教授和副总裁、30岁的教授和研究员等。他们的建筑设计、科研论文和著作、软件作品在国内外刊物、会议上发表并获得奖励，有些已获专利并被推广应用（投产），创造了很好的社会或经济效益。青少年画家出色的画展，在国内外画坛多次引起轰动。音乐才能非凡的少年，在国内外的演奏会上获奖也屡见不鲜。青少年的发明创造在国内外比赛中多次获金牌或发明奖。在国际数学、物理、化学、信息学等学科奥林匹克竞赛中，我国参赛选手连年夺冠，多次荣获团体总分第一。虽然这只是部分情况，但已足够表明在当年追踪研究的超常儿童中，大多数已在国内外逐渐崭露了头角，并赢得了信任和好评。然而超常儿童的成长并非都一帆风顺，超常儿童健康成长、成才取决于许多因素。

本研究是二十年来，对140余名超常儿童进行的追踪研究。在追踪研究过程中采用测验、教育实验、观察、谈话及作品分析等方法积累了资料，本文是对这些资料进行的分析、整理和总结。

---

①原文刊登于《中国特殊教育》，2000年第2期，1-4页。

一、超常儿童成长过程的不同类型

从二十年来对超常儿童成长过程的追踪研究，可以看到超常儿童的成长并不都一帆风顺，成长过程也不尽相同：有些超常儿童发展比较顺利，有些发展不太顺利，在他们成长过程的不同时期出现了不同程度的曲折，也有少数超常儿童在成长的某个阶段出现大滑坡，个别的甚至泯然于众人。概括起来，超常儿童的成长可分为5种类型，见表1。

表1 超常儿童发展过程的类型

类型	表现	原因分析
跃进式	幼年表现早慧*，提前入学或插班，此后稳步超常发展；或从小学、中学至大学有过一次或多次跳级，跳跃式前进	家庭、学校提供有利于他们发展的条件；本人求知欲旺盛，主动积极，具有良好的个性特征
渐进式	幼年或童年已有超常出众的表现，按常规年龄入学，没有跳级，而是在课外或校外接受充实的超常教育，优势和才能逐步发展，超常表现比较稳定	家庭、学校和社会给他们提供了渐进的超常发展的条件（缺乏加速式教育的机会）；超常儿童具有良好的个性特征，有些还具有某方面才能，有利于这种类型的发展
V形前进式（波浪式）	幼年表现早慧，提前入学或插班，在小学或中学阶段一度表现下降，与常态儿童无异。经采取措施后，逐渐回升，再次表现超常出众，稳步前进	儿童在学校受挫折，积极性受到影响；儿童本人贪玩，自控能力差，缺乏学习动机；出现某种行为问题；因病旷课过多，缺乏信心
后起式	幼年乃至童年未有超常表现，小学或初中阶段，由于某次竞赛或机遇，成绩突出、一鸣惊人，此后受到重视，稳步上升，发展优异**	幼年在农村跟老人生活，缺乏早教条件；或由于某个原因表现"开窍"较晚
滑落式	幼年早慧，小学或包括中学阶段一帆风顺、名列前茅，获得优良的竞赛成绩，但在中学或大学，由于某个原因，成绩下降、情绪波动或崩溃，不能自拔，经帮助也无效，发展失去优势	在较复杂环境中不能适应，或遇逆境，不能正确认识自己，自我调控能力差、缺乏耐受力或由此引起神经衰弱等身体的不适反应

注：*幼年早慧是指经测试，认知能力在同龄平均成绩两个标准差以上；或经智商测验，智商在130以上；或具有某方面特殊才能，经鉴定为杰出者。**经鉴别考核达到超常儿童或少年的标准。

为什么同为超常儿童，智力发展水平相等或接近，而发展、成长的过程会有这样明显的差别？超常儿童顺利发展、健康成长主要取决于什么条件？根据追踪研究的超常儿童成长的正反面经验，可以总结出两个关键的方面：超常儿童本人心理、生理的协调发展；适合的环境和教育（包括家庭、学校和社会环境和教育）。这两个方面恰当的相互作用，决定着超常儿童是否能顺利发展，以及成长过程是否有起伏。

二、超常儿童成长的主观条件

这里所谓主观条件，也就是影响儿童超常发展的本身方面的原因。主要指超常儿童出生后，在遗传素质基础上，环境和教育影响下，儿童心理发展的素质、身心的协调发展，特别是儿童已形成的个性倾向和特征。

追踪研究的超常儿童的材料表明，他们在成长过程中的心理、生理的发展，不是完美无缺的，多数超常儿童表现出几种发展的不平衡（不同步）现象。

（一）智力的不同方面发展不平衡

儿童的智力是多维的，包括感知、记忆、思维等。智力超常或具有某方面特殊才能的儿童，多数只是在智力（认知）的某方面有优势，其他方面与常态儿童差异不大，甚至更差。如在追踪研究的超常儿童中，有些超常儿童2~3岁便表现出记忆非凡，很小就认识很多字；有些超常儿童逻辑思维发展突出，很小就对计算感兴趣，心算能力强；有些超常儿童形象思维优异，很小就表现出艺术才能等。有些家长急于发展孩子的特长，只强化他们的优势方面，不知道儿童认知的全面和协调发展对儿童今后智能发展的影响，致使他们的孩子偏科发展。如一个4岁识2000多字的幼儿，进入小学后由于数学跟不上，发展受到影响；另一个幼儿数学才华出众，在小学和中学偏爱数学，不喜欢需要记忆的学科，他14岁考入大学少年班，数学单科独进，但需要记忆的多门学科不及格，连数学成绩也受到影响，不得不转学。

（二）智力和非智力个性特征之间发展不平衡

根据研究，在超常儿童群体中个性倾向和特征的发展不平衡，可以概括为3种类型。第一类，他们求知欲旺盛、有理想、有抱负，学习主动自觉，能正确认识和评价自己，具有自我调节和自我教育的能力，他们自信，有独立性，有坚毅顽强的精神。大多数跃进式和渐进式超常儿童的个性特征属于这一类。第二类是不稳定型。他们以兴趣为转移，靠老师或家长的监督，学习和行为表现时好时坏，遇困难或挫折不能正确对待，情绪易波动，自信心不足，他们的发展表现为波浪式。第三类除了具有第二类的非智力个性特征外，他们在性格或行为、习惯的某方面存在较突出的问题，如：自私、自负、孤僻、爱说谎、随意拿别人的东西、不合群等。滑落式超常儿童的个性特征属于这一类。他们一旦遇到不利环境，便会出现各种严重的心理或情绪问题，以致影响到他们继续超常发展和成才。可见，超常儿童非智力个性特征发展的不平衡，以及非智力个性特征与其智力发展的不同步，对他们进一步超常发展影响很大。

（三）智力与动作之间发展的不平衡

超常儿童智力发展超常出众，但动作发展迟缓。如有些超常儿童进入小学后，已能大量识字或阅读，但书写困难；有些动作发展很不协调，学不会做操；有些生活自理能力差，离开家长的照料，衣物、文具等常会丢失；还有些表现出感觉和动作统合失调等。

（四）身心发展的不平衡

有些超常儿童很小就爱看书，受到不合适的强化，不爱运动，身体发育很差，如经常生病或体育不能达标，从而影响到智力的发展。有些由于不良的非智力个性特征方面的原因，对激烈竞争、高压力不能适应；有些自我要求过高，有不切实际的完美主义；有些人际交往较困难等。他们长期处于紧张、焦虑状态，一旦面临一时难以解决的问题，心理不能承受，由心理问题发展到身体健康受影响。如有个大学生在中小学时学习成绩一直名列前茅，进入大学少年班后，班里强手如林，他生活自理能力很差，又不会与人交往，一门课不及格便失去自信，不知所措，由失眠发展成神经官能症，以致不能继续学习，不得不休学回家。还有个大学生毕业后，对意外的打击不能承受，得了抑郁症，以致不能参加工作。这虽然只是极少数的现象，发生率与普通大学生中的类似现象比也小得多，但失败的教训值得总结。

三、超常儿童成长的客观条件

超常儿童成长的客观条件主要指家庭、学校和社会提供的环境和教育。

根据对110名追踪研究的超常儿童家庭教育的调查分析，大多数家长重视对孩子的早期教育，为孩子提供有利于智力发展的各种条件。70%的儿童在他们2~4岁时，已受到有目的、有计划的教育。家长采取因势利导、生动有趣的方法，激发孩子的求知欲和学习兴趣，教孩子背诗、识字或认数、绘画、弹奏乐器等。跃进式和渐进式的超常儿童，从小就是得益于良好的家庭环境和早期教育，使身心得到了协调发展，为进一步自主接受教育、主动积极发展奠定了良好的基础。所以，良好的家庭环境和教育对超常儿童潜能的充分发展、健康的成长起着奠基的作用。

超常儿童入学后，学校对他们实施"德智体美劳"全面发展的教育，并开始系统地教授文化科学知识，使他们的发展进入一个新的阶段。跃进式和渐进式发展的超常儿童，除了有良好的家庭环境和教育外，还受到了学校提供的适合其发展的教育，如允许提前入学、插班、跳级，进入超常班、实验班或在同龄班得到良师的个别指导等教育。社会上也有一些充实教育，如琴棋书画、外语、文学、数学、计算机等的课外学习班，使他们的潜力得以充分发展。有些儿童幼年缺乏早期教育的条件，在入学后受到了适合其潜力的教育，超常的智力潜能得到了开发，如后起式的超常儿童。有一些波浪式发展的超常儿童，在他们出现问题后，教师和家长关心及时，教育适当，并采取了积极的措施，使问题得到了妥善解决，他们又继续超常发展。所以，适合的学校和社会教育是儿童进一步超常发展的关键条件。

然而，儿童身心或心理发展出现偏差，常常也是家庭或学校不良环境和教育的结果。如不少家长只注重孩子的智力开发，忽视非智力个性品质的培养；或进行片面强化教育，造成孩子偏科发展等。少数儿童在幼年超常发展，但入学后由于某些原因，在学校未被理解，受到不当的教育或不公正的对待，深感委屈和挫折，情绪波动，学习消极，发展速度明显下降。儿童在发展过程中，出现某种不平衡是难免的，如果环境和教育适当，则不至于发展成问题。有的超常少年在大学出现发展大滑坡，分析问题可追溯到小学和中学阶段，"冰冻三尺，非一日之寒"，根源在于家庭和学校教育的疏漏或错误。

四、主客观条件的相互作用

二十余年超常儿童成长的正反面事实，充分说明儿童成长的主客观条件之间是一种辩证的关系。

超常儿童心理的发展、良好个性倾向和特征的形成，如前所述，是儿童出生后，在先天遗传的基础上、环境和教育的影响下，发展形成的。儿童先天遗传素质的优异，只是具有了超常发展的前提和可能性，如果没有家庭、学校及社会提供适合的环境和教育条件，儿童不可能有超常的发展，超常儿童就可能被埋没。幼年超常发展的儿童，如果教育不当或失误，他们就可能偏离正常的发展，原有的超常表现可能昙花一现，或给以后的发展埋下隐患。只有在正确、适合的教育指导下，通过儿童自主的学习（广义的）实践，他们的心理、身体才能得到协调发展，超常发展的可能性才能转化为现实性，成为名副其实的超常儿童。因此，环境和教育在儿童超常发展中是关键性的客观条件。

然而，在同一个超常儿童实验班或少年班中，在同样良好的环境和教育下，却并不是所有的超常儿童都能取得积极的教育效果。同样，不同的超常儿童在困难、失败或挫折等不利条件下，各人的态度、表现也是极不相同的。具有良好个性的超常儿童，很小就表现出主动探求、自主学习，随着自我意识的发展，到少年期他们的自觉主动性更强，不仅自觉学习，还能自我教育、自我完善。他们把困难看成挑战，在失败或挫折面前不消极，而是积极找出原因加以克服。他们具有"非学会、做好不可"的坚强毅力，因而能不断超常发展并取得较好的教育效果。但是那些个性发展不良的超常儿童缺乏学习动力，遇到困难、失败或挫折，往往自信丧失，情绪波动、怨天尤人，不能自拔，对良好的教育或难得的机遇，不能吸收和利用，发展停滞或走下坡路。这说明，儿童已形成的心理素质，尤其是个性倾向和特征，作为儿童进一步发展的主观方面的因素，对教育的影响起着中介的作用。

所以，一方面有适合的环境和教育，另一方面有儿童本人心理的协调发展，这两方面相辅相成，恰当地相互作用，才能促进超常儿童健康成长、成才。

五、对教育的建议

超常儿童在智力或特殊才能的某些方面具有巨大潜力或已经表现超常出众，但是他们心理的不同方面发展可能存在不同步现象。因此，对超常儿童进行教育时（尤其在家庭），首先要贯彻全面发展的教育方针，并要重视他们身体、心理的协调发展，既充分发展他们的才智，又培养他们具有高尚的道德情操，形成良好的个性倾向和特征，才能使他们成长为符合21世纪需要的各个领域的创造型人才。

超常儿童与同龄常态儿童之间存在明显的差异，超常儿童也是有特殊需要的儿童，对他们进行合适的教育，就是要根据他们的特殊需要、潜力、水平和特点进行不同于现行的常规教育，也就是对他们实施真正的因材施教。对超常儿童的特殊教育可以采取多种形式，但应是系统的、全方位的。只在某个年龄阶段对他们进行超常教育，或仅靠家庭或学校单方面进行教育，是很难完成的，需要整个国家和社会的关心。只有家庭、学校和社会教育紧密配合，并发挥超常儿童本人的主观能动性，积极参与协同作用才能实现。

合适的教育还应符合儿童的心理、才能、品质发展规律。超常儿童理解力强，但理解了不等于就掌握了。尤其个性特征、道德品质不能满足在"知"，更重要是在行为中体现。合适的教育不应仅限于传授知识，而要发展能力，才能形成比较稳定的行为、品质和习惯。从知识掌握到能力、才能的发展，从理解到应用再到解决问题，从认识到行为再到道德品质形成，是一个或一系列的过程，并需要通过儿童亲自的学习和行为实践才能实现。

二十余年来，我国对超常儿童的教育已经创造了多种形式，积累了许多经验，为进一步的发展奠定了良好基础。但是也存在一些问题，如超常教育在我国还没有相关法律规定；超常教育的教材缺乏有领导的研究和编写；从事超常教育的教师的学习和提高未受关注；等。只有切实解决了这些问题，超常儿童的健康成长才能得到真正的保证。

参考资料

查子秀.超常儿童心理和教育研究二十年.儿童超常发展之探秘——中国超常儿童心理发展和教育研究二十周年论文集，重庆：重庆出版社，1998.

凌培炎.超常儿童教育问题漫话——从张××智力发展中的几个矛盾所想到的.怎样培养超常儿童，西安：西安交通大学出版社，1987.

查子秀，龚保华.超常少儿的非智力个性特征.超常少儿的鉴别与培养，北京：光明日报出版社，1993.

查子秀.超常儿童心理发展追踪研究五年.心理学报，1986（2）.

超常儿童研究协作组.智蕾初绽——超常儿童追踪研究，西宁：青海人民出版社，1983.

查子秀.超常儿童心理研究十年.心理学报，1990（2）.

丁松年.十三岁的郁×上了大学.超常儿童心理研究和教育十五周年论文，1993.

刘玉华，朱源.超常儿童心理发展与教育.合肥：安徽教育出版社，1994.

查子秀.超常儿童心理与教育十五年.心理学报，1994（4）.

特殊才能的超常发展 [1]

中国科学院心理研究所　查子秀

在极其广泛而多样的社会生活的各个领域中，总有一些人表现出在完成该领域的活动时，有其特长。这些特长，不仅将其社会生活点缀得丰富多彩，而且推动着社会生活各个领域的发展。

社会的发展，人类的进步，既需要提高人的一般素质——身体的、文化的和心理的素质，也需要培养在不同的领域具有特殊才能、能做出特殊贡献的人才。因此，研究特殊人才的培养，探讨促进特殊才能超常发展的问题，具有重要的现实意义。

一、什么是特殊才能

▼

特殊才能是人顺利从事某种专门活动的特殊能力的有机组合。

社会生活的各个领域，都有该领域的专门活动，如艺术领域中的绘画活动、音乐活动、舞蹈活动；教育领域中的教育、教学、教育管理等活动。而绘画才能、音乐才能、舞蹈才能、教育才能、教学才能、教育管理才能等特殊才能，是保证顺利完成上述这些专门活动的重要条件。我们无法想象一个不具有绘画才能的人在绘画活动中能得心应手，运笔如神；也无法想象一个不具有军事才能的人在军事活动中能运筹帷幄，指挥百万雄兵。

每个人都可以进行许多种活动，可是，并不是每个人都具有完成这些活动的特殊才能。例加，许多人都进行体育活动，然而他们并不都具有体育才能。特殊才能主要表现在完成专门活动的顺利情况和质量上。

---

[1] 原文刊登于《现代特殊教育》，2001年第4期。

人在生活和活动中培养了种种能力，这些能力如感知观察力、记忆力、思维能力、想象力等，保证着人与环境取得平衡。这些能力是人在一般生活和活动中需要的能力，但这些能力还不是特殊才能，特殊才能是特殊能力的有机组合。

所谓特殊能力是指具有一定活动倾向性的能力。例如音乐家的音乐听觉记忆能力就是一种特殊能力，这种特殊能力是指音乐家的听觉记忆倾向于记忆音乐的音调、节奏、旋律、曲谱，而不是记住来自听觉的一切声音。这就是说，特殊能力是完成专门活动的能力，它是在经常从事某种专门活动的过程中形成和发展的。

仅有一种特殊能力还不能形成特殊才能，特殊才能是多种特殊能力的有机组合。所谓有机组合是指：第一，构成特殊才能的特殊能力，具有一致的活动倾向性；第二，构成特殊才能的特殊能力，按顺利完成和高质量完成专门活动的需要组合起来。例如，一个具有绘画才能的人，他所具有的感知力、观察力、记忆力、想象力等，都有一致的活动倾向性，从而表现为对线条、色调、比例、形态等事物的特征感知敏锐、观察周密；对事物的整体构型和局部特点，形象生动地储存于自己头脑的记忆仓库之中；既能根据客观的描述与要求进行再造想象，又能自立新意，独创性地构思，创造新形象。这些特殊能力的有机组合，不仅能使绘画活动顺利完成，而且保证了绘画活动具有较高的质量，这就使具有绘画才能的人与一般能进行绘画活动的人相比，表现出明显的差别。

二、特殊才能与一般智力和个性的关系

（一）特殊才能与一般智力

特殊才能与一般智力之间有着非常密切的关系。一般智力是特殊才能形成和发展的基础，特殊才能是一般智力长期从事某种专门活动的发展结果。

美国心理学家推孟从1921年开始，对1000多名智商在140以上的儿童进行了追踪研究，其中800名男子在他们平均年龄为40岁时，已经取得了许多成就，如出版了67部著作等。该800名男子中有78人得到哲学博士或同等学位，40多人得到医学学位，85人得到法律学位，74人在四年制大学任过教，51人在自然科学或工程学方面进行基础理论研究，104人担任工程师。科学家中有47人列入1949年出版的《美国科学家年鉴》。推孟的研究表明才能的发展与一般智力有密切的关系，一般智力是才能形成和发展的基础。

根据我国的研究，有些具有特殊才能的超常儿童，其智力发展的水平也比较高，表明特殊才能与一般智力之间有高相关。

  例如，3岁学书法、5岁时参加书法比赛获二等奖，被老书法家誉为"书法界的接班人"的王姓孪生姐弟，他们的书法作品已传到日本、朝鲜、德国等地。他们不仅很早表现出在书法方面具有特殊才能，而且在一般智力发展上，他们也超过同龄儿童的一般发展水平。以认知能力和思维类比推理能力的发展为例，这对孪生姐弟和一般儿童的发展情况比较如下：

  在认知能力发展方面，采用全国超常儿童协作组编制的鉴别超常儿童认知能力实验方案初稿，将这两个儿童的认知能力发展水平，与幼儿园30名儿童进行对比实验，结果如图1所示。

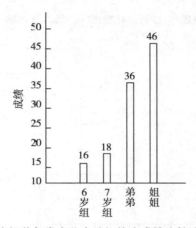

图1　王姓孪生姐弟与常态儿童认知能力成绩比较（满分为50分）

  思维类比推理能力的发展，以上述实验方案初稿中关于思维类比推理部分的实验结果，与全国部分地区55名7岁常态儿童的实验结果进行比较，结果见表1。

表1　王姓孪生姐弟与7岁常态儿童类比推理成绩比较

成绩（分） 对象 \\ 项目	图形类比推理	图片类比推理	数类比推理	总平均成绩
姐姐	12	11	11	11.33
弟弟	12	12	14	12.67
7岁常态儿童 （55名）	10.78 （平均成绩）	9.1 （平均成绩）	12.57 （平均成绩）	10.82 （平均成绩）

  上述两项实验结果表明，具有特殊才能——书法才能的王姓孪生姐弟，一般智

力的发展水平明显地高于同龄儿童的发展水平。

又如早期显露数学才能的郑某，3岁左右显露出心算才能，4岁左右能心算万以内数的加减，5岁能心算出100小时是4天4夜加4小时，5岁以后学会整数四则运算、分数加减法、约分和通分，以及自然数的平方和立方计算等，6岁学会繁分数化简、分数和小数的互换计算。对郑某的智力，采用全国超常儿童协作组编制的鉴别超常儿童认知能力实验和参照指标进行测查，并与参照指标对照比较，结果如表2所示。

表2　郑某认知测验成绩及与常态儿童的比较

分数（均值） 项目 对象	语词类比推理	图形类比推理	数类比推理	创造性思维	观察力
郑某（6岁半）	9	9	25	11.50	5.50
7岁组	2.14	5.08	2.69	2.60	2.27
8岁组	3.54	6.28	5.09	4.70	2.99
9岁组	5.66	7.45	7.37	8.90	4.29
10岁组	6.65	8.13	9.58	11.77	4.75
11岁组	8.02	8.70	13.35	14.41	5.55
12岁组	8.58	8.97	12.96	9.73	—
13岁组	8.90	9.12	15.16	—	—
14岁组	9.28	9.95	16.96	—	—

结果表明，郑某不仅在与他的数学才能有密切关系的数类比推理项目的得分超过同龄儿童，甚至超过14岁儿童的一般发展水平，而且在语词和图形类比推理、创造性思维和观察力等项目的测查结果，也远远超过同龄儿童的一般发展水平。

上述这些研究结果，都说明了特殊才能与一般智力有非常密切的关系。具有特殊才能的超常儿童，他们的一般智力也远远超过同龄儿童的一般发展水平，具有一般智力超常发展的倾向。但是也有一些特殊才能（如音乐、舞蹈、绘画、体育等）儿童，只要具有中等以上的智力，在良好的教育条件下，其特殊才能也能突出发展。

（二）特殊才能与个性

根据我国近几年对超常儿童进行的追踪研究，初步概括出，学龄前超常儿童具有不同于常态儿童的个性特点，这些特点比较突出地表现在主动性、坚持性、自制力、自尊心、自信心和个性的某些情绪特征方面。这个研究的对象包括具有特殊才能的超常儿童，因此，可以初步说明特殊才能的发展与个性发展存在着密切的关系。

由于特殊才能与顺利从事某种专门活动相联系，因此具有特殊才能的超常儿童，他们的个性特点往往表现出明显的活动倾向性。例如童年显露数学才华的陈某某，5岁8个月能快而正确地口算两位数乘法和万以内的加减法，5岁9个月入小学，三年内自学了小数、分数、百分比、四则运算、有理数、代数式、整式、因式分解、分式、比和比例、根式、一元二次方程式等。他对数学有浓厚的兴趣，把解数学题视为很大的乐趣；他对从事数学活动有强烈的主动性，对别人出给他的题，无论会或不会，总用小纸条记下，回家后再誊写在练习本上，并将它们一一解答出来；他有倔强的性格和顽强的毅力，在从事数学活动时表现出高度的坚持性、自制力和自信心。他做起数学题来能集中注意力，小朋友的玩耍逗引和诱人的电视节目都不能使他分心；遇到难题，他从不放弃，不向困难低头。

可见，特殊才能的发展与个性发展是相辅相成的，人的个性特点影响特殊才能的形成和发展，同时，特殊才能发展的过程往往会给个性的某些特点打上强烈的活动倾向性的烙印。

三、特殊才能的类型

特殊才能存在于广泛的社会生活和活动的各个领域，种类繁多。根据特殊才能的结构特点和它们指向的活动范围与性质，大致可分为几种类型。

（一）组织方面的才能

组织方面的才能是人在社会生活和社会活动中，处理人际关系与人物关系所表现的才能。

根据社会生活和社会活动的组织结构与分工特点，组织方面的才能可分为领导才能、管理才能、交际才能等。

（二）语言文学方面的才能

这是人在运用语言进行交往和对事物进行描述的活动中，所表现出的特殊才能。如迅速掌握多种语言的才能、演讲才能、写作才能，相声艺术家的语言模仿、语言表达的才能等，都属于语言文学方面的才能。

（三）科技方面的才能

科技方面的才能是人在从事科学技术和科学研究活动中所表现出的特殊才能。由于科学技术活动的范围十分广泛，因此，科技才能也多种多样。如数学才能、化学才能、物理学才能，以及属于科技应用和创造方面的机械制造的才能、养殖和种植才能等。

（四）艺术方面的才能

艺术才能是人在从事某种艺术活动中所表现出的特殊才能。一般的艺术才能，可分为绘画才能、音乐才能、舞蹈才能、雕塑才能、戏剧创作和表演才能、书法才能等。

（五）体育运动方面的才能

这是人在从事体育运动中所表现出的特殊才能。体育运动有许多项目，体育运动的才能也多种多样。如篮球、排球、足球、乒乓球、羽毛球、网球等球类运动方面的才能；跳高、跳远、投掷、跑步等田径运动方面的才能；鞍马、吊环、体操、单双杠等体操运动方面的才能。此外，如射击、攀登、驾驶、滑冰、游泳等方面的才能都属于体育运动方面的才能。

参考资料

▼

推孟.特殊才能的发现和促进.R.M.利伯特.发展心理学，北京：人民教育出版社，1983.

超常儿童研究协作组.智蕾初绽——超常儿童追踪研究，西宁：青海人民出版社，1983.

超常儿童研究协作组.怎样培养超常儿童，西安：西安交通大学出版社，1987.

基础研究篇

关于超常儿童初步调查和追踪研究的几个问题 [①]

超常儿童研究协作组

编者按：这篇对超常儿童的初步调查研究报告只是一项极为初步的探索结果，还需要进一步验证和继续进行实验研究，但作为一项对一个重要问题的试行探究，其采用的探索途径则颇值得提倡。从这项初步的探索中也可看出某些有启发意义的苗头，故予以刊出以供国内心理学界评论和参考。

一、研究的目的和意义

▼

为了实现新时期的总任务，早出人才，多出人才，广大教师更加辛勤地培养下一代；许多家长也越来越积极地配合进行教育。在这大好形势下，不少智能非凡的儿童和少年相继显现。这一情况向我们从事儿童心理发展和教育心理研究的同志提出了一项新的研究课题——超常儿童的研究问题。

在杭州会议期间，我们几个单位对这个问题初步交换了意见。

我们认为儿童智能发展存在着差异，各地已发现的超常儿童和少年需要我们去关心，一些潜在的超常儿童和少年，也需要我们去发现、鉴别，以便对他们尽可能早的因材施教，有针对性地给予培养，充分发挥他们的潜力，使之更快地健康成长，成为我国实现"四个现代化"中的突出人才，加快实现"四个现代化"的速度。

[①]原文刊登于《心理学报》，1979年第1期。本文由查子秀在中国心理学会第二届年会上代表超常儿童研究协作组发言的文稿改写而成，文中引用了开封师范大学和广西师范大学等单位送交年会关于超常儿童的调查研究资料。超常儿童研究协作组成员有：中国科学院心理研究所的查子秀、上海师范大学的李丹、上海师范大学的洪德厚、四川师范大学的贺宗鼎、华中师范大学的刘荣才等。

这是这项研究的政治意义。

智力超常儿童的身心有哪些特点？他们是在怎样的环境和教育条件下成长发展的？了解他们的特点，分析他们成长的过程，概括出他们发展的规律，不仅有利于及早发现和有效地教育、培养这些儿童，还可以根据这些特点和规律改进我们对一般儿童的教育工作，为普遍提高下一代的心理发展水平，为提高全民族的科学文化水平服务。这是这项研究在教育实践上的意义。

儿童心理发展的理论问题众说纷纭，唯心主义与唯物主义的斗争也较突出。例如，儿童心理发展中生物因素和社会因素（即遗传和环境）的关系和作用问题，智能的结构和发展速度问题，智能和个性品质的关系问题，等等，都是需要研究的重大理论课题。通过对一定数量的超常儿童进行追踪研究，可以为探索这些理论问题积累资料，为逐步建立起我国的发展心理学服务。这是这项研究的理论意义。

为此，我们拟定了关于开展超常儿童调查和追踪研究协作的初步意见，并开始进行试探性的调查。

二、调查的初步结果

杭州会议后，半年来，协作组的10个单位，共调查超常儿童21名，其中婴儿4名，幼儿9名，学龄儿童8名。现按不同年龄阶段，将他们的简单情况分别举例列表说明。

1~3岁的婴儿中，超常儿童的心理发展特点举例见表1。这个年龄阶段的超常儿童中2岁左右的3名，为2个男孩和1个女孩；3岁的1名，也是男孩。他们的共同特点有：对学习（认字等）有兴趣、感知觉敏锐，例如汉字字形知觉、视觉和听觉辨别能力及方位知觉等，均显著地超出同年龄儿童水平、记忆力强、分析和概括能力有了初步发展。

4~6岁的幼儿中，超常儿童心理发展特点举例见表2。在这个年龄段调查中，4岁多的幼儿有4名，为1个男孩和3个女孩；5岁多的有3名，为2个男孩1个女孩；6岁多的2名均为男孩，其中有一个曾荣获某国际儿童绘画比赛一等奖。他们的共同特点有：除具有较精细的视、听辨别能力，较强的记忆力和稳定的注意力之外，还发展了一定水平的抽象概括和初步的推理能力。他们的社会行为仍具有一般幼儿的特点，爱玩好动、天真活泼，但他们对知识有着较浓厚的兴趣，在家长的辅导下，开始系统学习文化知识。他们一般都认识了相当数量的汉字，能够自己阅读，因此

表1 婴儿期超常儿童心理发展特点举例

儿童	年龄	性别	感知	语言	认数	记忆	个性
1	1岁10个月 （1977年1月生）	男	能区别上下、前后和左右等方位（能正确指出别人的右手）；能分辨清楚形状；能分辨简单形状	日常对话无障碍；1岁7个月开始对话；近2个月内识字量达到200多个，随机抽查125个汉字，除把"跑"认作"跳"外，其余正确无误	认识数字1~99，能口头数数到10以上，实物点数数1~3；看到3个实物能一眼识别出"3个"；认识面值为分的纸币，能正确按要求取出4张两分线的纸币	记忆力强，认识生字时，一般只用3次就能记住	不爱玩具，对认字有兴趣
2	2岁2个月 （1976年7月生）	男	能区别上下、左右，大小和长短；能辨别三角形、正方形、长方形和圆形；能分辨白、黑、红和绿4种颜色；能从车辆起动声音辨别出小轿车、卡车等各种车辆	从1岁7个月开始认汉字，目前汉字量约400个；能背毛主席诗词等近10首，掌握近20个英语单词和短语	口头数数1~10；实物点数的数字1~10；能认识1~10的数字	记忆力强，一般教两三遍就能记住	活泼好动，但性格不够开朗
3	3岁 （1975年9月生）	男	能辨别大小、高矮、上下和左右等；能分辨同音字，也能区别形近字，如"化""代""思""厕一厨"等较难的形近字，也能正确区分	从2岁半开始认汉字1500个，会看报纸上的大小标题；会背毛主席诗词若干首，如《咏梅》等	能认1~100以内的数字，初步掌握5以内的加减运算（家长反映能会10以内的加减）	记忆力强，家长为他制作了11本生字本，他能记住每个生字在哪一本中	活泼好动，动作敏捷

表2 幼儿期超常儿童心理发展特点举例

儿童	年龄	性别	感知	语言	思维	记忆	个性	入学及学习情况
1	4岁半（1974年1月生）	男	有精细辨别字形的能力；能将一个复合结构的字分解为几个单一的字	2岁3个月左右开始认双字，4岁时的识字量相当于小学三年级识字量，并能理解词义	对抽象概念的词，如"交通工具"等，他能将相应图片进行归类，反映他具有一定的抽象概括能力	记忆力强头天晚上认的字第二天能主动复述	对识字、阅读有浓厚的兴趣、有良好的学习习惯，有主见，不易受成人暗示，想办成一件事时能坚持办到，注意力集中，不受干扰	4岁半进入小学一年级学习，语文成绩全班第一，数学成绩一般
2	5岁（1972年12月生）	男	—	3岁时会背毛主席诗词多首	5岁时在邻居（一个高中生）的辅导下学习算术，一个星期学会100以内计算，4个月初步掌握小学四年级算术知识，理解力强	记忆力强	对算术特别有兴趣，做题能坚持做3~4小时，注意力集中，为解一道题坚持想1~2天，做出才罢休	5岁多入学

续表

儿童	年龄	性别	感知	语言	思维	记忆	个性	入学及学习情况
3	5岁10个月（1972年10月生）	女	—	3岁左右开始识字，5岁半时已掌握2000多个字，基本上能读报；4岁时学习写字，能写300多个字的短文，语言生动、通顺、句子完整，看图写话时用23分钟写下140个字的短文，据有经验的老师评定，相当于普通小学二年级水平	入学前，学完小学一年级算术，正确完成小学二年级上学期算术试卷；对1+3+5+……+19=？的等差级数题，她会用凑10法和凑20法做，反映出她有一定概括水平（在比她大两三岁的二年级测验中，有2/3的学生不会算）；对"小华比小明高，小华比小玲高，小华与小玲谁高？"这个问题她能正确回答，反映她具有初步的推理能力（这道二年级班上只有不到1/3的人会）；在实物图片分类实验中，她基本上能独立进行二级或三级分类（如把各种车辆放在一起为一级，把各种水果和各种蔬菜放在一起为二级），只是某些二级概念的词如"交通工具""植物"等没有掌握，凭生活经验，会二级分类但不会命名，会一级分类（有资料显示，6岁儿童一级分类正确率达69.8%，9岁儿童二级分类正确率达58.3%），反映她具有一定的抽象概括水平	随机数字瞬时记忆实验中，能通过9位数字的记忆测试	爱学习、爱识字、阅读，注意力集中，个性强，做一件事一定要自己完成	5岁11个月时考入小学二年级学习（语文、算术平均分为97分）。初入学，小动作多，坐不住，学期后有进步，已戴上红领巾，学习成绩名次在6~7名之内

拥有了认识世界的新途径。

7~11岁的学龄儿童中，超常儿童心理发展特点举例见表3。在这个年龄段中，7岁多的有3名，都是男孩，其中2名7岁半的在初一学习，另一名是"小画家"；9岁多的有3名，都是男孩，2名在初一学习，另一名是"小歌手"；10~11岁的有2名，一男一女，在全面发展的基础上，一个表现出绘画才能，另一个表现出数学才能。他们的特点有：求知欲旺盛、刻苦自学，不仅记忆力强，而且思维敏捷，有的形象思维能力比较突出，有的逻辑推理能力有了相当程度的发展。

三、对调查结果的几点看法

我们的调查是初次尝试，由于时间短、调查对象的数量少、方法不规范，因此收集到的资料比较粗糙。但从中可以初步总结出以下3点：

第一，超常儿童在各个年龄段都有发现。这类儿童的数量，虽未经过普查，但按智能常态分布，中间大两头小，正常儿童应该占大多数，超常和低常儿童的数量相互接近。我们对低常儿童曾做过较大范围的调查，其数量占全部人口的3‰左右，因此估计超常儿童所占比例也会与此近似，是个相当大的数量。如果这些超常儿童及时被发现，并因材施教，便能让他们适当、全面地健康发展，充分发挥其聪明才智。

第二，调查显示，超常儿童有着巨大的潜力，适当的早期教育是让他们成为超常儿童的关键条件。

接受调查的20多个超常儿童，几乎都享有优越的早期教育的条件。例如上文提及的具有绘画才能的超常儿童，其家长都毕业于艺术院校，从事美工或宣传工作，为这些儿童提供了各种学画条件，还有来自名画家的熏陶和指点。这类儿童的超常特点得以在早期出现，除了本身具有相应的素质之外，优越的早期教育条件发挥了巨大作用。我们一方面要总结对这类儿童进行早期教育的经验，并加以推广，让更多的儿童受益；另一方面对缺乏适当早期教育的潜在的超常儿童，应设法及早发现，使他们能得到合适的教育和发展。

第三，调查还表明，各年龄段的超常儿童一般都有好学爱问、好奇心强、求知欲旺盛以及自信等特点，有排除各种干扰坚持完成一件事的品质，这可能是他们发展为超常儿童的极为重要的主观因素。因此，在对儿童进行早期教育时，应注意激发他们的好奇心和求知欲，培养他们刚毅顽强的良好品质，这也是十分重要的。

表3　学龄期超常儿童心理发展特点举例

儿童	年龄	性别	言语	思维	记忆	个性	入学及学习情况
1	7岁半（1970年11月生）	男	2岁开始识字，如军棋上的18个字教一遍就会；3岁时用3天时间学完一本《看图识字》；5岁半时造句生动，句式新颖	2岁时会数200以内的数，3岁会加减乘除混合运算；4岁后会加减乘除混合运算1000000000000−1=？；5岁时能初步理解小数、分数、正负数及0的概念，能计算出12>1/3的道理；7岁时，能在十几分钟内解出abcd×9=dcba的题，尤其是数学的抽象思维、逻辑思维发展突出	记忆力强，2岁时识字或认数1~2遍就能记住不忘	求知欲旺盛，学习积极性高，兴趣广泛，在很短的时间内学会围棋和国际象棋，曾获得北京市少年围棋比赛第三名的佳绩。热爱数学，为坚持学习计划，能排除各种干扰	5岁半进入小学二年级学习，三年级时觉得学校的课程不饱和，在家长的辅导下，用4个月的时间学完了小学数学，还学习了简单的代数知识；7岁半时参加四、五年级数学竞赛成绩分别为90分和80分，参加升学考试数学得了102分，但目前成绩属中等，独立学习能力发展较快
2	9岁（1969年4月生）	男	3岁开始认汉字，口头表达逻辑清晰，书面语言（作文）比较规范，词汇丰富，用词恰当	推理能力强。在推理测验中得到满分（16分），参加此次测验的840名学生中只有4人得满分。在11~12岁学生组中，最高分是14分；在13岁学生组中，最高分是15分；他的成绩超过12~13岁学生。14岁学生组中，平均分为8.38分，相比之下他的得分也大大超过14岁组的平均水平	记忆力强，半天的时间能记住12篇课文里的160个生字，经检查正确无误；在改错别字竞赛中，他改正了114个错别字，获得第一名	爱动脑筋，从小爱问"为什么"，爱争把问题弄个明白，自尊心强	6岁4个月入小学，入学三年来在班里都是"三好学生"；后经学校多次考查，发现他已经达到五年级知识水平，跳级到五年级后，在各类测试中成绩仍排前三名；参加市毕业生统考，成绩为该区第二名，升入初一，半学期末来成绩优秀，期中考试总分为全班第一

续表

儿童	年龄	性别	言语	思维	记忆	个性	入学及学习情况
3	9岁（1969年4月生）	男	入学前识字量已达几百；善于讲故事，一年级时就在少年宫当故事员，曾到十几所小学讲故事，他讲故事有声有色；一年级时学会查字典，自二年级时识字量已有3600多个	思维敏捷，精通作诗对歌，能根据情况即兴作诗	记忆力强	从小好学爱问，勤学苦练，每学习一样东西都能达到入迷的程度，如他学会查字典，见生字就查，有时一直查到深夜	7岁进入小学一年级，目前在三年级，各门成绩优秀。对作诗对歌怎样合平仄，押韵等知识了解很深，曾专门跟人学习，经常与一些诗人一起作诗对歌

四、关于调查的内容和实验方法问题

▼

我们的调查一般包括4个大方面：一般情况（包括儿童的发展史、健康状况、家庭情况和教育条件等）；学业成就；智能的发展过程和水平；个性品质（如求知欲、坚持性等）。

智能的发展是调查的重点。但是我们遇到了两个问题：一是智能是什么？智能结构包括哪些方面？二是研究智能的方法，目前尚缺乏适合该研究目的而行之有效的规范化研究方法。

我们将儿童的智能概括成认识能力：感知能力（观察力）、记忆力、思维能力（包括创造力和独立解决问题的能力）及语言表达能力等。这是一个人认识世界、改造世界的一些基本技能。这些能力发展的高低直接影响到一个人的学习和工作的效率，所以我们先着重从这几方面进行调查，在今后的研究中再逐步明确智能的概念问题。

研究超常儿童智能发展水平的方法，也是一个有待探讨的问题。为了开展调查，我们从有关儿童认识发展的实验研究中选取了部分实验方法，也从国外的智力测验中选取了一些项目作为补充。例如，言语方面，采用看图说话；感知方面，采用放置色形板、画去不同图形、指出相同图形等方法；记忆方面，采用数字瞬时记忆、形换数填写、20个单字再认、按故事指出物件等方法；思维方面，采用数概括推理、关系类比推理、类概念分类和逻辑运算实验等方法。其中多数方法尚须进一步实验，以确定各年龄儿童的"常模"。需要说明的是，在使用这些研究方法和实验项目时，要根据各单位研究对象的特点进行修改和补充，以创造出更为合适的研究方法。在调查时要把观察的重点放在儿童的反应过程和表现上，不要只看结果，观察要尽可能仔细一些。

上述方法，也许能判定某个儿童"超常"或"不超常"，但不能确切地判定他们超常到什么程度，因而既不能在彼此间做定量的比较，也不便于在追踪研究过程中进行自身前后的对比。除单项的衡量外，还应有一个综合的评定。但是在智能评定上，目前有不同的看法：一种看法认为采用像智商（IQ）这样的评定比较确切，而这必须首先解决智力测验的标准化量表问题；另一种看法则对智商能不能如实地反映一个儿童的智能发展有所保留，主张多途径、多指标来评定。这些都需要通过深入的研究来得到解决。

总之，研究方法问题，需要本着"双百方针"的精神，在马列主义哲学的指导下，通过反复实践、不断摸索、定期讨论、逐步完善、逐步接近统一，以形成一套大体上规范化、符合科学要求且具有我国特色的研究超常儿童的实验方法。

五、关于进一步协作的初步建议

根据现阶段情况，我们认为近期（三年内）协作任务应是：继续调查并追踪研究1~14岁的超常儿童和超常少年若干名，找出他们的智能特点及成长因素，进一步积累经验，为理论探索提供条件；在研究过程中，着重探讨研究方法，不断总结改进，逐步做到方法规范化。我们建议：

一是继续开展超常儿童的调查和追踪研究。对已经表现超常的儿童（或超常少年）扩大调查面；对已经进入调查的超常儿童，则拟订追踪研究的计划，开始系统的追踪研究。

二是继续摸索并逐步完善调查和追踪研究的方法。相关的调查方法和实验项目，需各协作单位在试用时根据研究对象的特点进行调整和补充。有条件的单位可自行选择1~2项实验项目，在一定数量的常态儿童中进行实验，以探索年龄指标。

三是结合调查和追踪研究，积累有关儿童心理发展基本理论问题的资料，为今后进行理论探讨准备条件。有条件的单位，也可以按照初步的设想，开展理论性探讨的实验研究。

四是做好宣传工作，使社会各方面了解超常儿童和少年的特点、特殊需求，并正确对待他们，让他们德、智、体全面发展，健康成长。调查中发现的问题，也应及时向有关单位反映，以便通过宣传和解释，争取家长、学校老师和社会舆论的配合，使问题得到及时解决。

五是定期召开协作交流会议，交流研究情况和经验，讨论共同存在的问题，商定下一步协作的具体计划等。各协作单位之间，要建立资料交换关系，以推动协作研究的共同进步。

3~6岁超常与常态儿童类比推理的比较研究 [①]

中国科学院心理研究所　查子秀

摘要： 本研究探讨3~6岁儿童类比推理能力发展过程的特点和水平，并在此基础上比较超常儿童和常态儿童的差异。研究以图形和实物图片为实验材料，被试进行4选1，在每项完成后，了解他们选择的依据。被试共有650人。

研究结果表明：3~6岁儿童已具有一定水平的类比推理能力，这种能力随年龄增长而提高；绝大多数超常儿童类比推理能力既超过同年龄常态儿童均值的两个标准差以上，又高于比他们大2岁以上的常态儿童的平均成绩；他们类比推理能力发展的水平也高于常态儿童1~2级水平；同时他们还表现有优于同年龄常态儿童的一些思维特点。

一、问题的提出

类比推理是思维的重要环节。它是建立在联想和对比基础上，具有启发性特点，从特殊到特殊的一种推理。

有研究指出，类比推理是关系的等级结构，一般表现为A∶B∷C∶D的形式。当两种较低级的关系（即A和B、C和D）之间有一个高一级的等值或接近等值的关系时，就存在类比，类比的实质就是高一级关系的发现和应用。还有研究指出，类比

①原文刊登于《心理学报》，1984年第4期。参与本研究的有：中国科学院心理研究所的查子秀、何金荼，北京教育行政学院（现北京教育学院）的赵俊颜，北京师范大学的赵钟岷、周南，河北师范大学的张连云、陶岚清，东北师范大学的荆其桂，西南师范大学（现西南大学）的陈志君，杭州大学（现浙江大学）的卢婉君，青海师范大学的王骧业，南京师范大学的葛沚云，湖南师范大学的李仲涟，信阳师范学院的舒笃初，周口师范学院的张华倩，陕西师范大学的姚平子，山西大学的李树桂。本文由查子秀执笔，赵俊颜、何金荼协助资料整理工作。

推理能力在学龄前儿童身上就有表现。

然而，总的来说，在国内外心理学研究的文献中，类比推理的研究还是比较少。有的心理学家关于类比推理的理论只是他们研究智力的一个副产品。关于儿童类比推理的发展方面的研究资料所见更少。

本研究的目的在于探讨3~6岁儿童类比推理发展的水平和特点，并在此基础上比较超常儿童与常态儿童，为鉴别超常儿童类比推理能力提供参照指标。

本研究在1979年初次实验的基础上，为适合学龄前儿童的接受水平，将其中的语词类比推理改为使用彩色实物图片，将数类比推理改为使用几何图形的形式来呈现。经过1980年的预试和修改，我们筛选并确定了实验项目。1981年，全国不同地区的7个单位进行了第一次协作实验，实验结果见《超常儿童追踪研究三年》报告。同时，经协作单位讨论，决定将原实验项目分为两套，第一套于1982年由不同地区的12个单位进行扩大重复实验。

二、内容和方法

▼

（一）实验内容

本实验包括3个分实验：图形类比推理，用几何图形表示大小、长短、上下、左右及内外包含等空间变化关系，共6项（在1981年有12项）；实物图片类比推理，用彩色实物图片表明两种事物之间的从属、对立、因果、功用、并列及部分与整体等关系，共6项（在1981年有12项）；数类比推理，用图形表示数的相邻、等差以及组成与分解等关系，共6项（在1981年有14项）。

（二）实验方法

3个分实验都采取了个别实验的形式，用码表记录反应时间，每次进行1个分实验。每个分实验都有例题，由主试向被试演示并说明实验方法和要求，待被试明白后再开始正式实验。被试以4选1的方式给予反应，在完成每项反应后，主试都要向他们提问，以了解他们选择的依据和理由。实验的结果不仅要求记录被试每项反应的正确或错误，而且要求详细记录反应的过程以及对主试所提问题的回答情况。

（三）实验结果的评定

本实验采用两种评定方法：一种是按儿童反应的结果，做对一题给一分来计算成绩（即反应分）；另一种是按儿童类比推理达到的水平的级次来计分，也就是按质给予了加权（即水平分）。水平分的评定是由3个主试按照3种类比推理水平划分标准，见表1，对每个被试的每个实验进行逐项评定而得来的，共分为Ⅰ、Ⅱ、Ⅲ、Ⅳ、Ⅴ5级水平，并按Ⅰ级为4分、Ⅱ级为3分、Ⅲ级为2分、Ⅳ级为1分、Ⅴ级为0分，将等级转化为分数。

表1　3种类比推理水平划分标准

等级	图形类比推理	图片类比推理	数类比推理
Ⅰ	能正确理解两个图形之间的关系，语言表达比较精准，有概括性	能正确理解两物之间的本质关系，语言表达比较精准，有概括性	能正确理解数之间的关系，语言表达比较精准，有概括性
Ⅱ	基本理解两个图形之间的关系，语言表达较为具体，但不够确切	基本理解两物之间的本质关系，语言表达较为具体，但不够确切	基本理解数之间的关系，语言表达较为具体，但不够确切
Ⅲ	只能大体看出两个图形之间的不同，语言表达部分正确	只能依据两物表面的关系进行类比，语言表达部分正确	只能大体理解数之间的关系，点数或语言表达部分正确
Ⅳ	选择正确，但无法回答理由	选择正确，但无法回答理由	选择正确，但无法回答理由
Ⅴ	选择错误	选择错误	选择错误

（四）实验对象

1981年的被试为3~7岁儿童，分5个年龄组，每组50人，共250人。1982年的被试为3~6岁儿童，分4个年龄组，每组100人，共400人。两组被试合计650人，是从中等或中等以上水平的幼儿园对智力水平为优、中、差三个级别的儿童随机取样。各年龄组的年龄界限是在实验当月其年龄为该龄段前后3个月，且男女各半。

三、结果分析

我们对实验的结果进行了效度和信度的检验，结果表明效度和信度都较高，说明这项实验对3~7岁的儿童是具有鉴别力的。

（一）3~6岁儿童类比推理的成绩和发展水平

3~6岁儿童类比推理的成绩见表2。从表2看，各种实验中，各年龄组的平均成绩随年龄增长而上升，标准差则随年龄增长而下降，而标准误较小，且也随年龄增长略有下降的趋势。

在从各年龄平均值之间的差异显著性看，经F检验，各年龄组的差异都是显著和非常显著的。这说明3~6岁儿童对以实物图片及几何图形为材料呈现的各种关系，具有一定的类比推理的能力，这种能力随年龄的增长而提高。

3~6岁儿童类比推理发展水平人数的百分比见表3。表3中，Ⅰ级和Ⅱ级是能正确或基本上正确概括图形、事物或数量之间的本质关系，从而进行正确的类推，Ⅲ级是依据外部的、次要的特征进行的类推，Ⅳ级是选对了但不清楚理由，Ⅴ级是选择错误。由于类比推理属于逻辑思维的范畴，我们用图1来表示达到Ⅰ级和Ⅱ级水平的人数的百分比。

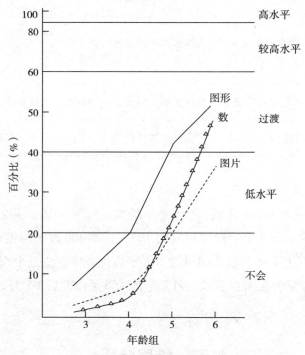

图1 3~6岁儿童类比推理发展水平

假设儿童类比推理发展的全过程为100，根据各年龄组的实验材料，可将类比推理发展过程划分为5个阶段：不会类比（Ⅰ+Ⅱ级占20%以下），低水平的类比（Ⅰ+Ⅱ级在20%~40%之间），由低向较高水平的过渡（Ⅰ+Ⅱ级占40%~60%），较

表2　3~6岁儿童3种类比推理成绩

年龄组	图形类比推理							图片类比推理							数类比推理						
	N	X̄		SD		SE		N	X̄		SD		SE		N	X̄		SD		SE	
		A	B	A	B	A	B		A	B	A	B	A	B		A	B	A	B	A	B
3岁	66	1.9	3.0	1.6	2.8	0.2	0.3	70	2.6	3.3	1.6	2.3	0.2	0.3	63	0.8	1.1	1.2	1.9	0.2	0.2
4岁	82	3.8	7.3	1.5	3.9	0.2	0.4	90	3.5	5.6	1.5	2.9	0.2	0.3	75	2.2	3.5	1.6	3.2	0.2	0.4
5岁	89	4.9	12.1	1.2	4.1	0.1	0.4	100	4.8	9.8	1.2	3.5	0.1	0.4	94	3.7	8.7	1.5	4.5	0.2	0.5
6岁	97	5.5	14.0	0.8	3.6	0.1	0.4	95	5.1	11.9	1.1	3.7	0.1	0.4	90	5.0	14.1	1.3	5.5	0.1	0.6

注：N为人数，X̄为平均成绩，SD为标准差，SE为标准误，A为反应分，B为水平分。

表3　3~6岁儿童3种类比推理发展水平人数的百分比（%）

种类	图形类比推理					图片类比推理					数类比推理				
等级	I	II	III	IV	V	I	II	III	IV	V	I	II	III	IV	V
年龄 3岁	0.8	6.3	6.8	17.9	68.0	0.2	2.1	8.8	33.0	56.0	0	0.5	6.5	12.0	81.0
4岁	9.4	9.8	16.0	28.0	36.0	0.2	6.7	21.0	29.0	41.0	1.9	2.7	14.0	20.0	61.0
5岁	9.9	33.0	24.0	15.0	18.0	2.0	18.0	41.0	19.0	20.0	7.5	15.0	6.3	26.0	47.0
6岁	11.0	41.0	26.0	12.0	9.0	7.2	29.0	38.0	11.0	16.0	15.0	34.0	24.0	13.0	16.0

高水平的类比（Ⅰ+Ⅱ级占60%~80%），高水平的类比（Ⅰ+Ⅱ级80%~100%）。

从表3和图1可以看出3~6岁儿童3种类比推理的发展趋势。3岁组儿童图形类比推理达到Ⅰ、Ⅱ级的人数仅占7.1%，而这部分回答内容又集中在与例题相同的关系的项目上，表现为模仿而不是类比。图片类比推理达到Ⅰ、Ⅱ级的人数仅占2.3%，数类比推理达到Ⅰ、Ⅱ级的人数仅占0.5%。再看Ⅴ级，3岁组儿童图形类比推理为Ⅴ级的人数占68%，图片类比推理为Ⅴ级的人数占56%，数类比推理为Ⅴ级的人数占81%，说明3岁儿童还不会类比推理。

4岁组儿童图形类比推理达到Ⅰ、Ⅱ级水平的占19.2%，图片类比推理达到Ⅰ、Ⅱ级水平的只占6.9%，数类比推理达到Ⅰ、Ⅱ级水平的更少，只有4.6%。再看Ⅴ级，4岁组儿童的图片类比推理和数类比推理为Ⅴ级的已接近半数或超过半数，而达到Ⅲ级水平的人数的百分比明显上升。从4岁组儿童的实验材料可以看出，他们是根据两种事物之间表面的或部分的特征来进行初级形式的类推。例如不少儿童对"水果/苹果、文具/？"的类比项目，之所以选对铅笔，是因为看见文具图片中有一支铅笔，认为"铅笔跟铅笔（文具中的）是一块的"或"铅笔也是写字用的"，因而从报纸、铅笔、桌子、积木这4张图片里选中铅笔，而不是基于对"水果/苹果"是种属关系的理解来判断。他们没有理解苹果是水果的一种，而类比铅笔是文具的一种从而推断出应该选铅笔。因此可以看到，4岁组儿童的类比推理虽开始发展，但水平是很低的，还不能算是真正的类比推理，只能说是萌芽状态。

5岁组儿童图形类比推理达到Ⅰ、Ⅱ级水平的人数较多，达到42.9%，进入向较高水平的过渡阶段，但图片类比推理和数类比推理达到Ⅰ、Ⅱ级水平的人数仍然较低，只占20%和22.5%。该组儿童图片类比推理为Ⅲ级水平的人数占41%，数类比推理为Ⅴ级的百分比还较高，占47%。可见5岁儿童图片类比推理和数类比推理的能力还处于低水平。

6岁组儿童数类比推理达到Ⅰ、Ⅱ级的人数迅速上升，占49%，比5岁组增长了26.5%。6岁组儿童的图形类比推理达到Ⅰ、Ⅱ级的人数占52%，只比5岁组增长了9.1%，其图片类比推理达到Ⅰ、Ⅱ级的人数百分比仍然不高，只有36.2%。再看Ⅴ级，5~6岁儿童在各类类比推理中为Ⅴ级的百分比明显下降，表明错误率大大减少。

3种类比推理能力发展的速度不同，图形类比推理发展早一些，图片类比推理次之，数类比推理最晚。数类比推理在5岁以后有加速发展的趋势，图形类比推理加速发展的年龄在4~5岁，图片类比推理发展速度较慢，但3种类比推理的发展过程（经历的阶段）基本上是相同的。下面将3~6岁儿童3种类比推理的发展过程列为表4。

表4　3~6岁儿童类比推理发展过程

过程 种类	不会类比推理	主要是低级水平的类比推理	由低向较高水平类比推理的过渡	主要是较高水平的类比推理	高水平的类比推理
图形类比推理	3	4	5~6	—	—
图片类比推理	3~4	5~6	—	—	—
数类比推理	3~4	5	6	—	—

注：表内数字为年龄。

（二）超常儿童和常态儿童类比推理的成绩及水平的比较

超常儿童与常态儿童类比推理成绩的比较见表5和表6。

表5　3~4岁超常儿童与常态儿童类比推理成绩的比较（1981年）

超常儿童	成绩	超过同年龄常态儿童的均值标准差	高于常态儿童多少年龄的均值
罗某（3岁）	8.4	2.0	2个年龄
周某某（3岁）	9.1	2.2	2个年龄
林某某（3岁）	10.1	2.6	3个年龄
罗某某（4岁）	10	1.5	2个年龄
郭某某（4岁）	11.2	1.9	3个年龄

表5是1981年3~4岁超常儿童与常态儿童在3种类比推理成绩方面的比较。从总成绩看，大多数的超常儿童高于同年龄常态儿童平均成绩2个标准差以上，并超过比他们大2~3岁的常态儿童的平均成绩。

表6　3~6岁超常儿童与常态儿童类比推理成绩的比较（1982年）

姓名	两种评定	图形类比推理			图片类比推理			数类比推理		
		成绩	超过同年龄常态儿童的均值标准差	高于常态儿童多少年龄的均值	成绩	超过同年龄常态儿童的均值标准差	高于常态儿童多少年龄的均值	成绩	超过同年龄常态儿童的均值标准差	高于常态儿童多少年龄的均值
姚某 （4岁）	A	6	1.5	2个年龄	5	1.0	1个年龄	5	1.8	2个年龄
	B	13	1.5	接近2个年龄	13	2.6	2个年龄	18	5.0	2个年龄
孙某 （4岁）	A	5	0.8	1个年龄	6	1.7	2个年龄	6	2.4	2个年龄
	B	12	1.2	1个年龄	14	3.3	2个年龄	18	4.5	2个年龄

续表

姓名	两种评定	图形类比推理			图片类比推理			数类比推理		
		成绩	超过同年龄常态儿童的均值标准差	高于常态儿童多少年龄的均值	成绩	超过同年龄常态儿童的均值标准差	高于常态儿童多少年龄的均值	成绩	超过同年龄常态儿童的均值标准差	高于常态儿童多少年龄的均值
宋某（4.5岁）	A	6	1.5	2个年龄	4	0.3	接近1个年龄	6	2.4	2个年龄
	B	16	2.3	2个年龄	12	2.3	2个年龄	19	5.0	2个年龄
侯某某（4.5岁）	A	6	1.5	2个年龄	6	1.7	2个年龄	6	2.4	2个年龄
	B	17	2.5	2个年龄	17	4.0	2个年龄	19	5.0	2个年龄

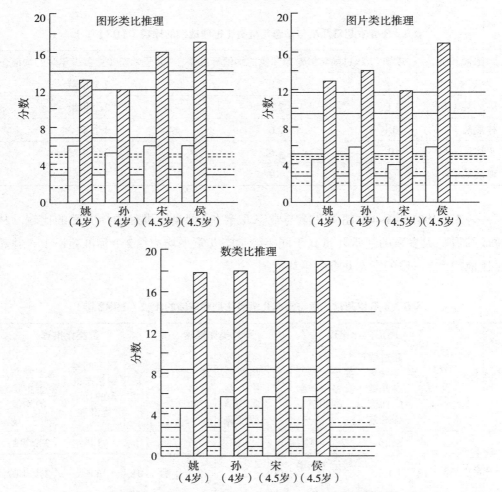

图2 部分4岁超常儿童与3~6岁常态儿童3种类比推理成绩比较

注：8条横线自下而上分别表明3~6岁各年龄组常态儿童的平均分数。

虚线为成绩A，实线为成绩B。图中□为成绩A，▨为成绩B。

表6和图2是1982年超常儿童与常态儿童在3种类比推理成绩方面的比较。从部分4岁超常儿童的两种评定成绩可以看出：大多数超常儿童超过同年龄儿童平均成绩2个标准差以上，并超过比他们大2岁的儿童的平均成绩；3种类比推理中，难度比较大的项目，超常儿童与常态儿童的差异明显，图片类比推理和数类比推理相对来说难一些，超常儿童超过同年龄常态儿童平均成绩2~5个标准差；而图形类比推理相对容易一些，但有的超常儿童却没有超过同年龄常态儿童2个标准差；图2明显表明，从反应分（成绩A）和水平分（成绩B）两种评定来看，水平分比反应分，超常儿童更明显地优于常态儿童。关于表6中有的超常儿童没有超过同年龄常态儿童两个标准差或两个年龄以上，需要结合其他指标做全面分析。

超常儿童与常态儿童类比推理发展水平的比较见表7。超常儿童每个实验水平等级的确定，是将各实验水平评定的满分24分分为5个水平等级，即0~4分为Ⅴ级，5~9分为Ⅳ级，10~14分为Ⅲ级，15~19分为Ⅱ级，20~24分为Ⅰ级。超常儿童各实验的水平分（见表6两种评定的B分）是由各实验每题的等级换算为分数后而得的总和，这个分数确定了他们每个实验属于哪一级的发展水平。

表7 超常儿童与常态儿童类比推理发展水平的比较

项目	不会类比推理		主要是低级水平的类比推理		由低向较高水平的过渡推理		主要是较高水平的类比推理		高水平的类比推理	
	常态儿童	超常儿童	常态儿童	超常儿童	常态儿童	超常儿童	常态儿童	超常儿童	常态儿童	超常儿童
图形类比推理	3岁		4岁		5~6岁	孙某（4岁）姚某（4岁）		宋某某（4岁）侯某（4岁半）		
图片类比推理	3~4岁	—	5~6岁		—	姚某（4岁）孙某（4岁）宋某某（4岁）	—	侯某（4岁半）		
数类比推理	3~4岁		5岁		6岁	—		孙某（4岁）姚某（4岁）宋某某（4岁）侯某（4岁半）		

从表7看，只有孙某和姚某的图形类比推理处于由低向较高水平过渡的阶段，姚某、孙某和宋某某的图片类比推理属于由低向较高水平过渡的阶段，其余都属于较高水平的类比推理。由此可以看到孙某和姚某图形类比推理的发展相当于5~6岁常态儿童的水平。姚某、孙某和宋某某的图片类比推理超过了5~6岁组的水平，他们的其他类比推理及其他超常儿童的3种类比推理都全部超过了6岁组的发展水平。

四、讨论

（一）3~6岁儿童类比推理发展的水平和特点

实验结果表明，3~6岁儿童对以实物图片及几何图形为材料呈现的各种关系，具有一定的类比推理的能力，这种能力随年龄增长而不断提高。

类比推理是逻辑思维的组成部分，是对事物间或数量间关系的发现及类推应用，它和儿童思维的其他方面一样，发展是有不同水平的。根据本研究的结果，3种类比推理都可以分为5级水平。从各年龄达到Ⅰ和Ⅱ级水平的人数百分比看，3岁儿童不会类比推理；4岁儿童开始出现类比推理，但多为依据外部的次要的或功用的特征进行的类比推理；5~6岁儿童才有了一定比例的大体上能按本质关系进行的类比推理，图形类比推理的人数百分比达到50%，数类比推理的人数达到49%，而图片类比推理的人数只达到36%。在类比推理的整个发展进程中，即不会类比推理—低水平的类比推理—由低向较高水平类比推理的过渡—较高水平的类比推理—高水平的类比推理，如表4所示，6岁儿童图形类比推理和数类比推理是处于由低向较高水平过渡的阶段，图片类比推理还在低水平阶段。总的来说，3~6岁儿童类比推理水平还是不高的。

3~6岁儿童3种类比推理发展的速度是不平衡的。他们的图形类比推理发展较早，4~5岁时发展最为迅速。数类比推理的起点最低，但发展最快，5~6岁时迅速上升至接近图形类比推理的人数百分比。图片类比推理发展速度最慢，6岁时仅占36.2%。这可能是由于不同实验材料的难度不同，也可能与儿童生活经验及所受教育有关。图形类比推理是以图形呈现的空间关系，直接而具体地表现在图形的变化上，幼儿较易理解。数类比推理虽也是以图形的形式呈现，但数量关系的抽象程度较大，因此幼儿年龄较大才能掌握。但由于在幼儿园中班开始有计算课，系统进行认数和计算的教学（许多家长也会教儿童认数、计算），可能导致数类比推理发展较快。以实物图片呈现的事物之间的关系，不是直接表现在实验材料上，而是隐蔽在实物图片所表示的事物之中，这种关系的发现要求更高水平的抽象概括能力，而幼儿园或家庭又没有有意识地进行这些方面的教育，这可能是图片类比推理发展速度较慢的原因。当然，3种类比推理发展不平衡的原因，是一个有待进一步研究的问题。

（二）超常儿童与常态儿童的比较

从1981年与1982年这两年超常儿童类比推理的成绩看，正确反应的成绩或以级次评分的水平分一般都超过了比之大2岁以上的儿童，多数超过了同年龄2个标准差之上。但这只能表明超常儿童比常态儿童发展快些，不能揭示超常儿童与常态儿童在类比推理方面有没有或有哪些不同特点，不能说明超常儿童比常态儿童超常在哪里。只有把超常儿童与常态儿童从类比推理发展过程、水平上来比较，才能回答上述问题。现以常态儿童发展速度最慢的实物图片类比推理的实验结果为例来具体分析。

从北京地区20个常态儿童参加的实物图片类比推理实验的结果看，3岁儿童中有64%的人选错，选对的儿童大部分不理解其中的关系，只能指出各类比项的名称，极少数（约占0.83%）儿童能从两物外部特征上进行类比。4岁儿童仍然有58%的人选错，在选对的儿童中，按外部的、功用的、次要的特征来类比推理的人数比3岁组有所增加，达到了16%。5岁儿童有一部分能大体上按本质关系进行类比推理，即Ⅰ、Ⅱ级水平占21%。6岁组达到Ⅰ、Ⅱ级的人数占比上升到32%。这个比例与全国范围的实验结果基本一致。

大多数超常儿童图片类比推理有2/3以上的项目达到Ⅱ级的水平，少数超常儿童也至少有1/2的项目达到Ⅱ级的水平。例如3岁半的罗某，图片类比推理超过6岁组均值，有1/2的项目达到Ⅱ级水平；5岁的王某，个别项目为Ⅲ级，其余都是Ⅰ、Ⅱ级水平。他们能迅速理解水果/苹果的关系，能立即把铅笔配在文具下面，并说明因为"这是苹果，这是水果。这是铅笔，它俩（指铅笔与文具）都是文具"（罗某），"铅笔是文具里的一种"（王某）。在这一项目里，5~6岁常态儿童仅各有1人达到Ⅰ、Ⅱ级水平。

实物图片类比推理实验中难度最大的一项是以手/手指来类比树/树枝，3~6岁的常态儿童无人达到Ⅰ级水平，5、6岁各1人达到Ⅱ级水平。而5岁的超常儿童王某能迅速发现"手指是手的一部分，树枝是树的一部分"，达到Ⅰ级水平。而某小学常态儿童的7岁组没有人达到此水平。还有几个超常儿童达到Ⅱ级水平，如周某某指出"这（指树枝）是半节，上面（指树）是全部"，侯某某说"手拉开就是手指，树拉开就是树枝"，宋某某则说"它是树，它也是树，它是半个树，手指也是半个手"，虽表达不够确切，但大体上是依据对本质关系的理解进行类比的。

总体来看，超常儿童类比推理的水平显然超过了同年龄甚至高年龄常态儿童。他们的共同特点是理解快，能迅速发现两物之间的关系，尽管有的人语言表达不够概括和确切，但能或大体能抓住本质进行正确的类比。这些超常儿童在类比推理方面表现的优于常态儿童的思维发展的特点是怎样发展来的，有待进一步分析，但我们知道至少教育是其中极为重要的一个因素。可以肯定的是，如果对学龄前儿童进行合适的教育，很可能在图片类比推理方面有更多的儿童达到更高水平。

五、小结

实验结果表明，3~6岁儿童对以实物图片、几何图形等形式呈现的各种关系，具有一定的类比推理的能力。这种能力随年龄增加而提高。

超常儿童与常态儿童类比推理成绩的比较表明，大多数超常儿童类比推理的成绩不仅超过同年龄常态儿童均值2个标准差以上，而且高于比他们大2岁以上的常态儿童的平均成绩。

3种类比推理都可以分为5级水平。儿童类比推理发展的过程可概括为：不会类比推理—低水平的类比推理—由低向较高水平的类比推理过渡—较高水平的类比推理—高水平的类比推理。从本实验看，学龄前晚期儿童的图形和数类比推理处于由低向较高水平过渡的阶段，图片类比推理尚处于低水平的类比推理阶段。这说明3~6岁常态儿童类比推理的水平还是较低的。

然而，超常儿童类比推理的发展水平均高于常态儿童1~2级水平。超常儿童在类比推理过程中，表现出了理解快、善于概括关系、抓住本质特征等优于同年龄常态儿童的一些思维特点。对超常儿童类比推理水平和特点的分析，有助于改进对常态儿童这方面的教育。

参考资料

Sternberg R. J. Intelligence, information processing and analogical reasoning: the componential analysis of human abilities. Lawrence Erlbaum Associates Inc., N. Y., 1977.

Dedre Gentner. Children's performance on a spatial analogies task. Child Development, 1977（48）.

超常儿童研究协作组.智蕾初绽——超常儿童追踪研究，西宁：青海人民出版社，1983.

3~6 岁独生与非独生子女类比推理的比较研究 [①]

中国科学院心理研究所　查子秀

摘要： 本研究是通过对儿童类比推理发展水平的探讨，比较独生子女与非独生子女在思维方面有无差异，并分析儿童类比推理的发展与家庭环境和教育条件的关系。

被试为 400 名 3~6 岁的儿童，分 4 个年龄组，每年龄组独生子女与非独生子女各半，或按独生子女与非独生子女在该年龄中的比例选择一定的数量。

研究结果表明，3~6 岁的独生子女与非独生子女的 3 种类比推理的平均成绩及发展水平，其差异都未达到显著性水平。但是同为独生子女或非独生子女，在不同的家庭教育条件下，类比推理的成绩有显著差异。这说明在多种相互联系的家庭因素中，家庭教育的因素对儿童智商的发展起着连接的关键性作用。

①原文刊登于《心理学报》，1985年第17卷第2期。参加本研究的有中国科学院心理研究所的查子秀、何金茶，北京师范大学的赵钟岷、周南，北京教育行政学院（现北京教育学院）的赵俊颜，河北师范大学的陶岚清、张连云，南京师范大学的葛沚云，西南师范大学（现西南大学）的陈志君，东北师范大学的荆其桂，青海师范大学的王骧业，杭州大学（现浙江大学）的卢婉君，湖南师范大学的李仲涟，周口师范学院的张华清，信阳师范学院的舒笃初，陕西师范大学的姚平子以及山西大学的李树桂等，研究报告由查子秀执笔。本研究得到中国科学院第二幼儿园、友谊宾馆幼儿园、河北师范大学幼儿园、北京师范大学幼儿园、车北柴油机厂幼儿园、西南师范大学幼儿园、南京五台山幼儿园的领导和老师的大力支持和帮助，特此感谢。本报告曾得到中国儿童发展中心的资助，并于1983年11月在中国儿童发展中心召开的中外专家研讨会上报告。

一、问题的提出

自从我国实行"限制人口的数量，提高人口的素质"的计划生育政策[①]以来，独生子女在我国儿童中的比例日益增大。独生子女大量出现，儿童教育工作者及其他儿童工作者需要从儿童心理出发，研究这一新情况，了解独生子女身心发展的特点，以便有效地对他们进行教育，这是关系到我国下一代健康成长的大事情。

关于独生子女与非独生子女智商方面的比较，国外有过许多研究。有些研究认为，儿童的智商有随家庭中儿童人数的增加而下降的趋势，独生子女与多子女间智商有相当大的差别，独生子女的智商比家里有6个以上子女的智商可高出22分之多。但有的研究认为，独生子女的智商比家中只有两个子女的任一子女的智商低。我国这方面的研究还较少，近年来，有的研究也认为独生子女比非独生子女的智商发展要好一些。

独生子女的智商是否必然比非独生子女优异？独生子女或非独生子女的智商发展好或差究竟取决于什么条件？

类比推理是思维过程的一个重要环节，类比推理的发展可以作为儿童智商发展的一个方面的指标。本研究是通过对3~6岁儿童类比推理发展水平的探讨，比较独生子女与非独生子女在思维方面有无差异，并分析儿童类比推理的发展与家庭环境和教育条件的关系。

二、实验方法

本研究包括3个实验：图形类比推理，用几何图形表示大小、长短、上下、左右、内外等关系，共6项；实物图片类比推理，用彩色的实物图片表明两种事物之

[①]1981年11月，第五届全国人大四次会议明确提出"限制人口的数量，提高人口的素质"的计划生育政策。2021年5月31日，中共中央政治局召开会议，审议《关于优化生育政策促进人口长期均衡发展的决定》，会议指出，进一步优化生育政策，实施一对夫妻可以生育三个子女政策及配套支持措施，有利于改善我国人口结构、落实积极应对人口老龄化国家战略、保持我国人力资源禀赋优势。

间的从属、因果、功用、对立、并列及部分与整体的关系,共6项;数类比推理,用图形表示相邻、等差及组成和分解等关系,共6项。

这3个实验都是以图片和图形为材料,采取个别进行的方式。每个实验都有例题,由主试向被试演示并说明实验方法和要求,在被试明白后,开始正式实验。被试以4选1的方式进行反应。在被试完成每项反应后,主试都要向他们提问,以了解他们选择的依据和理由。实验结束后,不仅要求主试记录被试每项反应的正确或错误,而且要求他们详细记录反应的过程及对主试所提问题的回答。

被试是3~6岁的儿童,分4个年龄组,即3岁组、4岁组、5岁组和6岁组。各年龄组儿童的年龄界限为实验当月前后3个月,每个年龄组100人。这些儿童分布在北京、石家庄、长春、西宁、太原、西安、信阳、周口、长沙、南京、杭州及重庆12个地区。

被试按统一要求进行选择,即从中等或中等水平以上的幼儿园,根据教师评定的优、中、差分层随机取样。独生子女与非独生子女各半,或按独生子女与非独生子女在该年龄中的实际比例选取一定数量,适当保证男女各半。

实验结果除按做对一项(题)给1分来计算成绩外,还要对被试关于选择依据等方面的回答材料进行分析整理,由3位主试对每个被试的每一实验逐项进行等级评定,分出5个不同的水平,即Ⅰ、Ⅱ、Ⅲ、Ⅳ、Ⅴ级,其中Ⅰ~Ⅳ级属于正确反应,Ⅴ级是错误反应。实验材料的整理,除对全部实验的可用记录进行统计分析外,还要按4个条件对各年龄独生子女与非独生子女进行适当搭配。这4个条件即被试所在地区,家长的职业和文化程度,教师评定的优、中、差等级,男女性别。对被试进行搭配后,选出160人,每个年龄40人,独生子女与非独生子女各半。要求所选各年龄组的被试中,独生子女与非独生子女在上述4个方面的人数基本相等,作为匹配样本进行进一步的分析比较。

此外,本研究还通过问卷向家长调查了解了每个被试的家庭环境及教育条件等情况。

三、结果分析

(一)3~6岁独生子女与非独生子女类比推理成绩的比较

3~6岁独生子女与非独生子女类比推理成绩的比较见表1,表1是根据本实验全部可用材料(即随机样本的材料)整理统计的结果,从各项平均成绩看,独生子女和非独生子女的差异不显著。经F检验，都没有统计上的意义。

表1 3~6岁独生子女和非独生子女类比推理成绩比较（随机样本）

年龄组	独生否	图形类比推理				图片类比推理				数类比推理			
		N	$\bar{X}$	SD	P	N	$\bar{X}$	SD	P	N	$\bar{X}$	SD	P
3岁	独	44	2.2	1.6	>0.05	47	2.7	1.6	>0.50	46	0.7	1.1	>0.10
	非	22	1.5	1.5		23	2.4	1.5		18	1.1	1.4	
4岁	独	51	4.0	1.5	>0.10	54	3.7	1.4	>0.10	45	2.2	1.6	>0.50
	非	30	3.6	1.4		36	3.3	1.6		30	2.3	1.7	
5岁	独	50	4.9	1.4	>0.50	55	4.8	1.1	>0.50	49	3.8	1.6	>0.50
	非	3	5.0	1.0		45	4.8	1.3		45	3.7	1.3	
6岁	独	47	5.6	0.9	>0.50	47	5.3	1.0	>0.10	43	4.9	1.5	>0.50
	非	50	5.4	0.8		48	4.9	1.2		47	5.1	1.0	

注：N为人数，$\bar{X}$为平均成绩，SD为标准差，P为概率。

我们又对按实验方法所提4个条件搭配后的160人的材料（即匹配样本的材料）进行整理，统计的结果经t检验（用于比较两个平均数的差异是否显著）各项平均成绩，独生子女和非独生子女的差异仍然不显著。

为了对3~6岁儿童各年龄独生子女与非独生子女3种类比推理的发展水平进行比较，根据3种类比推理发展水平的划分标准，对匹配后的160名儿童类比推理的水平进行了等级评定。评定结果分为Ⅰ、Ⅱ、Ⅲ、Ⅳ、Ⅴ5个不同的水平。Ⅰ、Ⅱ级是能正确或基本正确概括图形、事物或数量之间的本质关系并进行正确类推，Ⅲ级是只能根据外表的次要特征进行类推，Ⅳ级虽然选对了但说不清理由，Ⅴ级是选择错误。各项类比推理各年龄达到各级水平的人次及百分比见表2。

我们用卡方检验对表2中各年龄独生子女与非独生子女达到各级水平的人次的百分比进行了考验，结果如表3所示，只有图形类比推理的5岁组差异显著，其他各年龄各项类比推理，独生子女与非独生子女达各级水平的人次的百分比差异也都不显著。

表2　3-6岁独生子女和非独生子女类比推理发展水平的比较

年龄组	独生否	图形类比推理					图片类比推理					数类比推理				
		I	II	III	IV	V	I	II	III	IV	V	I	II	III	IV	V
3岁	独	1 0.8%	16 13.3%	11 9.2%	12 10.0%	80.4 67%	0 0	0 0	11 9.2%	36 30.0%	73 60.8%	0 0	1 0.8%	10 8.3%	7 5.8%	102 85.0%
	非	0 0	7 5.8%	6 5.0%	17 14.2%	90 75.0%	0 0	2 1.7%	7 5.8%	42 35.0%	69 57.5%	0 0	0 0	7 5.8%	10 8.3%	103 85.8%
4岁	独	5 4.2%	26 22.0%	12 10.0%	35 27.5%	42 35.0%	0 0	5 4.2%	30 25.0%	39 32.5%	46 38.3%	0 0	2 1.7%	8 6.7%	30 25.0%	80 66.7%
	非	10 8.3%	17 14.2%	17 14.2%	27 22.5%	49 40.8%	0 0	6 5.0%	28 23.3%	28 23.3%	58 48.3%	0 0	0 0	16 13.3%	25 20.8%	79 65.8%
5岁	独	17 14.2%	40 33.5%	23 19.2%	10 8.3%	30 25.0%	3 2.5%	12 10.0%	54 45.0%	24 20.0%	27 22.5%	4 3.3%	25 20.8%	27 22.5%	15 12.5%	49 40.8%
	非	15 12.5%	25 20.8%	34 28.3%	25 20.8%	21 17.5%	14 11.7%	14 11.7%	48 40.0%	30 25.0%	26 21.6%	5 4.2%	14 11.6%	24 20.0%	25 20.8%	52 43.3%
6岁	独	22 18.3%	50 41.7%	36 30.0%	6 5.0%	6 5.0%	14 11.7%	33 27.5%	45 37.5%	12 10.0%	16 13.3%	24 20.0%	53 44.2%	26 21.7%	4 3.3%	13 10.8%
	非	22 18.3%	50 14.7%	35 29.2%	5 4.2%	8 6.6%	4 3.3%	30 25.0%	50 41.7%	17 14.2%	19 15.8%	19 15.8%	48 40.0%	26 21.7%	12 10.0%	15 12.5%

注：表中数字上为各级水平人次，下为百分比。

表3 3~6岁独生子女和非独生子女类比推理发展水平的差异考验

年龄组	图形类比推理		图片类比推理		数类比推理	
	X^2	P	X^2	P	X^2	P
3岁	4.8	>0.05	2.2	>0.30	1.0	>0.50
4岁	0.9	>0.50	2.8	>0.20	2.1	>0.30
5岁	11.9	<0.01	0.1	>0.50	3.1	>0.20
6岁	0.3	>0.50	3.3	>0.10	1.8	>0.30

注：X^2为卡方检验值，P为概率。

再从各年龄高分和低分的人数看，高于平均分数一个标准差以上的人数，独生子女有多于非独生子女的趋势。4个年龄组的3种类比推理高分人数独生子女共90人，非独生子女共77人。而低于平均数一个标准差以下的人数，非独生子女有略多于独生子女的趋势。4个年龄组3种类比推理低分人数独生子女共32人，非独生子女共37人。此外，各年龄组得最高分数的多数是独生子女，得最低分数的多数为非独生子女。

（二）同类及不同类家庭条件的独生子女与非独生子女类比推理成绩的比较

所谓同类或不同类家庭条件主要指家长的职业和文化程度。由于本实验的被试多数出身于工人和知识分子的家庭，因此，这里只将工人和知识分子家庭的独生子女与非独生子女类比推理的成绩列为表4进行比较[①]。

表4 同类家庭条件下独生子女和非独生子女类比推理成绩比较

年龄组	家庭	独生否	N	图形类比推理			图片类比推理			数类比推理		
				$\bar{X}$	SD	t	$\bar{X}$	SD	t	$\bar{X}$	SD	t
3岁	工人	独	13	1.2	1.2	>0.50	1.8	1.3	>0.50	0.1	0.3	>0.50
		非	7	1.3	1.6		2	2		0.7	1.1	
	知识分子	独	6	2.5	1.4	>0.30	2.7	1.8	>0.30	1.8	1.9	>0.20
		非	6	1.7	1.4		2.3	1		0.8	1	

①工人家庭指家长本人是各劳动工种的工人，包括司机、服务员、采购员等，一般为初中或高中文化程度的家庭；知识分子家庭指家长是教师、研究人员、工程师、医生等，一般为大专文化程度的家庭。

年龄组	家庭	独生否	N	图形类比推理			图片类比推理			数类比推理		
				X̄	SD	t	X̄	SD	t	X̄	SD	t
4岁	工人	独	6	3.8	1	>0.50	2.8	1.3	>0.50	1.3	1.4	>0.50
		非	5	3.8	1.1		3.4	0.9		1.8	2	
	知识分子	独	12	4.1	1.2	>0.40	3.5	1.2	>0.05	1.9	1.7	>0.50
		非	11	3.8	1.3		2.5	1.4		2.0	1.2	
5岁	工人	独	10	4.1	1.7	>0.20	4.4	1.1	>0.40	3.6	1.4	>0.50
		非	9	4.8	1		4.8	1		3.3	1.4	
	知识分子	独	13	5.2	1	>0.20	5.1	1	>0.50	4.5	1.5	>0.050
		非	12	4.8	0.9		5.3	1.1		3.5	0.9	
6岁	工人	独	10	5	1.5	>0.50	5	0.8	>0.50	5	2	>0.50
		非	8	5.3	0.9		4.3	1.6		4.8	0.9	
	知识分子	独	10	5.7	0.5	>0.30	5.2	0.9	>0.50	5.4	0.8	>0.50
		非	19	5.5	0.5		5.2	1		5.5	0.6	

注：N为人数，X̄为平均成绩，SD为标准差，t为t检验值。

从表4可以看出，即使同为工人或知识分子家庭条件的独生子女与非独生子女，他们的类比推理的平均成绩差异也是不显著的。为了进一步考察生活在工人和知识分子家庭的儿童在类比推理方面是否有差异，将工人家庭和知识分子家庭儿童（包括独生子女与非独生子女）的成绩列为表5。

表5　工人家庭和知识分子家庭的子女类比推理成绩比较

年龄组	家庭	N	图形类比推理			图片类比推理			数类比推理		
			X̄	SD	t	X̄	SD	t	X̄	SD	t
3岁	工人	13	1.2	1.2	>0.05	1.8	1.3	>0.20	0.1	0.3	<0.01
	知识分子	6	2.5	1.4		2.7	1.8		1.8	1.9	
4岁	工人	6	3.8	1	>0.50	2.8	1.3	>0.10	1.3	1.4	>0.40
	知识分子	12	4.1	1.2		3.5	1.2		1.9	1.7	
5岁	工人	10	4.1	1.7	>0.05	4.4	1.1	>0.10	3.6	1.4	>0.10
	知识分子	13	5.2	1		5.1	1		4.5	1.5	

续表

年龄组	家庭	N	图形类比推理			图片类比推理			数类比推理		
			$\overline{X}$	SD	t	$\overline{X}$	SD	t	$\overline{X}$	SD	t
6岁	工人	10	5	1.5	>0.10	5	0.8	>0.50	5	2	>0.50
	知识分子	10	5.7	0.6		5.2	0.9		5.4	0.8	

注：N为人数，$\overline{X}$为平均成绩，SD为标准差，t为t检验值。

从表5可见，除3岁组数类比推理外，其他年龄组各项类比差异也都未达到显著性水平。这可能与现阶段我国工人和知识分子经济条件上悬殊已不太大有关。从家长所填调查表也可看出，现在许多工人家庭的儿童与知识分子家庭的儿童一样，都有许多儿童读物，且经常能看到电视节目等。这说明，生活在工人家庭与生活在知识分子家庭，儿童享有的文化条件已较接近。

本实验还分析了非独生子女情况，非独生子女家庭中兄弟姐妹的数量和年龄间隔见表6和表7。

表6 非独生子女的兄弟姐妹情况

年龄组	兄			姐			弟			妹		
	1人	2人	3人以上	1人	2人	3人以上	1人	2人	3人以上	1人	2人	3人以上
3岁	5	0	0	12	0	0	0	0	0	2	0	0
4岁	13	0	0	17	0	0	1	0	0	0	0	0
5岁	9	0	0	20	1	1	1	0	0	3	0	0
6岁	7	1	0	8	0	1	6	0	0	8	0	0
小计	34	1	0	57	1	2	8	0	0	13	0	0
小计百分比	29%	1%	0	49%	1%	2%	7%	0	0	11%	0	0

表7 非独生子女与兄弟姐妹之间的年龄间隔

年龄组	1~2岁	3~4岁	5~6岁	7~8岁	9~10岁	11~12岁	13岁以上
3岁	3	5	3	2	2	0	1
4岁	7	13	5	4	0	2	1
5岁	7	13	5	4	0	2	1
6岁	12	9	5	4	1	0	0
小计	29	40	18	14	3	4	3
小计百分比	26%	36%	16%	12%	3%	4%	3%

表6说明，本实验中的非独生子女绝大多数是两个孩子家庭中的子女。根据对116名非独生子女的分析，其中112名属于双子女家庭，占总数的96%。而这些双子女在家中排行老二的有95人，占82%。排行老大的只有21人，占18%。有两兄或两姐的仅有2人，有3个姐姐以上的也只有2人。

由表7看，这些非独生子女与其兄弟姐妹之间的年龄间隔，多数在3~4岁以上，占74%；间隔1~2岁的是少数，仅占26%；间隔5~6岁以上的占38%，这些非独生子女，在他们出生时，其兄姐已经进入幼儿园或小学，有的甚至已进入中学。

（三）不同家庭教育条件的独生子女与非独生子女类比推理的成绩比较

根据家长所填调查表，可将家长对儿童的教育分为A、B两类，A类指儿童经常能看到各种儿童读物，经常（或在规定时间内）能看到电视节目；家长除经常给儿童讲故事外，还有意教一些汉语拼音和汉字，一定范围内的认数和计算，简单的外语或绘画等。B类指儿童除经常（或有时）能看到儿童读物及电视节目外，家长对他们的教育比较一般或被动，如只讲讲故事或带出去玩等。下面将4~5岁年龄组，不同家庭教育条件的独生子女与非独生子女的类比推理的成绩列为表8和图1。

表8　4~5岁不同家庭教育条件的独生子女和非独生子女类比推理成绩比较

年龄组	独生否	家庭类别	N	图形类比推理			图片类比推理			数类比推理			总计		
				$\overline{X}$	SD	t	$\overline{X}$	SD	t	$\overline{X}$	SD	t检验	$\overline{X}$	SD	t
4岁	独	A	12	4.4	1.1	>0.20	4.1	1.3	>0.20	2.5	1.4	<0.05	11.0	2.4	<0.05
		B	13	3.8	1.2		3.5	1.4		1.3	1.0		8.6	2.6	
	非	A	10	3.0	1.2	>0.50	3.6	1.2	<0.05	2.8	1.5	<0.05	9.4	2.4	>0.05
		B	11	3.0	1.7		2.4	1.0		1.5	1.3		6.8	3.2	
5岁	独	A	17	5.5	1.0	<0.005	4.9	1.1	>0.20	4.4	1.3	>0.20	14.9	2.3	<0.01
		B	11	3.9	1.4		4.5	1.0		3.7	1.5		12.0	3.2	
	非	A	5	5.4	0.5	>0.20	5.6	0.5	<0.01	4.3	1.7	<0.20	15.3	2.2	<0.05
		B	10	4.7	1.1		4.4	1.4		3.4	1.0		12.5	2.2	

注：N为人数，$\overline{X}$为平均成绩，SD为标准差，t为t检验值。

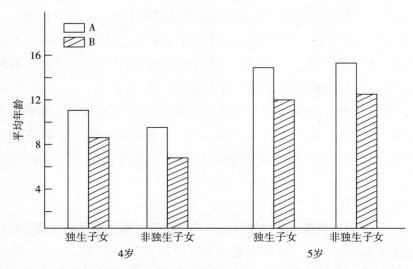

图1 4~5岁不同家庭教育条件的独生子女与非独生子女类比推理的成绩比较

表8和图1说明，同为独生子女或非独生子女，3种类比推理的总均分，A类家庭教育要比B类家庭教育的高。4岁组非独生子女的A类和B类的总均分，t=2.0885，这与P=0.05数值很接近，总的差异还是显著的。表中分项实验的平均分数，有些差异不显著，原因可能是多方面的。由于这次家庭教育方面的材料仅来源于调查问卷，家长对调查的态度不一，所填有简有繁，填写不清楚的都未采用，因此实验数据较少。此外，影响儿童类比推理成绩的除家庭教育条件外，还会有其他因素，如儿童的素质及个性特点的差异等。为了进一步看看不同家庭教育条件下儿童类比推理成绩的差异显著性，分别将属于A类或B类家庭教育的独生子女与非独生子女的成绩合起来，列为表9。

表9 4~5岁不同家庭教育条件儿童类比推理成绩比较

年龄组	家庭教育类别	N	$\overline{X}$	SD	t
4岁	A	22	10.8	2.5	<0.01
	B	24	7.8	3.0	
5岁	A	22	15.0	2.2	<0.001
	B	21	12.2	2.7	

注：N为人数，$\overline{X}$为平均成绩，SD为标准差，t为t检验值。

从表9可以看到，不论4岁组或5岁组，都是A类比B类家庭教育条件的儿童类比推理的总均值高，t检验结果的差异是非常显著的。这说明家庭教育对类比推理成绩有影响的总趋势。

四、问题的讨论

▼

（一）3~6岁独生子女与非独生子女类比推理成绩和发展水平的比较

类比推理的实验结果表明，3~6岁儿童对这套以实物图片及几何图形为材料呈现的各种关系，具有一定的类比推理能力，而这种能力随年龄的增长而提高。因此，这套实验材料对3~6岁儿童进行类比推理的实验是适用的。

本报告的表1~表3已经说明，3~6岁各年龄段的独生子女与非独生子女的类比推理，不论从平均成绩还是发展水平看，差异都未达到统计上的显著性水平。但各年龄段高于平均分数一个标准差以上的人数以及得最高分的人数，有独生子女比非独生子女多的趋势。

本研究的非独生子女中，有96%属于双子女家庭，这些双子女中在家为年幼的占82%，与兄姐年龄相差5~6岁以上的有38%，相差7~8岁以上的占22%，最多的相差13岁以上。这些非独生子女在家长心目中的地位、在家庭享受的物质和精神上的待遇，与独生子女相比，很难说有多少差别。例如，4岁组经常看电视节目的独生子女占所有独生子女的61%，非独生子女占所有非独生子女的64%；经常看儿童读物的独生子女占所有独生子女的79%，非独生子女占所有非独生子女的64%，数据还是比较接近的。而且，这些双子女在家除了有父母关心教育外，还有兄姐的带领和帮助，尤其是有姐姐的占52%，从调查材料看，姐姐经常给他们讲故事，教他们认字、写字等。在这一点上，这样的非独生子女，虽被姐姐或哥哥分享了父母的爱和关心，然而却又从姐姐或哥哥给他们的爱护和关心中得到了补偿。因此，在家长对孩子的爱和关心方面，像这样的双子女，与独生子女相比也很难说有多大差别。

由此可见，独生子女表现在类比推理方面的成绩并不必然高于非独生子女。儿童类比推理能力与智力的其他方面的发展一样，主要取决于后天环境和教育影响，而学龄前阶段，首先取决于家庭的环境与教育。所以，单从是否为独生子女来比较儿童智力发展的优劣，显然是难以说明儿童智力差异的根本原因的。

（二）关于家庭环境和教育对儿童类比推理发展的影响

表5说明，同为独生子女，虽然分别生活在工人家庭和知识分子家庭，但他们的类比推理平均成绩的差异没有统计上的意义。而表8说明，同为独生子女，由

于不同的家庭教育条件，在类比推理的平均成绩上表现出显著差异。由此可见，在与家庭有关的诸多因素中，对儿童智力发展有直接关键性影响的是家庭教育的条件。

独生子女是家中唯一的孩子，独生子女家庭的成员少，经济负担相对较轻，物质和文化生活条件自然会好一些。由于独生子女没有兄弟姐妹，家长的时间和精力可以集中在他们身上。这些都是独生子女拥有的得天独厚的条件。但是这些仅仅是有利的家庭条件，家长要善于利用这些有利条件，重视教育，才能使这些条件成为促进儿童聪明才智充分发展的积极因素。这就是为什么独生子女得高分的人多于非独生子女的一个原因。调查材料中A类教育的家庭，家长在孩子很小的时候就有目的、有计划地安排教育：孩子从幼儿园回家，有家长精心安排的丰富多彩的"家庭作业"，如临摹或写生，学拼音或听英语等。但是B类教育的家庭，家长不重视也不关心孩子的教育，因此，虽然同样都是独生子女家庭，对孩子的教育成果却不完全一样。

可见，在家庭多方面的因素中，家庭的大小、家庭的经济条件、家庭的物质和文化生活水平及家庭的教育情况等，都是互相联系的。但就对儿童智力的影响看，经济条件是基础，家庭教育起着关键作用。

五、小结

本研究的结果表明，3~6岁的独生子女与非独生子女的3种类比推理的平均成绩及发展水平的差异都不显著，但是各年龄3种类比推理得高分的人数中，独生子女有比非独生子女多的趋势。

本研究的非独生子女，绝大多数是双子女家庭中年幼的那一个。他们大多数与兄姐年龄相差较大，在家中的地位和待遇与独生子女非常接近。

本研究还表明，同为独生子女，在不同的家庭教育条件下，类比推理的成绩表现有显著差异。这说明在多种相互联系的家庭因素中，教育因素对儿童的智力发展起着直接的、关键性作用。

参考资料

James T. Fawcett. Psychological perspectives on population. The Effects of Family Size on Parents and Children, 1973.

M. Lewis and L. A. Rosenblum. The child and its family. Only Children, Stereotypes and Research, N.Y. Plenum Press, 1979.

上海市幼儿教育教研室. 5~6岁独生子女知识面、认知能力及家庭教育状况的调查. 幼教研究，1981（9）.

高志方. 独生子女的早期教育问题. 教育研究，1981（6）.

超常儿童和常态儿童类比推理的比较研究 [①]

中国科学院心理研究所　查子秀

在我国加速实现"四个现代化"建设，要求早出人才，多出人才的形势下，我们于1978年开始对超常儿童进行调查和追踪研究，这是一项全国心理学界30多个单位的协作研究。将近十年来，除了对超常儿童进行了鉴别、追踪观察和教育实验外，还在超常儿童和常态儿童之间，对类比推理、创造性思维、感知观察力、记忆以及某些个性特征（如好奇心、坚持性等）开展了比较研究。目的在于揭示超常儿童与常态儿童的异同，探讨超常儿童优异发展的主客观因素，以便改进对常态儿童的教育，提高下一代儿童的心理发展水平。本文就是这一组比较研究中的一篇。

一、问题的提出

类比推理是思维的重要组成部分。它不同于演绎推理，也不同于归纳推理。它是建立在联想和对比基础上的、具有启发性特点的、从特殊到特殊的一种推理。

有的研究指出类比推理是关系的等级结构。一般表现为A：B∷C：D的形式。当两种较低级的关系（即A和B，C和D）之间有一个高一级的等值或接近等值的关系时，就存在类比。类比的实质就是高一级关系的发现和应用。还有研究指出，类比推理能力在学前儿童中已开始发现。

然而，总的来说，在国内外心理学研究的文献中，类比推理的研究还是比较少的。有的心理学家关于类比推理的理论只是他们研究智力的一个副产品。关于儿童类比推理的发展方面的研究资料所见更少。

本研究的目的在于探讨3~14岁超常儿童与常态儿童类比推理发展的水平和特

---

①原文收录于《心理发展的近期研究》，北京师范大学出版社，1990年，185-196页。

点，比较超常儿童与常态儿童的差别，并在此基础上，对评定方法进行探讨，为鉴别超常儿童类比推理能力的发展提供参照指标。

二、内容和方法

（一）实验内容

本实验包括3个分实验。即图形类比推理实验，用几何图形表示大小、长短、上下、左右、上右、下左及内外包含等空间变化关系；语词（实物图片）类比推理实验；用语词或彩色的实物图片表明两种事物之间的从属、对立、因果、功用、并列以及部分与整体等关系；数类比推理实验，用图形表示数的相邻系列、等差系列及组成与分解等关系。

（二）实验方法

3~6岁年龄阶段：3个分实验都是用图片和图形作为实验材料。采取个别实验并用码表记录反应时间。每次进行一个分实验。每个分实验都有例题，由主试向被试演示并说明实验方法和要求，在被试明白后，开始正式实验。被试以四择一的选择方式进行反应。7~14岁年龄阶段：除图形类比推理外，其余两种类比推理采用词和数字为材料。实验方法是集体实验的同时，在每一年龄阶段取一定数量被试进行个别实验。在被试完成每项反应后，都要向他们提问，以了解他们选择的依据和理由。实验的结果不仅要求记录被试每项反应的正确或错误，而且要求详细记录反应的过程，以及对主试所提问题的回答。

实验结果的评定：采用两种评定方法，一种是按儿童反应的结果，做对一题给一分；另一种是按儿童类比推理达到的水平进行评定。水平评定是由3个主试按照3种类比推理水平划分标准，对每个被试的每个实验进行逐项的评定而得来的。共分为Ⅰ、Ⅱ、Ⅲ、Ⅳ、Ⅴ5个等级。

被试：3~6岁儿童，分为4个年龄组，1981年有250人，1983年有400人，共650人。7~14岁分为8个年龄组，共1300人。被试的选择是从中等或中等以上水平的幼儿园和学校随机取样的，各年龄组是按实验当月前后3个月为年龄界限，男女各半。

三、结果和分析

首先，我们对实验的结果进行了效度和信度的检验。检验的结果表明效度和信度都较高，说明这套实验材料对研究3~14岁儿童的类比推理能力是合适的。

（一）3~14岁儿童类比推理的成绩和发展水平

将3~14岁各年龄儿童各项类比推理的平均成绩列为表1。从表1我们可以看出，各项实验各年龄组的平均成绩随年龄增长而上升。t检验大都达到显著和非常显著的水平，只有11岁和12岁，12岁和13岁之间没有达到显著水平。这说明3~14岁儿童对这套实验所呈现的各种关系，具有一定的类比推理能力，这种能力随年龄的增长而发展提高。

表1 3~14岁儿童3种类比推理的平均成绩

年龄组	语词类比推理	图形类比推理	数类比推理
3岁	2.6	1.7	0.9
4岁	3.6	3.8	2.3
5岁	4.7	4.9	3.7
6岁	5.1	5.5	4.9
7岁	2.1	5.1	2.7
8岁	3.5	6.3	5.1
9岁	5.7	7.5	7.4
10岁	6.7	8.1	9.6
11岁	8.0	8.7	13.4
12岁	8.6	9.0	13.0
13岁	8.9	9.1	15.2
14岁	9.3	10.0	17.0

儿童类比推理的水平共分为5级。Ⅰ级和Ⅱ级是能正确或基本上正确地概括图形、事物或数量之间的本质关系，从而进行正确的类推。Ⅲ级是依据外部的次要的或功用的特征进行类比推理。Ⅳ级是选择反应虽正确，但说不清理由或随意乱解

释。Ⅴ级是选择错误。由于类比推理属于逻辑思维的范畴，我们可根据达到Ⅰ级和Ⅱ级水平的人数百分比，把儿童类比推理的过程划分为5个阶段，即最低水平的类比推理（Ⅰ级＋Ⅱ级在20%~40%之间）、由低水平向较高水平的过渡（Ⅰ级＋Ⅱ占40%~60%）、较高水平的类比推理（Ⅰ级＋Ⅱ级占60%~80%）、高水平的类比推理（Ⅰ级＋Ⅱ级占80%~100%）。

根据3~6岁及7~14岁各年龄组超常儿童与常态儿童类比推理发展水平的比较，可以看到达到Ⅰ级和Ⅱ级水平的人数百分比有随年龄增长而增长的趋势，而Ⅴ级水平则是随年龄增长而下降的趋势，见表2和表3。3种类比推理发展速率不完全同步。

表2　3~6岁儿童3种类比推理发展水平的人数百分比（%）

种类		图形类比推理					语词类比推理					数类比推理				
等级		Ⅰ	Ⅱ	Ⅲ	Ⅳ	Ⅴ	Ⅰ	Ⅱ	Ⅲ	Ⅳ	Ⅴ	Ⅰ	Ⅱ	Ⅲ	Ⅳ	Ⅴ
年龄	3岁	0.8	6.3	6.8	17.9	68.0	0.2	2.1	8.8	33.0	56.0	0	0.5	6.5	12.0	81.0
	4岁	9.4	9.8	16.0	28.0	36.0	0.2	6.7	21.0	29.0	41.0	1.9	2.7	14.0	20.0	61.0
	5岁	9.9	33.0	24.0	15.0	18.0	2.0	18.0	41.0	19.0	20.0	7.5	15.0	6.3	26.0	47.0
	6岁	11.0	41.0	26.0	12.0	29.0	7.2	29.0	38.0	11.0	16.0	15.0	34.0	24.0	13.0	16.0

从表2可以看出：图形类比推理发展较早一些，3岁时Ⅰ级和Ⅱ级有7.1%，4~5岁间增长幅度较大，上升了23.7%。数类比推理开始达Ⅰ级和Ⅱ级的人数百分比最低，只有0.5%，但5岁以后发展较快，上升了26.5%。语词类比推理发展较缓慢，6岁时达到Ⅰ级和Ⅱ级水平的人数占比只达到36.2%。

表3　3~14岁儿童语词类比推理发展水平的人数百分比（%）

年龄组	Ⅰ＋Ⅱ	Ⅴ	年龄组	Ⅰ＋Ⅱ	Ⅴ
3岁	2.3	56.0	9	30.5	51.0
4岁	6.9	41.0	10	42.3	38.3
5岁	20.0	20.0	11	50.0	31.2
6岁	36.2	16.0	12	51.8	31.2
7岁	24.5	66.2	13	48.8	26.6
8岁	24.3	59.4	14	55.7	21.3

再从表3看，3~14岁对以实物图片或语词形式反映的6种关系的类比推理，发展的水平是不高的，14岁达到Ⅰ级和Ⅱ级的人数百分比只有55.7%，属于过渡阶段，还没有达到较高水平。其他两种类比推理也没有达到高级水平。这说明3~14岁常态儿童3种类比推理的发展水平总地看还是不够高的。

（二）3~14岁超常儿童与常态儿童类比推理成绩和发展水平的比较

1. 3~6岁超常儿童与常态儿童3种类比推理的成绩比较见表4，7~10岁超常与常态儿童3种类比推理平均成绩比较见表5和图1。

表4　3~6岁超常儿童与常态儿童3种类比推理成绩的比较

姓名	图形类比推理			语词类比推理			数类比推理		
	成绩	超过同年龄均值几个标准差	高于几个年龄的均值	成绩	超过同年龄均值几个标准差	高于几个年龄的均值	成绩	超过同年龄均值几个标准差	高于几个年龄的均值
姚某（4岁）	6	1.5	2个年龄	5	1.0	1个年龄	5	1.8	2个年龄
孙某（4岁）	5	0.8	1个年龄	6	1.7	2个年龄	6	2.4	2个年龄
宋某（4.5岁）	6	1.5	2个年龄	4	0.3	接近1个年龄	6	2.4	2个年龄
侯某某（4.5岁）	6	1.5	2个年龄	6	1.7	2个年龄	6	2.4	2个年龄

表5　7~10岁超常儿童与常态儿童3种类比推理平均成绩比较

项目	7岁		8岁		9岁		10岁	
	常态儿童	超常儿童	常态儿童	超常儿童	常态儿童	超常儿童	常态儿童	超常儿童
语词类比推理	2.1	8.0[*]	3.5	8.9[*]	5.7	11.0[*]	6.7	10.1[*]
图形类比推理	5.1	8.5	6.3	8.1	7.5	10	8.1	10
数类比推理	2.7	11.8[*]	5.1	12.6[*]	7.4	19.3[*]	9.6	20.5[*]

注：*表示差异显著。

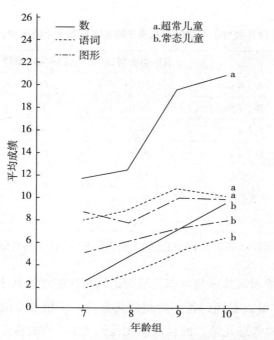

图1　7~10岁超常儿童与常态儿童3种类比推理平均成绩比较

从表4、表5和图1我们可以看到两点：（1）大多数超常儿童类比推理的平均成绩高于同年龄常态儿童平均成绩两个标准差以上，并高于比他们大两岁以上的常态儿童的均值。（2）超常儿童语词类比推理和数类比推理超过同年龄常态儿童2~5个标准差以上，而图形类比推理超过常态儿童均值不到两个标准差。语词类比推理和数类比推理难度比图形类比推理更大，超常儿童与常态儿童的差异表现更为明显。这可以说明在儿童心理发展过程中存在主要方面，抓住了发展的主要方面（或线索），就可能找到鉴别的主要指标。

2. 超常儿童与常态儿童类比推理发展水平的比较。根据类比推理水平等级划分标准，同样对超常儿童各项实验达到的水平进行了评定。我们发现在同一项实验中，不同儿童反应的结果相同，所得分数一样，但他们取得结果的方式和特点不完全相同。例如表4中，图形类比推理有3个超常儿童都得6分，但他们的水平评定有的是较高水平，有的还在过渡水平。再看4个4岁超常儿童的3种类比推理达到Ⅰ级和Ⅱ级的项目百分比，与常态儿童4~6岁各年龄组的平均百分比相比较，超常儿童与常态儿童的差异比成绩更明显，见表6。

表6　4岁超常儿童与4~6岁常态儿童3种类比推理水平的人数百分比（%）

儿童		图形类比推理	语词类比推理	数类比推理
超常儿童	A（4岁）	50.0	66.7	83.3
	B（4岁）	50.0	33.0	83.3
	C（4岁）	66.7	50.0	100
	D（4岁）	66.7	83.3	100
常态儿童	4岁组	19.2	6.9	4.6
	5岁组	42.9	20.0	22.5
	6岁组	52.0	36.2	49.0

注：表中常态儿童各项数字是各年龄组达到Ⅰ级和Ⅱ级水平的平均百分数。

我们又将7~14岁超常儿童与常态儿童的语词类比推理达到Ⅰ级和Ⅱ级的人数百分比列为表7。同样可以看到，各年龄超常儿童达到Ⅰ级和Ⅱ级水平的百分比，不仅显著高于同年龄的常态儿童，而且高于比他们大2~5岁的常态儿童的水平，如表7和图2所示。例如9岁与10岁组的超常儿童达到Ⅰ级和Ⅱ级的百分比，明显超过了11~14岁的常态儿童，11~14岁常态儿童都只在过渡阶段的水平，而9岁和10岁超常儿童达到了较高级水平。

表7　7~14岁超常儿童与常态儿童语词类比推理发展水平的人数百分比（%）

年龄组	Ⅰ		Ⅱ		Ⅰ+Ⅱ	
	常态儿童	超常儿童	常态儿童	超常儿童	常态儿童	超常儿童
7岁	6.0	19.0	18.9	9.7	24.5	28.7
8岁	9.0	29.4	15.3	10.7	24.3	40.1
9岁	13.8	34.7	16.7	36.1	30.5	70.8
10岁	24.1	40.5	18.2	38.3	42.3	78.8
11岁	32.8	—	17.2	—	50.0	—
12岁	20.7		31.8		51.8	—
13岁	30.5	—	18.3	—	48.8	—
14岁	37.7	—	18.0	—	55.7	—

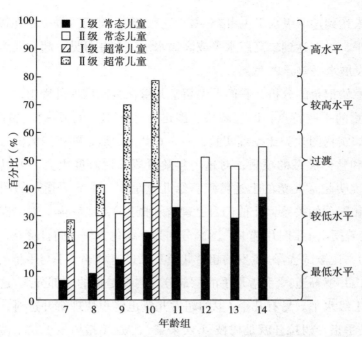

图2 7~14岁超常儿童与常态儿童语词类比推理发展水平比较

我们又将22名10岁的超常儿童的原始材料进行了具体分析，并与27名10岁常态儿童进行了比较，结果见表8。

表8 10岁超常儿童与常态儿童语词类比推理发展水平比较

水平等级	超常儿童	常态儿童
高水平	50.0%	3.7%
较高水平	40.9%	22.2%
过渡	4.5%	37.0%
较低水平	4.5%	11.1%
最低水平	0%	25.9%
总人数	22人	27人

从表8可以看到，超常儿童中有50%的人达到高水平，其中有3人100%达到Ⅰ级和Ⅱ级，有4人91.7%达到高水平，另外4人83.3%达到高水平。有40.9%的人达到较高水平，较低水平的人数只占4.5%，没有最低水平的。而常态儿童Ⅰ级和Ⅱ级达到高水平的只1人，只占3.7%，较高水平的有6人，占22.2%，较低和最低水平的有10人，占37.0%，过渡水平的也占37%。总的来说，22名超常儿童中语词类比推理发展水平绝大多数达到了高级水平和较高级水平（占90.9%），而27名常态儿童

中只有少数人达到这两级水平（占25.9%），大多数（即有74%）是在过渡、较低水平或最低水平，没有达到较高级水平或高级水平。由此可见，超常儿童与常态儿童类比推理的发展水平差异之大。

通过对原始记录的分析，我们看到超常儿童在类比推理过程中，表现出优于同年龄常态儿童的一些特点，即理解快、能迅速抓住本质的或主要特征、善于概括关系等。例如实物图片类比推理实验，对3~6岁儿童是难度相当大的一种实验。其中反映部分和整体关系的项目，对这个年龄阶段来说难度更大，可以用其中的一项为例，来说明超常儿童的上述特点。给儿童呈现"手：手指"的图片（不告诉他们是整体和部分的关系，让他们自己理解和概括），然后再呈现一棵树的图片即"树：?"，接着摆出4张图片选卡，图画分别为：绿色方块、向日葵花、树枝及另一种树（松树），让被试选择。5岁的超常儿童王某迅速理解了手与手指的关系，选树枝与树配对，并解释道："手指是手的一部分，树枝是树的一部分。"这种表现说明王某达到了Ⅰ级水平。另有几个4岁的超常儿童也能很快理解并选对，有的解释说"手拉开就是手指，树拉开就是树枝"（侯某某），"这（指树枝）是半截，上面（指树）是全部"（周某某），"它是树，它也是树（指树枝），它是半个树，手指也是半个手"。他们的表述虽不够确切，但大体上是理解了手和手指的关系，并进行了正确的选择。而3~6岁的常态儿童无一人能正确或大体正确地概括手与手指的本质关系，没有一人达到Ⅰ级水平，5岁和6岁的常态儿童仅各有一人达到Ⅰ级水平。

根据上面的结果，我们看到了超常儿童与常态儿童之间的差异，这种差异不仅表现在反应的结果上，还表现在反应的过程、形式和特点方面。在某种意义上，后者比前者更为重要，因为单从反应结果上考查，只能得到超常儿童发展速度比常态儿童快、成绩得分高些（或高许多），而并不能了解超常儿童与常态儿童有什么不同，不知道超常儿童在哪些方面优于常态儿童，以及怎样优于、为什么优于常态儿童。只有对超常儿童与常态儿童类比推理的过程、特点进行比较后，才能揭示超常儿童与常态儿童在类比推理方面的实质差异，分析形成这种差异的原因。这样做的结果将有利于具体改进对超常儿童及常态儿童的教育，找到有效发展他们类比推理能力的方法。同时，对于探讨鉴别类比推理能力的主要指标和适合的方法也更有好处。

四、小结

实验结果表明，3~14岁儿童对这套类比推理实验材料反映的各种关系，具有一定的类比推理能力，这种能力随年龄增长而不断提高。3种类比推理发展速度不平衡，这可能是由于不同实验材料所反映的不同关系对儿童来说具有不同的难度，也可能与儿童生活经验及所受教育的影响有关。这个问题有待进一步探讨。

由于语词（图片）类比推理和数类比推理比图形类比推理难度大一些，超常儿童得分高于常态儿童均值2~5个标准差以上；而在图形类比推理方面，许多超常儿童与常态儿童的成绩差异未能达到两个标准差。由此我们考虑到，如果抓住了主要方面，就有可能探讨出鉴别和研究超常儿童的主要指标。这是值得深入研究的一个重要问题。

超常儿童类比推理发展的水平明显超过了同年龄常态儿童甚至高年龄常态儿童。超常儿童在类比推理过程中，表现出理解快、善于概括关系和抓住本质特征等优于常态儿童的一些特点。对超常儿童类比推理水平和特点的探讨和分析，有助于改进对常态儿童这方面的教育。因此，在鉴别和研究超常儿童时，兼顾反应的结果和反应的过程、形式和特点，不仅是可行的，而且也是必要的。

超常儿童与常态儿童图形创造性思维的比较研究[①]

中国科学院心理研究所　施建农　查子秀

一、问题

　　虽然没有人怀疑创造性对人类的重要性，但对于创造性的定义及创造性包括哪些方面，长期以来却存在许多争论。正如美国心理学家杨所说的，由于创造本身的性质，决定了我们很难给创造性下定义，即使给创造性下了定义，这定义也往往是落后于创造本身的，或者说，这定义也是不全面的。尽管如此，为了使我们的研究有针对性，在研究之前我们需要给出创造性思维的操作性定义：具有聚合性、流畅性、新颖性、精细性和灵活性等特征的思维叫创造性思维。基于这样的指导思想，我们在研究中着重考查了儿童创造性思维的几个方面：思维的聚合性、思维的流畅性、思维的新颖性、思维的精细性和思维的灵活性，并对超常儿童和常态儿童的创造性思维的上述几个方面做了比较和分析。

二、方法

（一）被试

　　本研究涉及的被试共84人，其中超常儿童31人（男22人，女9人），全部来自北京市第八中学超常儿童85级实验班；常态儿童53人（男22人，女31人），来自

①本文收录于《中国超常儿童研究十年论文选集》，团结出版社，1990年，61-70页。本研究在测验过程中得到北京市第八中学超常儿童实验班师生、人民大学附属中学初一年级师生的配合和支持。赵俊颜、田庆等参加了测验和材料整理的部分工作，周琳从事了测验的翻译工作，徐凡在文章的修改过程中提出了建设性意见，在此一并表示感谢。

北京市重点中学的常态班。两组儿童的平均年龄都是13岁。

（二）材料

本研究中所用的测验材料是中德儿童技术创造力跨文化研究中的图形创造性思维测验，有2题，每题有30个几何图形。每题的时限是6分钟，要求被试在规定的时间内尽可能多地找出具有相同类比关系的两对图形组成类比等式。如：

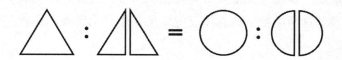

（三）实施

测验集体进行，一次完成。测验题前有详细的指导语和例题，每题按规定的时间结束。

（四）评分和数据处理

测验后将每个被试的原始结果直接输入计算机，由计算机程序对创造性思维的上述5个方面做标准化评分。具体情况是：思维的聚合性由正确类比等式的数目占总类比等式数目的百分数来反映；思维的流畅性由正确类比等式的数目来反映；思维的新颖性由所利用的图形的相对频率来反映（每题中的每个图形可能被利用的最多次数是一定的，而被试在完成作业时实际利用的次数却各不相同，实际利用的次数越多，反映该被试越能发现某图形的可利用性，其思维的新颖性越好）；思维的精细性由在单个正确类比等式中所用图形的平均复杂程度和在全部正确类比等式中所有图形的平均复杂程度来反映，所用图形的复杂程度越高，思维的精细性越好（图形的复杂程度是指图形中所包含的特征）；思维的灵活性由实际所用图形数占总图形数的比例和相邻的两个正确类比等式之间所用图形的相同程度来反映，对于前者，正确类比等式中所用的图形数越多，分数越高，而对于后者，相邻的两个类比等式中所用图形的相同程度越高，则分数越低。

为了更精确地反映被试的具体反应结果，我们又把精细性分为精细性1和精细性2，前者用单个正确类比等式中所用图形的平均复杂程度来表示，后者用全部正确类比等式中所有图形的平均复杂程度来表示；把灵活性也分成灵活性1和灵活性2，前者用实际利用的图形数占总图形数的比例来表示，后者用相邻的两个正确类比等式中所用图形之间的相同程度来反映。

标准化评分后的结果用高级统计系统（CSS）做统计处理。

三、结果

（一）超常儿童和常态儿童平均反应结果的比较

为了更清楚地了解超常儿童和常态儿童在图形创造性思维测验上的差异，我们不仅考查和比较了这两组被试的总体反应结果，还分别考查和比较了男生和女生的反应结果。

1. 总体反应结果的比较。从总体的平均反应结果来看，超常组在聚合性、流畅性、新颖性、精细性和灵活性5个方面的7个项目上都显著高于常态组，见表1。统计考验的结果是差异都在P<0.01水平上显著。

表1　超常组（31人）与常态组（53人）各自的反应成绩

变量	M_1	M_2	S_1	S_2	t	P
聚合性	66.84	37.14	25.46	27.07	6.971	0.000
流畅性	4.68	2.49	2.51	2.20	5.861	0.000
新颖性	346.76	293.25	50.04	148.63	2.728	0.007
精细性1	378.24	286.85	85.75	156.73	4.210	0.000
精细性2	45.03	37.17	8.94	21.19	2.764	0.006
灵活性1	45.55	24.37	17.88	17.31	7.515	0.000
灵活性2	83.68	67.02	14.18	36.71	3.406	0.001

注：M_1、M_2、S_1、S_2分别为超常组和常态组的平均成绩和标准差，t为t检验值，P为概率（表2~表3同）。

2. 超常组男女生与常态组男女生的分别比较。为了进一步弄清超常组与常态组差异的来源情况，我们又分别考查了超常组男生与常态组男生及超常组女生与常态组女生之间的差异情况，见表2和表3。考查的结果是，超常组男生在5个方面的7个项目上都显著高于常态组男生（P<0.01），但超常组女生和常态组女生之间的差异情况与男生之间的差异有所不同。具体比较结果是：在新颖性和精细性2上，超常组女生和常态组女生之间的差异不显著。在聚合性、灵活性1、流畅性、精细性1和灵活性2上，超常组女生优于常态组女生（P<0.05或P<0.01），但这种差异比男生之间的差异明显更小。

表2　超常组男生（22人）和常态组男生（22人）各自的反应成绩和比较

变量	M_1	M_2	S_1	S_2	t	P
聚合性	69.66	33.18	24.83	29.42	6.214	0.000
流畅性	4.95	2.18	2.33	2.26	5.608	0.000
新颖性	344.34	253.79	57.39	167.35	3.358	0.001
精细性1	378.09	261.77	90.44	177.78	3.824	0.000
精细性2	45.16	30.75	8.44	21.94	4.020	0.000
灵活性1	46.89	20.68	17.04	16.96	7.150	0.000
灵活性2	80.98	55.11	15.05	41.18	3.870	0.000

表3　超常组女生（9人）与常态组女生（31人）各自的反应成绩和比较

变量	M_1	M_2	S_1	S_2	t	P
聚合性	59.94	39.95	25.68	24.89	2.941	0.004
流畅性	4.00	2.71	2.79	2.14	2.070	0.040
新颖性	352.67	321.26	22.93	126.61	1.034	0.305
精细性1	378.61	304.65	73.02	137.12	2.172	0.031
精细性2	44.72	41.73	10.06	19.39	.624	0.542
灵活性1	42.28	26.98	19.42	17.08	3.199	0.002
灵活性2	90.28	75.47	8.77	30.47	2.012	0.045

3. 超常组和常态组各自的性别比较。从性别差异的情况来看，超常组在大多数情况下无显著的性别差异，只有在灵活性2上女生显著高于男生（P=0.005）。常态组的情况是，女生在所有的项目上的平均数都高于男生，而且在新颖性、精细性2和灵活性2上的差异达到了显著水平（P<0.05），在灵活性1上的差异也接近统计的显著水平（P=0.062），见表4。

表4　常态组男生（22人）和女生（31人）各自的反应成绩和比较

变量	M_1	M_2	S_1	S_2	t	P
聚合性	33.18	39.95	29.42	24.89	−1.266	0.205
流畅性	2.18	2.71	2.26	2.14	−1.212	0.226
新颖性	253.80	321.26	167.25	126.61	−2.340	0.020
精细性1	261.77	304.65	177.78	137.12	−1.387	0.165
精细性2	30.75	41.73	21.94	19.39	−2.690	0.008
灵活性1	20.68	26.98	16.96	17.08	−1.860	0.062
灵活性2	55.11	75.47	41.18	30.47	−2.896	0.005

注：M_1、M_2、S_1、S_2分别为常态组男生和女生的平均成绩和标准差，t为t检验值，P为概率。

（二）超常组和常态组各自反应成绩的相关情况

为了进一步考查图形创造性思维测验5个方面的7个项目之间的相互关系，我们分别计算了超常儿童和常态儿童这7个项目之间的相关，见表5。

表5　超常儿童和常态儿童的各项相关

	聚合性	流畅性	新颖性	精细性1	精细性2	灵活性1	灵活性2
聚合性	+	0.723	0.176	−0.014	0.223	0.770	0.351
流畅性	0.850	+	0.060	−0.103	0.159	0.938	0.092
新颖性	0.640	0.515	+	0.423	0.576	0.142	0.657
精细性1	0.620	0.513	0.855	+	0.478	−0.030	0.430
精细性2	0.652	0.575	0.838	0.816	+	0.272	0.583
灵活性1	0.870	0.909	0.648	0.665	0.716	+	0.280
灵活性2	0.594	0.402	.934	0.879	0.852	−0.657	+

注：+右上为超常组的相关，+左下为常态组的相关。超常组（31人），P=0.05，r=0.349；P=0.01，r=0.449。常态组（53人），P=0.05，r=0.261；P=0.01，r=0.339。P为概率，r为相关系数。

从表5的数据来看，超常儿童和常态儿童的各项相关情况有所不同，超常组这7个项目之间的相关情况是：在P<0.01水平上显著的有，聚合性—流畅性，聚合性—灵活性1，流畅性—灵活性1，新颖性—精细性2，新颖性—灵活性2，精细性1—精细性2，精细性2—灵活性2；在P<0.05水平上显著的有，聚合性—灵活性2，新颖性—精细性1，精细性1—灵活性2。有显著相关的项目占总项目的47.62%（10/21）。但常态组这7个方面之间的相关都达到了统计的显著水平（P<0.01）。

四、分析和讨论

（一）关于超常与常态的差异

根据编题时的设想：第一，思维的聚合性是由答案的正确率来表示的。因此，聚合性分数的高低反映了被试在完成作业时的目的性和针对性的优劣，聚合性分数高说明正确率高，完成任务的目的性明确、针对性好、有效答案多，相反则目的性较差、有效答案少；第二，流畅性分数差异的显著程度说明被试在正确答案的数量上有差异，这种差异反映了被试寻求多种答案的能力的强弱，分数高说明被试寻求多种答案的能力强，在信息量一定的情况下（30个图形），能找到多种答案解决问题，相反则说明不容易找到解决问题的途径；第三，新颖性分数差异的显著程度反映了被试利用现有信息的能力的强弱，在测验中提供给被试的信息量是一定的，但如何利用这些信息却是不一定的，越能利用其中的信息说明被试越能发现某种信息的用途，得分就越高，相反则得分越低；第四，精细性分数的差异表明被试在所用图形的复杂程度上有差异，而复杂程度是由图形中所包含的特征来表示的，因此，这种差异反映了被试在感知和把握这些图形的特征方面有显著差异；第五，灵活性分数的差异说明被试在利用已知图形的能力上的差异，分数高说明被试能较好地利用已知图形，而不局限于少数图形。

从测验的结果来看，就总体而言，超常组在5个方面的7个项目上的成绩都显著优于常态组，这说明超常儿童与同年龄的常态儿童相比，在创造性思维上具有目的性明确、正确率高、寻求多种答案的能力强、善于发现新信息、能把握更多的图形特征及能充分地利用现有信息等特点。

但是，从男女分开考查的结果来看，这两组男生的差异情况基本上与总体的差异一致，但女生的差异并不显著，见表3；再从超常组和常态组各自的性别差异比较的结果来看，只有在灵活性2上超常组女生优于男生，其余的都无显著差异，常态组在所有项目上都是女生优于男生，且在3个项目上差异显著，1个项目上接近显著。这些结果都说明超常组和常态组的差异的主要来源是男生，这就提醒我们，在研究中如果笼统地把男女放在一起比较就可能导致不准确的解释，从而忽略了隐藏在数据背后的真实情况。

（二）关于性别差异

在关于儿童的能力是否存在性别差异的问题上，通常的观点认为男女各自有自己的优势，男生可能在空间能力方面占优势，女生可能在语言能力方面占优势。本研究的结果似乎并不支持这样的观点。我们在研究中所用的材料是几何图形，虽然它不能代表空间能力，但与空间能力的关系较密切。从对男女生成绩的比较结果来看，常态组在本测验的7个项目上都是女生的成绩优于男生，而且，在新颖性、精细性2和灵活性2上有显著差异（$P<0.05$）；超常组的女生也在灵活性2上优于男生（$P<0.05$）。这些结果也与现实生活中我们观察到的某些现象不太一致。例如，在取得高成就的人物中，男性占绝对优势，在学校教育系统中也常常会有男女比例不平衡的现象，尤其是到了高年级，更有一种男生比女生多的趋势。这种现象不能肯定是由性别差异造成的，至少本研究的结果并没有对此做出有力的证明。因此，有人将这种男性优势归因于社会环境和文化习俗。如果是这样，那么这种现象就意味着女生的某些潜力被某种因素制约而未能充分发挥。这是值得人们深思的。

五、小结

从总体来看，超常儿童在图形创造性思维的5个方面（即思维的聚合性、流畅性、新颖性、精细性和灵活性）都显著优于同年龄的常态儿童。

从男女分别考查的结果来看，超常男生与常态男生的差异更为显著，是超常儿童与常态儿童总体差异的主要来源。

超常儿童没有明显的性别差异，但常态儿童有女生优于男生的趋势。

超常儿童图形创造性思维的各项之间的相关不一致，有些相关显著，有些不显著，但常态儿童的各项之间的相关非常一致，都有显著相关。

参考资料

Young, J. G. What is creative? The Journal of Creative Behavior, 1986, 19（2）.

周林，查子秀.超常儿童实验班的建立——关于学生筛选的研究.心理学报，1986，18（4）.

徐凡编译.没有清楚地认识它就不能改变它——要了解天才女性的特殊需要.心理学动态，1989（1）。

中德儿童技术创造力跨文化研究 [①]

中国科学院心理研究所　查子秀

一、研究的缘起

1986年，德国慕尼黑大学教育心理研究所所长海勒教授给本文作者寄来了一封信，询问是否有兴趣和他合作开展中德超常儿童方面的研究。信中提及德国大众汽车公司基金会为促进中德合作，新设一项资助中国和德国学者进行科学技术合作研究的基金。考虑到我国对超常儿童的研究和教育比有些国家晚了几十年，如能借鉴国外的研究手段和经验，对促进我国这个领域的更快发展是有益的，因而我欣然接受了这项合作研究的邀请。

紧接着在半年多的时间里，双方通过信函往来，对合作研究的主题、目的、方法、被试年龄（年级）、研究时间以及经费预算等进行了反复讨论。首先在研究主题和研究目的上取得了一致意见，研究的主题为"中德儿童技术创造力跨文化研究"，研究的目的是比较不同国家文化背景下儿童技术创造能力发展的共同性和差异性；探讨年龄（年级）、智力、性别等因素与儿童技术创造力成绩的关系；考查关于技术创造力组成理论的假设在不同国家文化背景下是否具有普遍意义。

经过反复讨论，我们最后决定，用德方提供的一组技术创造力的测验（包括5个分测验和3个问卷）作为研究考查两国儿童技术创造力的工具。为排除我方儿童使用这组测验可能遇到的文化障碍，一方面是解决语言问题，将测验由德文版本先译成英文版本再译成中文版本，然后由德国的汉学学者将中文版本再译回德文版本，以防翻译过程中出现不一致；另一方面是解决测验内容中不适合中方的文化因素，将测验中不合我国文化或习惯的方面做适当的修订。关于选什么测验作为选择被试的工具，经过通信交换意见，仅在原则上取得了一致，具体如何落实，则需要

---

①原文刊登于《人民论坛》，1997年总第69期，42-43页。

双方合作研究者通过工作会议来研究解决。

二、被试样本的选择

1987年10月，德国慕尼黑大学教育心理研究所的海勒教授和他的助手汉恩博士到北京和我们举行了合作研究的第一次工作会议。会议主要讨论合作研究的方案，包括：最后审定研究目的、实验设计、选用的测验；讨论确定选取被试的测验量表及双方取样的统一原则；制定三年合作研究的具体日程表等。

关于被试样本，确定各建立两个年龄组，即五年级组（11岁）和七年级组（13岁）。每个年龄组超常学生和常态学生各60人，各国取样被试共240人。测验工具经反复研究，最后决定采用各方有自己常模的认知测验（包括图形、语词、数3个分测验）。不同被试组学生的选拔标准：超常组学生的选拔标准是图形、语词和数3项测验的得分达到95百分位以上，或其中可有一项不低于90百分位；常态组学生的选拔标准为，得分在该年龄组常模均值的一个标准差上下或在45~55百分位之间。

在中方超常组被试中，有少数北京市第八中学超常一班和二班的学生，他们在年龄和标准上都符合中德双方所定作为被试的原则。

三、合作研究的结果

中德技术创造力测验包括5个测验和3个问卷。这一组跨文化研究的结果，从双方被试前两年各项测验成绩总体比较看，总对比数中，中方被试成绩高于德方的占总量的58.5%，其中差异显著的占24.4%。德方被试成绩高于中方的占总量的41.5%，其中差异显著的占15.3%。从各项测验比较看，实用创造性思维成绩德方明显高于中方；图形创造性思维测验的成绩中方明显高于德方；技术物理理解测验和心理折叠测验的成绩中方略好；其余差异不显著。3个问卷中，技术活动爱好问卷，德方学生的成绩明显高于中方；科学兴趣问卷，中方学生的成绩明显好于德方；其余差异不显著。所以，总体来看中方被试的成绩略好于德方，但双方又各有其优势。德方学生应用知识能力、技术活动实际操作和动手能力明显比中方学生好，这可能与德方学生从小摆弄和操作物体、从事构造模型、进行科技活动、修理家具或电器以及编写计算机程序等的机会比中方学生更多有关；中方学生图形、空间推理能力明显好于德方，可能与中国的象形文字有关。所以，成绩上表现出的差异，反映了两国文化和教育的不同特点。

尽管中德两国文化差异明显，这项跨文化研究的结果还是向我们展示了两国学生发展的一些共同趋势：

第一，中德两国智力超常组学生的各项成绩，不论是大年龄组或小年龄组都明显高于其同龄的常态组学生，差异达到显著水平。这说明智力是更基本的，智力的高低对技术创造力测验成绩是有影响的，因此为了培养学生具有较高的技术创造能力，也不能忽视智力的发展。

第二，三年成绩的发展表明，尽管有些组发展曲线有其特殊性，但是从总的发展趋势看，不论是德国学生还是中国学生，他们的技术创造力的成绩是随年龄（年级）的增长而发展、提高的。这说明文化背景虽有不同，但两国学生技术创造能力发展的趋势大体是相同的。

第三，在性别差异方面，有些测验两国学生都无明显差异，而有些测验两国学生中男女差异却很明显，如：技术物理理解测验的成绩，男生明显高于女生；图形创造性思维测验成绩，女生有优于男生的趋势。这是与社会因素还是生理因素有关，或与两者都有关，有待进一步研究。

1991年春，德方合作者海勒教授再次到北京，双方就这项合作研究的结果进行总结并交换了意见。1991年秋，双方为这项合作研究的总结又举行了一次小型学术评鉴会，邀请了部分国际同行出席，双方在这个会议上报告了研究的做法和结果，听取了专家们的看法。与会专家一致肯定这项跨文化研究的数据，认为是适宜的和有效的。1992年，德方根据双方在会上提供的材料，起草了一份总结报告，交给了资助这项研究的大众汽车公司的基金会。1995年，第十一届世界天才儿童会专门组织了"中德技术创造力的跨文化研究"的专题讨论，双方在会上做了报告，公布了总的研究结果。会后，德方向《国际天才儿童》杂志投稿，该稿已在杂志的1996年11卷2期刊出。这项研究结果在我国国内刊物上用中文发表是从1993年开始的，如《技术创造力测验的结构分析——中德跨文化研究结果之一》（1993年刊登在《心理科学》第2期）。到1996年底，有关这项中德合作的研究，已有4篇报告以德、英、中3种文字正式发表，另外还有几篇报告也已完成有待发表。由于三年合作研究的结果内容较多，非一两篇报告能全部概括，我方现已完成一组论文（中文）共7篇，刊登在我国超常儿童心理和教育研究二十周年的论文集中，以便能较系统全面地向我国读者介绍和论述研究的结果。

众所周知，儿童的智力存在明显差异，智力中等的是多数，有一些儿童智力高一些或低一些，聪明一些或迟钝一些，而且也总会有一些儿童非常聪明或更聪明。儿童智力的高低，不仅与先天的遗传有关，而且取决于后天的环境和教育。因此，儿童的智力不仅是多维、复杂的，而且是多因素形成的。要对不同文化、环境和教育条件下儿童的智力进行比较，从而断定谁更聪明，是困难的也是无益的。

四、超常教育

儿童的智力差异明显，超常儿童古今中外都有。超常儿童包括智力超常和具有特殊才能的儿童，他们不仅智力（才能）的发展潜力比同龄常态儿童大得多、发展的水平高得多，而且认知的结构、个性的特点也有不同。需要对他们进行因材施教，有针对性地培养，也就是进行超常教育。近二十年来，我国超常教育已有较大发展，不仅建立了各种类型的超常儿童教育实验班（少年班），还有各种课外（校外）的充实教育以及个别化教育等。超常少年班只是超常教育中的一种，大多数超常儿童仍然在同年龄常规班学习，只是在课外或课后接受多种充实教育或个别化学习。有一些超常儿童接受能力很强，发展较快，他们比同龄人毕业早一些，可为社会早些做贡献，但这类超常儿童只是超常儿童中的一部分。而超常儿童是否能早为国家做贡献，并不以教育者的希望或意志为转移。教育者只能因势利导，从旁给予帮助，不是教育家寄希望就能把他们"尽早送入社会为国家做贡献的"。况且，超常儿童是否提早毕业，并不是超常教育追求的目标，也不是评价超常教育成败的指标。值得高兴的是，根据我们的追踪研究，那些已经提早参加工作的超常儿童，绝大多数是全面发展的优秀人才，他们在工作中受到好评。儿时超常的儿童将来能否为国家和社会做出杰出贡献，成为国家的栋梁之材，取决于许多因素。我们教育工作者要多研究成功的经验与不成功的原因，为我国培养出一批杰出的跨世纪人才。

儿童心理折叠能力的发展 ①

中国科学院心理研究所　施建农　周　林　查子秀　徐　凡

摘要：本研究主要考查儿童心理折叠能力的发展。结果表明：一般情况下，学生的心理折叠能力随年级（年龄）的上升而提高；智力高的学生的心理折叠能力显著高于常态学生，而且，智力与年级之间存在较强的交互作用，说明智力是影响心理折叠能力发展的主要因素；在本文所涉及的条件下，就总体而言，男生的心理折叠成绩高于女生，但这种性别差异主要来自超常组；不同被试组儿童的心理折叠能力具有不完全一致的发展曲线。

一、前言

▼

　　本研究是中国和德国超常儿童与常态儿童技术创造力跨文化研究的一部分，主要考查中国儿童心理折叠能力的发展。心理折叠是空间表征的一个重要方面，空间表征涉及心理表象的形成及对表象的操作。在头脑中形成清晰的心理表象，并对表象进行心理操作与技术问题解决有密切关系，因此，空间表征能力常常被作为技术问题解决的基本能力之一来测量。本文将就中国超常儿童和常态儿童心理折叠能力的发展做一探讨。

　　心理折叠要求儿童在头脑中将二维的空间图形通过表象操作，转换成三维的空间图形。本报告的主要目的在于通过对超常儿童和常态儿童在心理折叠测验上的得分做量化分析，从而了解：超常儿童和常态儿童在心理折叠上的异同；超常儿童和常态儿童的心理折叠能力的发展特点；不同年级儿童的心理折叠能力的变化情况；不同性别的超常儿童和常态儿童在心理折叠方面的差异。

①原文刊登于《心理学报》，1997年第2期。本研究得到德国大众汽车基金会的资助，本研究的德方负责人是慕尼黑大学心理系的海勒教授，中方负责人是中国科学院心理研究所的查子秀教授。本文由施建农、徐凡执笔。

二、方法

本研究采用追踪和横断相结合的设计，希望在相对短的时间里对相当数量的被试做较为深入的考查。

（一）被试

本研究在设计时的总被试量是240名。超常儿童和常态儿童各120名，分小学五年级组和初中一年级组，其中男女各半，见表1。五年级和初中一年级的被试的年龄分别为11周岁和13周岁。实际测量时，第一次共有被试244名，后面两年中有部分被试离开。具体被试量在下面的统计中将详细列出。

表1　实验设计时的被试安排　　　　　　　　　　　单位：人

	超常儿童		常态儿童		小计
	男	女	男	女	
五年级	30	30	30	30	120
初中一年级	30	30	30	30	120
小计	60	60	60	60	240

超常儿童和常态儿童的划分标准参照中国超常儿童研究协作组编制的《鉴别超常儿童认知能力测验指导手册》，即认知能力测验得分在95百分位以上者为超常儿童，得分在常模成绩的正负一个标准差（±1S）之间为常态儿童。

具体的取样方法是这样的，超常儿童组的被试部分来自北京市第八中学超常儿童实验班，部分来自其他中小学。所有超常儿童被试都是参照《鉴别超常儿童认知能力测验指导手册》进行筛选的。常态儿童被试来自除北京市第八中学以外的、有超常儿童被试的班级。

（二）测验材料

本研究采用中德合作研究统一的技术创造力研究测量工具中的心理折叠测验。该测验共有3个平行版本。每一测验包括23个项目，以从易到难的顺序排列。每一项都是5择1的选择题，以左右方式呈现。左边为某一三维几何体的表面展开图（二维图形），右边是包括该几何体在内的5个立体图（三维图形），形式见图1。被试的任务是把左边的二维平面图形转换成三维立体图形，并把头脑中形成的立体图形的表象与答案中提供的立体图形做比较，找出相同的一个。每一项只有一个正确答案，测验时间为6分钟（不包括指导、例题解释和练习的时间）。

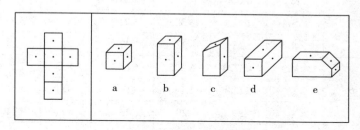

图1　心理折叠测验例题

（三）测验程序

全部测量在三年内完成（1988—1990年），每年在差不多的时间内测量一次，使用3个平行版本中的某一个。1989年的测量因故有所例外。为了消除3个测验版本可能带来的影响，在使用测验时采用如表2所示的设计。

表2　3个测验的具体使用顺序

被试量	第一次	第二次	第三次
1/3	A	B	C
1/3	B	C	A
1/3	C	A	B

（四）评分与统计

每一项选择正确得1分，选择错误得0分，满分为23分。结果采用高级统计系统（CSS）统计。

三、结果

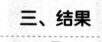

为了便于考查和比较各被试组在不同年级的得分情况，我们对三年的结果做了描述性统计，并将结果列于表3。

表3 各被试组测验成绩的基本统计结果

			年级					
			五	六	七	七	八	九
常态儿童	男	M	4.606	7.781	7.518	6.718	7.000	9.481
		S	1.825	3.333	3.716	2.577	3.827	4.211
		N	33	32	27	32	28	27
	女	M	4.3724	6.275	6.652	5.833	7.958	8.230
		S	2.638	2.180	2.013	2.911	3.588	2.423
		N	29	29	23	30	24	26
超常儿童	男	M	8.437	11.47	14.89	13.03	12.18	13.06
		S	3.142	3.891	5.031	4.205	3.884	4.614
		N	32	30	28	35	34	31
	女	M	8.071	9.3681	11.96	10.80	9.458	11.60
		S	3.283	3.095	5.637	3.370	3.547	3.056
		N	28	22	23	25	24	20

注：M是平均数，S是标准差，N是人数。

（一）超常学生与常态学生的比较

统计结果表明，不同智力水平的学生在心理折叠作业上有明显差异。具有高智力水平的超常学生比具有中等智力水平的常态学生的成绩明显要高［F=88.99（1，184），P<0.001］。而且从表3的数据还可以看出，无论是超常男生还是超常女生，测验成绩都显著高于同性别的常态学生（P<0.001）。图2直观地呈现了超常学生与常态学生三年的总体平均成绩和分性别的三年总体平均成绩的比较情况。

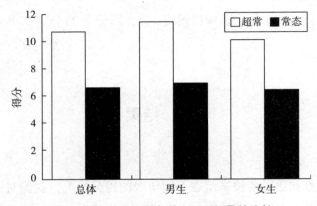

图2 超常学生与常态学生心理折叠的比较

（二）心理折叠能力的年级差异

就总体而言，年龄（年级）是影响测验成绩的一个主要因素。也就是说，在心理折叠能力上存在明显的年龄（年级）差异 [F=11.42（1，184），P<0.01]。超常与常态分别考查的结果也与总体情况相似，但如果同时考查智力水平，则发现年龄（年级）与智力之间存在明显的交互作用 [F=5.33（2，368），P<0.01]。也就是说，年龄小（低年级）的超常学生的成绩高于年龄大（高年级）的常态学生。从表3的数据可以看出，五年级超常学生的平均成绩超过了八年级（初二）常态学生的平均成绩。

（三）心理折叠的性别差异

虽然统计的结果显示总体上存在性别差异，即男生优于女生 [F=4.437（1，184），P<0.05]，但如果更具体地把超常学生与常态学生分开考查的话，这种性别差异更多地来源于超常学生。也就是说，超常男生的心理折叠成绩显著高于超常女生，而常态学生之间并不存在显著的性别差异。而且从表3的数据来看，八年级（初二）的常态女生的平均成绩还超过了同龄常态男生的平均成绩。

（四）心理折叠的发展变化

从统计的结果来看，儿童心理折叠能力的发展变化就总体而言是极为明显的 [F=31.60（2，368），P<0.001]，这种发展变化可从图3直观地看出。但对于不同年级、不同智力水平和不同性别的学生来说，发展的曲线并不完全一致。

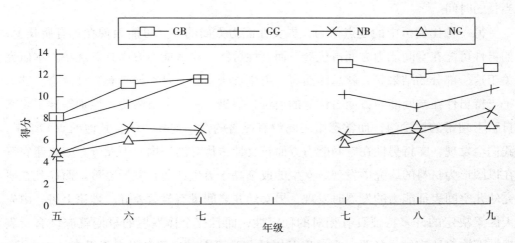

图3　心理折叠成绩的发展变化

注：GB、GG、NB、NG分别代表超常男生、超常女生和常态男生、常态女生。

四、分析与讨论

▼

从研究结果来看，智力超常学生的心理折叠能力显著高于常态学生。这一结果与其他有关超常学生与常态学生的心理能力的比较研究结果是一致的。这说明，智力这一变量在儿童的许多认知作业（如记忆、创造性思维和心理表征等）中起主要作用。

年级或年龄也是影响学生心理折叠能力的一个重要因素。一般来说，心理折叠能力随儿童年龄的增长而提高，这与自然成熟的规律是相符的。但年级或年龄因素与智力的显著交互作用说明，一些年龄大的学生，由于其智力水平较低，其心理折叠能力比年龄小而智力水平相对高的学生差。这种交互作用进一步表明，个体的智力水平是影响心理折叠能力的首要因素。

关于性别差异，1980年本博和斯坦利在《科学》（ Science ）杂志上发表了一篇题为《数学能力上的性别差异：事实还是假象？》的文章，在学术界引起了很大的争论。

本博和斯坦利认为，女生在数学方面不如男生，是受到了生物学因素制约造成的。这使人产生各种能力的性别差异是天生的联想。对此，很多人提出了质疑。如赖斯等认为，女性在许多方面不如男性不是天生的，而是因为环境不利于女性的能力发挥造成的。海勒等人也提出，女性的归因方式也对她们的发展不利，而这种不利的归因方式来自环境，不是来自先天因素，关于性别差异的争论可能还会持续相当长的时间。

另一种比较折中的观点认为，男女在能力方面的差异可能表现在各有所长上，如男性可能在空间能力方面占优势，而女性可能在语言能力方面具有优势。本研究关于这一部分的结果是，就总体而言，男生优于女生，且差异具有统计意义。这似乎支持男性在空间能力方面占优势的说法，但进一步的分析表明，性别差异主要来自智力超常的被试组，而常态组之间没有显著的性别差异。结合其他的研究结果，我们会发现，支持男性在空间能力方面较女性占优势的证据并不充分。如施建农等在以图形为材料的研究中发现，女生的成绩高于男生，而且差异显著。而徐凡在研究幼儿空间表征能力的发展时发现，男女幼儿之间没有显著差异。理论上讲，由先天因素决定的许多特征具有相对的稳定性，而且在个体发展的早期就应该有所表现。而许多研究结果的不一致，以及以幼儿为研究对象的结果发现没有性别差异，这至少使我们有理由相信，男女生在许多与空间有关的作业中表现出的成绩差异可能与先天的生物学因素的关系不大。至于这种差异究竟是什么造成的，确实还需要深入的研究。

五、结论

通过对研究结果的分析，可以得出以下结论：一般情况下，学生的心理折叠能力随年级（年龄）的上升而提高；智力高的学生的心理折叠能力显著高于常态学生，而且，智力与年级之间存在较强的交互作用说明，智力是影响心理折叠能力发展的主要因素；在本文所涉及的条件下，就总体而言，男生的心理折叠成绩高于女生。但这种性别差异主要不是来自常态组，而是来自超常组；不同被试组儿童的心理折叠能力具有不完全一致的发展曲线。

参考资料

徐凡.儿童空间表征发展的初步实验研究.心理学报，1989（1）.

徐凡，李文馥，施建农.6~12岁儿童识图能力发展的研究.心理学报，1991（1）.

Heller K. A. Aims and methodological problems of cross-cultural studies in the field of giftedness. Invited presentation at the Post Conference China Meeting of the 11th WCGT Conference, Beijing, China, 1995.

Benbow C. P., Stanley J. C. Sex differences in mathematical ability: fact or artifact? Science, 1980.

Reis S. M. We can't change what we don't recognize: Understanding the special needs of gifted females. Gifted Child Quarterly, 1987, 3（2）.

Heller K. A., Ziegler A. Gifted females: A cross-cultural survey. Paper presented at the 11th WCGT Conference, Hong Kong, China, 1995.

施建农，查子秀，周林.智力超常与常态学生技术创造性思维的比较研究.心理学动态，1995（1）.

从中德儿童技术创造性跨文化研究结果看性别差异[①]

中国科学院心理研究所　施建农　徐　凡　周　林　查子秀

摘要：研究者通过对中德儿童技术创造性跨文化研究结果的综合分析，着重讨论了在差异心理学领域一直十分受人关注的性别差异问题。结果发现，无论是中国儿童还是德国儿童，无论是超常儿童还是常态儿童，性别差异具有基本稳定的趋势，而且，在不同方面具有不完全一致的表现形式。具体表现为：在数字、图形和实用创造性思维方面，在中国和德国儿童中都没有发现创造性思维方面的性别差异；在心理折叠、学习爱好、技术问题理解和科学活动方面，在中国和德国的超常儿童和常态儿童中都有不同程度的性别差异存在。这种差异主要表现为男生的得分高于女生，尤其在学习爱好和科学活动兴趣方面，这种差异更为显著。

一、问题的提出

1980年，美国心理学家本博和斯坦利在《科学》（*Science*）杂志上发表了题为《数学能力上的性别差异：事实还是假象？》的文章。文中本博和斯坦利在解释男孩为什么会取得数学高分时认为，这是源于男孩内在的原因而不是社会的原因。这种解释虽然没有直接提出"女孩在数学方面天生不如男孩"的说法，但这种归因很可能使人得出这样的结论——女性在数学和自然科学方面是较差的。本博和斯坦利的文章引起了许多争论和一系列有关性别差异的研究。

统计资料表明，虽然美国在最近十五年里从事科学工作的妇女人数有所增加，

①原文刊登于《心理学报》，1999年第4期31卷。本研究中的中德比较部分是中德技术创造性跨文化比较研究的一部分。中德跨文化研究在数据采集过程中曾得到德国大众汽车基金会的资助，该项目的中方负责人是中国科学院心理研究所查子秀教授，德方负责人是慕尼黑大学心理系的海勒教授。在后期的数据整理过程中得到了国家自然科学基金的资助。在此一并表示衷心的感谢。

但女性所占的比例仍然极小。在将近200万的美国工程师中，女性只占3.5%；在20多万的物理学家中，只有12%是女性。数学领域的情况也差不多。

我们分析了从1901年到1992年自然科学领域诺贝尔奖获得者的资料，结果表明男性占绝对优势。在物理、化学、生理和医学领域获诺贝尔奖的人数分别为142名、117名和155名，其中女性分别只有2名、3名和5名。

据报道，在中国"1994年度国家杰出青年科学基金"资助的49位杰出青年科学家中，只有1位是女性，女性所占的比例大约为2%。

另外，邹平和卢干奇对131名参加中学数学、物理、化学和信息学奥林匹克竞赛的选手和参加奥林匹克竞赛集训的学生做了调查。结果发现，这些学生中男生占93.9%，女生只有6.1%。其中，数学和物理两科的女生比例更小，分别为2.6%和2.3%。

其他资料也不断表明，男性在数学和科学领域占据绝对的优势，女性的位置明显不如男性。对此，有人认为这是生物因素造成的。大家知道，男女在生理上存在明显的差别，而且，这种差别在形体上和体力上得到了充分的体现。那么，这种生理上和体质上的差别是否一定会导致智力上的差异呢？也有人从历史、社会和发展的角度提出，现实社会中表现出的女性劣势是社会问题而不是能力本身的问题。持这种观点的人认为，社会陈规及性别角色的影响、家长对子女期望的影响和因此而产生的个体发展中自我期望因素的影响，造成了现实社会中的女性劣势。

在以前的同类研究中我们发现，在图形创造性思维和数字创造性思维测验成绩上都有女生高于男生的现象。而且，在有些项目上的差异达到了显著水平（$P<0.05$）。有人认为，尽管男女在总体智力上没有显著差异，但在一些特殊能力方面有明显的性别差异。例如，男性在数学理解、空间关系和抽象推理等方面优于女性，而女性则在语言、记忆和知觉等方面优于男性。看来，我们以前的研究结果与通常的结论不太一致。

本文试图通过对中德儿童技术创造性跨文化研究中不同智力水平的男女学生在技术创造性各个方面的测验和问卷结果的分析，对有关性别差异的问题做初步的探讨。

二、研究方法

（一）实验设计

本研究采用追踪研究和横断研究相结合的方法，用三年的时间考查了五年级和七年级（初一）两个年级的儿童在连续三年的时间中技术创造性发展的情况。连续三年，每年在基本相同的日期对相同的被试做一次测试。

（二）被试选择

在选择超常儿童时为了满足对等的原则，双方都使用同类测验并划定同样的标准，中德双方都以语词、数和图形推理测验为筛选工具，符合超常的标准为：两个分测验的成绩在95百分位以上，另一个分测验的成绩在85百分位以上。

（三）测验材料

本研究使用的测验包括A、B、C 3个相平行的版本，每个测验版本都包括以下5个分测验和2个问卷：图形创造性思维测验，主要测量被试演绎、归纳和类比推理的能力；实用创造性思维测验，主要测量被试运用知识的灵活性；数字创造性思维测验，主要测量被试遵循规则建构数学等式的能力；心理折叠测验，主要测量被试心理表征的能力；技术问题理解测验，主要测量被试对技术物理问题的解决能力；科学技术兴趣问卷，主要了解被试平常参加有关科学和技术活动的情况；学习和活动爱好问卷，主要了解被试的兴趣和爱好等情况。

（四）测验实施

测验以集体形式进行。所有分测验上都有详细的指导语和例题，看了指导语和例题后仍有疑问的同学可以提问，等到班上每位同学都理解后开始做题。每个分测验都在规定的时间内结束，即3个创造性思维测验各12分钟，心理折叠和技术问题理解测验各6分钟，两个问卷不计时（但通常控制在10~15分钟）。心理折叠和技术问题理解测验的最高分分别为23分和15分。3个创造性思维测验为开放性测验，不限定最高分。

（五）数据处理

数据收集后统一输入计算机，由预先编制的程序给实用创造性思维测验、图形创造性思维测验、数字创造性思维测验进行程序化评分，从而最大限度地限制了评分的主观性。其余各分测验则根据标准答案做人工评分，然后用高级统计系统（CSS）做统计处理。

三、研究结果

（一）多因素方差分析中的性别效应

对三年测验结果所做的多因素方差分析的结果见表1，可以看出就总体而言，中国和德国儿童表现出比较一致的性别效应，即在创造性思维和技术活动方面没有明显的性别效应（除中国方面的数字测验外），而在心理折叠、技术问题理解、学习爱好和科学活动方面都表现出显著的性别效应。

表1　图形、数字和实用测验上的性别效应

测验	中国			德国		
	df	F	P	df	F	P
图形创造性思维	1	0.2143	0.6488	1	2.6588	0.1008
数字创造性思维	1	3.5920	0.0572	1	0.1328	0.7155
实用创造性思维	1	0.2476	0.6253	1	0.9609	0.3300
心理折叠	1	4.4365	0.0343	1	4.4250	0.0346
技术问题理解	1	33.151	0.0000	1	59.598	0.0000
学习爱好	1	3.1316	0.0747	1	10.352	0.0019
科学活动	1	14.097	0.0005	1	23.986	0.0000
技术活动	1	1.9112	0.1649	1	0.7430	0.3942

注：df为自由度，F为F检验值，P为概率。

（二）男女平均成绩的比较

为了深入了解性别差异的具体情况，我们对方差分析中表现出显著性别效应的心理折叠、技术问题理解、学习爱好和科学活动4个方面做了进一步分析，结果分别列于表2和表3。

从表2和表3的数据可以看出，在多因素方差分析中表现出显著性别效应的上述4个方面，无论是中国儿童还是德国儿童，总的来说都是男生的成绩高于女生。尽管根据智力水平和年级进行分组后的比较结果，差异并不都能达到统计显著水平，但这种差异表现出比较一致和稳定的趋势。

表2　中国方面男女生的平均成绩

测验内容	年级	小年龄组				年级	大年龄组			
		超常儿童		常态儿童			超常儿童		常态儿童	
		男	女	男	女		男	女	男	女
心理折叠	五	8.44	8.04	4.61	4.72	七	13.03*	10.80	6.72	5.83
	六	11.47*	9.68	7.78	6.28	八	12.18*	9.46	7.00	7.96
	七	11.89	11.96	7.52	6.65	九	13.06	11.60	9.48	8.23
技术问题理解	五	3.44	2.79	2.91	1.72	七	7.03*	5.24	3.97*	2.43
	六	5.97	4.23	3.28	2.00	八	9.38*	6.21	4.96*	3.67
	七	6.43	5.04	3.89	2.91	九	8.90*	6.85	6.26*	4.62
学习爱好	五	50.07	47.61	43.74	42.32	七	46.31	48.34	46.68*	41.91
	六	48.18	50.59	48.51*	44.69	八	48.04	46.00	45.71	42.76
	七	49.82	48.89	47.40	45.95	九	45.32	47.25	49.95*	43.92
科学活动	五	20.00	19.07	16.14*	11.40	七	22.54	18.98	16.28*	12.47
	六	19.90	19.58	17.94	15.07	八	24.54*	18.57	18.20*	13.25
	七	23.46	21.47	17.71	16.33	九	26.89*	20.28	22.76*	14.60

注：*代表差异显著，P<0.05或更小。

表3　德国方面男女生的平均成绩

测验内容	年级	小年龄组				年级	大年龄组			
		超常儿童		常态儿童			超常儿童		常态儿童	
		男	女	男	女		男	女	男	女
心理折叠	五	9.08	6.88	5.14	5.45	七	8.81	7.84	7.04	6.24
	六	9.58	8.25	6.54	6.03	八	10.52	9.94	7.06	6.24
	七	—	—	—	—	九	—	—	—	—
技术问题理解	五	4.69*	2.06	3.29	2.03	七	5.00	4.32	4.38*	2.24
	六	5.54*	2.87	3.11	2.13	八	6.36*	4.12	4.50*	2.62
	七	—	—	—	—	九	—	—	—	—
学习爱好	五	45.41*	38.00	45.10*	39.13	七	43.17*	35.83	36.06	34.75
	六	49.21*	43.94	47.07*	41.53	八	45.09*	37.71	35.94	37.76
	七	—	—	—	—	九	—	—	—	—
科学活动	五	19.41*	12.38	15.48*	11.96	七	17.91*	12.28	15.04*	9.82
	六	21.14*	15.53	17.46*	12.95	八	18.08*	13.71	15.12*	11.88
	七	—	—	—	—	九	—	—	—	—

注：*代表差异显著，P<0.05或更小；—表示没有统计。

（三）发展趋势

发展趋势对于了解性别差异进程具有很重要的意义。在以往的许多关于性别差异发展的研究中常常采用横断设计，横断设计往往不能很准确地确定真正的发展进程。而本研究采用了纵向设计，试图了解发展变化的过程，图1~图4展示了两组中国儿童在连续三年中的发展变化（由于德国方面第三次缺失的数据太多而没有在此统计）。

从图1~图4可以看出，即使在表现出有显著性别效应的几个测验上，不同方面的发展趋势也是不同的。在心理折叠、技术问题理解和科学活动方面，表现出较明显的上升趋势，而且表现出比较稳定的性别差异，男生的成绩高于女生。在学习爱好方面则上升趋势不明显，其性别差异只在常态组有所表现。

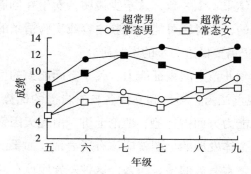

图1　中国儿童心理折叠发展

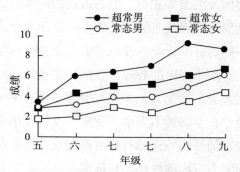

图2　中国儿童技术问题理解发展

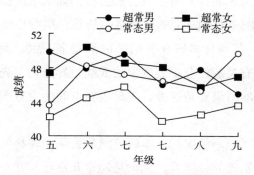

图3　中国儿童学习爱好发展

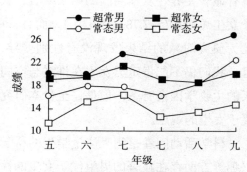

图4　中国儿童科学活动发展

四、分析和讨论

性别差异的问题是一个比较有争议的问题。不同的学者常常对各种测验结果所表现出的性别差异有不同的解释。有人认为性别差异主要归因于生物学因素，有人则归因于社会学因素，当然，也有人认为是先天和后天因素交互作用的结果。

在以前的同类研究中我们发现，在图形创造性思维和数字创造性思维测验成绩上都有女生高于男生的现象，而且在有些项目上的差异达到了显著水平（$P<0.05$）。但国外新近的一些研究结果认为，在创造性思维方面没有性别差异，本研究的结果与国外的结果相似，但与以前的同类研究结果不太一致，这至少说明，女生在创造性思维方面优于男生的现象可能不是稳定的，或者说可能因实验内容或实验情景的不同而有不完全一致的结果。关于这一点仍需要做进一步的实验研究。

本研究中的心理折叠测验主要用于测量儿童空间表征能力。关于空间能力的性别差异一直是人们关心的话题。有一种观点认为，男性和女性各自有自己的优势，男性在空间能力方面占优势，女性在语言能力方面占优势。理论上讲，由先天因素决定的许多特征具有相对稳定性，而且在个体发展的早期就应该有所表现。如果空间能力方面的性别差异确实与先天的生物因素有关的话，那么，这种差异应该在儿童早期就有所表现，但徐凡在研究幼儿空间表征能力的发展时发现，男女幼儿之间没有显著差异。从本测验的结果来看，就总体而言，男生在心理折叠方面的成绩高于女生（$F=6.75\sim7.78$，$P<0.01$），而且，中国和德国儿童有相似的趋势。尽管以幼儿为研究对象的结果发现没有性别差异，其他许多研究的结果也不完全一致，而且，我们仍不能肯定男女生在许多与空间有关的作业中表现出的成绩差异是否与先天的生物学因素有关，但是，至少本研究的结果支持这种认为男生在空间能力方面优于女生的观点。

科学活动问卷是用来测量学生的科学兴趣等情况的。本研究结果表明，在科学兴趣等方面存在显著的男生优于女生的性别差异。而且，无论是超常儿童还是常态儿童，中国和德国具有比较一致的现象。这种性别差异可能与家庭的养育观念和养育方式，以及传统的文化因素有关。通常，男孩总是从小就被鼓励从事一些与机械操作或技术活动有关的游戏，而女孩总是被鼓励从事一些更显温柔的活动或游戏，如过家家、玩洋娃娃。因此有人认为，女性在数学和物理方面表现出的女性劣势主要不是先天造成的，而只是态度问题。本研究的结果似乎支持这样的观点。

学习活动爱好问卷是用来测量学生的学习动机等情况的。本研究结果表明，在学习爱好等方面的性别差异情况比较复杂。在德国被试中，在超常组和常态组中都有男生高于女生且达到统计显著水平的现象，但在中国被试中，差异主要来自两个常态组，而且差异并不稳定。从发展的角度来看，同组被试除在学习爱好测验外，其他3个方面在三年时间内表现出比较稳定的性别差异。这可能预示着性别差异的持续性。

五、小结

根据本研究的结果，我们可以得出两点结论：

第一，尽管在3个创造性思维测验上没有发现显著的性别差异，但在通常被认为与创造力有密切关系的心理折叠测验上表现出男生优于女生的现象，而且这种现象在中国和德国儿童中有比较一致的表现。

第二，在学习爱好、技术问题理解和科学活动方面，在中国和德国的超常儿童和常态儿童中都有不同程度的性别差异存在。这种差异主要表现为男生的得分高于女生，尤其在学习爱好和科学活动兴趣方面，这种性别差异更为显著。

参考资料

Benbow C. P., Stanley J. C. Sex differences in mathematical ability: fact or artifact? Science, 1980.

徐凡.没有清楚地认识它就不能改变它——要了解天才女性的特殊需要.心理学动态，1989（1）.

Reis S. M. We can't change what we don't recognize: Understanding the special needs of gifted females. Gifted Child Qarterly, 1987, 3（2）.

唐得阳.诺贝尔奖获得者全书，北京：团结出版社，1994.

邹平，卢干奇.21世纪呼唤少年英才，北京：气象出版社，1995.

Shi J N, Xu F. What does it mean: the low achievement of females in mathematics and sciences. In: Chan J, Li R, Spinks J eds. Maximizing potential: Lengthening and strengthening our stride. Swindon Book Co., Ltd., 1997.

陈枚.对青少年学生性别角色心理社会化发展特点的研究.心理发展与教育，1989（4）.

Zorman R. The long and winding road from promise to fulfilment in science among gifted females in Israel. High Ability Studies, 1996, 7（1）.

Heller K. A., Ziegler A. Gifted females: a cross-cultural survey. In: Chan J, Li R, Spinks J eds. Maximizing potential: Lengthening and strengthening our stride. Swindon Book Co., Ltd., 1997.

施建农，查子秀，周林.智力超常与常态学生技术创造性思维的比较研究.心理学动态，1995（1）.

朱智贤.心理学大词典，北京：北京师范大学出版社，1989.

施建农.中德超常与常态儿童技术创造力跨文化研究的基本假设和研究方法.儿童超常发展之探秘，重庆：重庆出版社，1998.

Hany E. A., Heller K. A. The development of problem solving capacities in the domain of technics: Results from a cross-cultural longitudinal study. Gifted and Talented International, 1996（1）.

Scheblanova H. A longitudinal study of intellectual and creative development in gifted primary school children. High Ability Studies, 1996, 7（1）.

Pychova I. Fostering creativity in young adults: some findings on the structure and dynamics of creativity. High Ability Studies, 1996, 7（1）.

Hany E. A. How leisure activities correspond to the development of creative achievement: insights from a study of highly intelligent individuals. High Ability Studies, 1996, 7（1）.

徐凡.儿童空间表征发展的初步实验研究.心理学报，1989（1）.

应用研究篇

超常儿童实验班的建立

——关于学生筛选的研究 [1]

中国科学院心理研究所　查子秀　周　林

摘要： 本研究根据鉴别超常儿童要采取多指标、多途径、多种方法及与常态儿童进行动态比较的原则，探讨了超常儿童实验班的筛选方法。即先由教师和家长推荐，再用8项测查指标综合考查。同时还设立了同龄对比班，为今后大范围筛选超常儿童做了有效的尝试。此外，对超常儿童认知能力特点、学业成绩、教师评价、家庭背景等方面做了分析研究。

一、问题的提出

持续六年之久的全国超常儿童调查和追踪研究，在总结了超常儿童认知能力和个性特点的基础上明确提出，必须有计划、有组织地干预超常儿童的学习过程，在与常态儿童的动态比较中，研究超常儿童心理发展的特点。这不仅满足超常儿童健康成长的实际需要，也有利于推广到开发常态儿童的智能方面。

近年来，我国陆续有数十所重点大学招收少年班学员，取得了令人鼓舞的成绩，如何从小学和中学开始科学地、系统地培养智力超常儿童就成了一个具有实践意义的课题。发达国家早已开展对天才儿童的特殊培养。20世纪50年代末和60年代初，美国的心理学家、教育学家领悟到特殊培养对快速学习者或天才儿童的教育是至关重要的。特别是进入20世纪70年代后，适应天才儿童发展需要的特殊教育项目迅速扩大，通过教育过程促进天才儿童心理发展的研究也有不少。如美国心理

① 原文刊登于《心理学报》，1986年第4期。中国科学院心理研究所的何金茶，北京教育行政学院（现北京教育学院）的赵俊颜，北京市第八中学的龚政行、龚宝华、陶文忠、罗天平、黄光柏、王贵俊、曹明光以及北京师范大学教育系的部分学生参加了测试工作，一并致谢。

学家罗宾逊建立的华盛顿大学儿童发展研究组，于1976年建立了智能超常的学龄前儿童实验幼儿园，继而与公立学校协作建立中小学天才儿童实验班，并探讨通过在过渡学校学习1年，使天才学生提前进入大学。斯坦利在约翰斯·霍普金斯大学首创的数学教学研究工作表明，给那些具有数学才能的学生适当的快速教学，不仅是适宜的，也满足了这些学生的迫切需要。

我国在超常儿童的教育方面，特别是在中小学阶段，还很欠缺，除有些中小学允许超常儿童提前入学、毕业或跳级外，缺乏其他多种适合超常儿童智能水平的特殊教育形式。本报告介绍的是在建立超常儿童实验班初始阶段进行大范围超常儿童调查和鉴别的研究。我们的目的有3个：为建立超常儿童实验班选择符合一定标准的学生；探讨和总结在大范围进行超常儿童鉴别筛选的方法和经验；在筛选过程中分析和掌握不同智力水平的儿童的认知能力特点及学业、教师评价、家庭背景等问题。

二、筛选方法和过程

本研究是中国科学院心理研究所与北京市第八中学协作，建立一个实验班，筛选并招收10岁以下、文化程度起码达到小学四年级水平的学生，拟在四年内对他们完成初、高中全部课程的教学。整个筛选参照超常儿童协作研究中有关通过多指标、多途径、多种方法和与常态儿童动态比较的方法来鉴别超常儿童，筛选过程分为报名、初试、复试和录取4个阶段，见表1。

表1　超常儿童实验班学生筛选过程和结果

选拔过程	基本要求	采取方式	参加人数			通过人数		
			总人数	男	女	总人数	男	女
报名	1.年龄为10岁以下 2.达到小学四年级的文化水平 3.学习成绩优秀 4.思想品质良好 5.有求知欲，有良好的思维力、记忆力和意志力	学校推荐、自愿报名	>700	—	—	601	350	251
初试	1.语文基本知识及能力 2.数学基本知识及能力 3.思维测验	集体测查	537	309	228	139	85	54

续表

选拔过程	基本要求	采取方式	参加人数			通过人数		
			总人数	男	女	总人数	男	女
复试	1.语词类比推理 2.数类比推理 3.创造性思维 4.体检	个别测查	120	78	42	37	27	10
录取	1.语文、数学达及格标准 2.思维测验超过20分 3.标准化测验达到超常水平	综合考查	37	27	10	35	25	10

在超常儿童实验班的筛选过程中，我们着重分析了学生报名、复试及录取的3种材料，得到了一些有益的启示。

三、结果及分析

（一）筛选过程和结果

表1列出了超常儿童实验班学生筛选的过程和结果。在报名阶段，由教师和家长推荐报名的人数超过700人，他们中的绝大多数都是全校本年级里名列前茅的优秀学生。报名时只对那些年龄较大（如11~12岁）或学习成绩确实不够好（基础课成绩未达优异）的学生建议不要报名，故通过初筛报名的共601人，其中男生350人，女生251人。参加初试的学生共537人。初试时，3项测验的满分总共为100分，其中语文32分、数学32分、思维36分。后根据初试分数，给全部学生排了名次。考虑到有些低龄（如8~9岁）学生的文化知识水平可能无法达到小学四年级水平，我们在适当照顾低龄儿童的基础上取排名在前139名的学生参加复试。其中一些经进一步核实，超过10岁的学生，我们建议其不要参加复试，最终共有120人参加复试。由于复试采用了全国超常儿童研究协作组鉴别超常儿童认知能力参照指标的一套测验，我们按不同年龄段分别考查了学生语词类比推理、数类比推理及创造性思维的发展水平。通过的标准是，这3项测验的得分都超过同龄儿童平均分的两个标准差以上，或超过比他们大2岁以上的儿童的平均成绩，或在第99个百分位以上。我们计划录取前37人，其中2人由于视力太差，未能进入实验班，故实际录取了35人，其中男生25人，女生10人。

（二）各项测验的结果和分析

表2是根据初试和复试各项测验成绩的8项指标计算出的相关矩阵。这8项指标分别是数学知识（小学四年级的数学知识）、数学能力（运用数学知识解决问题的能力）、语文知识（小学四年级的语文知识）、语文能力（书面语言表达和理解能力）、思维能力（推理和解决问题的能力）、数类比推理、语词类比推理、创造性思维（均为标准化测验）。

表2　初试和复试各项测验成绩相关矩阵（120人）

指标	数学知识	数学能力	语文知识	语文能力	思维能力	数类比推理	创造性思维	语词类比推理
数学知识	1	—	—	—	—	—	—	—
数学能力	0.176	1	—	—	—	—	—	—
语文知识	0.103	0.219*	1	—	—	—	—	—
语文能力	−0.013	0.221*	0.253*	1	—	—	—	—
思维能力	0.211*	0.298**	−0.029	0.111	1	—	—	—
数类比推理	0.150	0.272*	0.035	0.248*	0.263*	1	—	—
创造性思维	0.122	0.383**	0.136	0.138	0.160	0.305**	1	—
语词类比推理	−0.135	−0.064	−0.031	0.037	−0.028	0.179	0.170	1

注：*表示$P<0.05$，**表示$P<0.01$，P为概率。

思维能力测验的出发点是，在相对短的时间内集体考查许多被试的智力发展水平，在测量内容上侧重推理和问题解决能力，在评判标准和方式上力求简洁明了，易于操作。该测验共有3个方面：图形类比推理，共3题，占12分；数类比推理，共6题，占12分；创造性问题解决，共6题，占12分。正式测验之前，曾对平均年龄为13岁、初一年级的49名常态学生进行了预试，他们的平均分数为16.8分。我们根据测验的实际情况，把通过初试的标准定在了20分。

从思维能力与数学知识、数学能力和数类比推理3项测验的相关达到显著性的趋势来看，这一测验对于筛选那些在数理方面超常的学生是比较合适的。

从相关矩阵我们可以看出，8项测验之间的相关值偏低，均在0.30以下，可见各项测验是相对独立的。从达到显著性的相关统计看，数学能力、数类比推理、思维能力及创造性思维之间的相关性较明显，这恰恰反映了我们这次鉴别超常儿童的侧重方面。

（三）对复试学生的分析

参加初试的537名学生的平均成绩为：数学（包括数学知识和数学能力）11.81分；语文（包括语文知识和语文能力）14.95分；思维能力19.98分。而进入复试的前120名学生，这3项的平均成绩分别为17.87分、18.21分和22.38分。其中初试和复试差异最显著的是数学。

复试结果通过鉴别超常儿童参照指标提供的常模进行比较鉴别，其结果见表3。

表3　复试学生与常态同龄儿童3项测验成绩比较（120人）

	数类比推理		创造性思维		语词类比推理	
	$\overline{X}$	SD	$\overline{X}$	SD	$\overline{X}$	SD
复试学生	25.51	4.34	26.04	6.64	10.35	1.49
常态同龄儿童	9.58	4.58	11.77	5.81	6.65	2.58

注：$\overline{X}$为平均成绩，SD为标准差。

可看出，复试学生与常态同龄儿童的成绩比较均达到显著性差异，说明参加复试的学生智力发展水平是良好的。

同时，我们对复试学生家长的文化程度进行了调查，并以此作为家长接受教育程度的指标之一，调查结果列为表4。

表4　复试学生家长的文化程度调查

文化程度	父亲		母亲	
	人数	百分比（%）	人数	百分比（%）
大学以上	102	73.38	65	46.76
大专	12	8.63	13	9.35
中专/高中	21	15.11	50	35.97
初中	2	1.44	7	5.04
初中以下	0	0	3	2.16
未统计	2	1.44	1	0.72
总计	139	100	139	100

注：未统计的为离婚或死亡。

在调查的学生家长中，有82.01%的父亲和56.11%的母亲接受了不同程度的高等教育。

我们也对复试学生的家长的职业进行了分析研究，结果列为表5。

表5 复试学生家长的职业调查

家长职业	父亲		母亲	
	人数	百分比（%）	人数	百分比（%）
教师	20	14.6	34	24.8
科技人员	48	35.0	32	23.4
干部	47	34.3	26	19.0
工人	7	5.1	18	13.1
文化人员	8	5.8	13	9.5
医生	4	2.9	8	5.8
财贸人员	—	—	4	2.9
军人	2	1.5	1	0.7
其他	1	0.7	1	0.7
总计	137	100	137	100

注：文化人员指从事记者、编辑、美术等与文化相关职业的人。

从表5可以看出，进入复试的学生来自各种家庭，其中父母为教师、科技人员等能够提供较为优越的教育条件的家庭居多。

这两项调查说明，大多数智力发展较为优异的儿童，其家庭有着较为优越的教育条件。

（四）对实验班学生的分析和调查

为了在动态的比较研究中进行鉴别，从初试起，我们就在一所重点小学选取了一个对照班，该班为35名年龄在10岁左右（9~12岁，其中9岁3名，10岁23名，11岁8名，12岁1名）的四年级学生，其中男生16名，女生19名。而录取的35名学生组成实验班，学生年龄为8~10岁，其中8岁4名，9岁9名，10岁22名。表6列出了实验班与对照班在思维能力、语文（包括语文知识和语文能力）、数学（包括数学知识和数学能力）3个方面的分数比较。

· 150 ·

表6 实验班与对照班在初试时3项分数比较

项目	比较	$\overline{X}$	SD	DF	t
思维能力	实验班	23.37	4.29	34	11.08**
	对照班	12.34	3.29	34	
语文	实验班	19.68	4.79	34	3.73**
	对照班	15.98	3.72	34	
数学	实验班	21.06	2.89	34	21.13**
	对照班	5.82	2.87	34	

注：$\overline{X}$为平均成绩，SD为标准差，DF为自由度，t为t检验值；**表示P<0.01，P为概率。

这3项测验的结果表明，实验班的超常学生在智力发展和知识的掌握上都远远优于同龄常态学生。

根据《鉴别超常儿童认知能力参照指标试用手册》提供的数据，实验班学生与对照班学生在3项标准测验中的成绩比较列为表7。

表7 实验班与对照班3项标准测验成绩比较（35人）

	数类比推理		创造性思维		语词类比推理	
	$\overline{X}$	SD	$\overline{X}$	SD	$\overline{X}$	SD
实验班	26.97	3.67	30.70	4.39	10.63	0.88
对照班	9.58	4.58	11.77	5.81	6.65	2.58

注：$\overline{X}$为平均成绩，SD为标准差。

从表7可以看出，数类比推理和创造性思维测验比语词类比推理测验的差异更显著，我们认为这与实验材料的难易程度和分数设置有关。前两个测验题目对常态儿童来讲较难，而满分分别为32分和大于40分，这样一来，在该测验上的能力差异就更明显地体现了出来。

同时，为了进一步掌握实验班超常学生的早期教育情况，我们以个别谈话和问卷的形式向家长详细了解了实验班学生的生长发育史及早期教育情况。从所调查的32名学生家长那里了解到，有17名家长在孩子幼儿期就有意识地进行早期教育，发展孩子的智能。早期教育的起始年龄为2~5岁，从可供统计的30多份材料看，早期教育平均起始年龄是3.6岁。我们也了解了这些学生接受早期教育的内容，以识字、背诗、计算为主，见表8。

表8 实验班学生早期教育内容调查

内容	人数	百分比（%）
识字	21	65.6
背诗	19	59.4
计算	18	56.3
绘画	5	15.6
音乐	3	9.4

注：共调查了32名学生家长。

这一调查结果说明，大多数实验班学生在幼年就有较为优越的早期教育条件，这对促进他们智力的发展有着积极作用。

四、讨论与小结

超常儿童调查追踪五年的研究总结表明，鉴别超常儿童应当采取多指标、多途径、多种方法，并要与常态儿童进行动态比较。国外的一些研究也指出要在掌握儿童各方面特点的情况下做出决定。所以，在这次鉴别过程中采取了教师和家长推荐，8项测查指标综合考查及设立同龄对比班的方式进行筛选。

国内外的研究已经指出，家长所受教育和在家庭中对孩子进行的智力促进，比其他物质条件更能推动儿童的能力发展。英国曼彻斯特大学的约翰·弗里曼对高智商儿童与中等智商儿童的家庭社会经济情况进行了比较，发现智商在130以上的儿童从良好的教育与环境影响中受益更大。这次通过对参加复试学生的家长的文化程度及职业的调查，和对实验班学生早期教育情况的调查，再次证实了儿童良好的家庭教育环境和适宜的早期教育是儿童智能发展优异的主要因素之一。

在较大范围内进行超常儿童筛选工作，有一个工作量的矛盾。因为我们一方面要求对大量报名学生进行测查，另一方面又要对每一个报名者测量较多的评价指标。所以，本研究通过初试的粗筛，把那些确实掌握必备知识、智能发展较为突出的学生选择出来，然后通过较为细致的个别复试，用标准化测验考查学生认知能力等各方面指标，并最终选定实验班学生。这一方案在目前条件下是可行的。

在整个筛选过程中所用各项测验虽表明是有效和可行的，但还需要经过教育实践的检验。即使超常儿童协作组所编制的鉴别超常儿童认知能力测验经过了标准化程序的考量，也还需要通过大量筛选试用进行检验，以便今后修改，使之逐步完善。

参考资料

查子秀.关于超常儿童初步调查和追踪研究的几个问题.心理学报，1979.

查子秀.超常儿童心理发展追踪研究五年.全国第五届心理学学术会议文摘选集，1984.

超常儿童研究协作组.鉴别超常儿童认知能力参照指标试用手册.全国第五届心理学学术会议文摘选集，1984.

Henry Clay Lindgren. Educational psychology in the classroom. John Wiley & Sons, 1976.

Nicholas Colangelo, David F. Dettmann. A review of research on parents and families of gifted children. Exceptional Children, 1983, 50（1）.

Elizabeth Hagen. Identification of the gifted. Teachers College Press, 1983.

Philip Vernon. Intelligence, heredity and environment. W. H. Freeman and Company, 1979.

对中学超常儿童的教育实验
——北京市第八中学首届超常实验班追踪研究 [①]

中国科学院心理研究所　查子秀　周　林

摘要： 为期四年的超常儿童的教育实验，详细考察了超常儿童在特殊班级教育条件下的学习潜力、认知和个性发展及身体发育等情况。结果显示，这种教育形式既适应了超常儿童较大的学习潜力，促进了他们认知的进一步发展，激发了他们积极的个性特征，而且保证了身体的良好发育。从而证明，特殊班级的集体教育对中学阶段的超常儿童是一种有效的教育形式。

一、前言

　　1978年，我国研究者开始对超常儿童开展协作研究。在1984年，研究者对五年协作研究的阶段成果进行了全面总结，并通过了专家鉴定。在此基础上，研究者提出了深入探讨的方案，其中重要的一项就是对超常儿童进行集体教育的实验。

　　本研究提出的主要根据是，通过多年对超常儿童的个案追踪研究及对超常儿童与常态儿童认知能力等方面的比较研究，发现超常儿童不仅有比同龄常态儿童大得多的学习潜力，而且在认知和个性特征等方面有着一些明显不同的特点。由于超常儿童在常规班受教育不能满足需要，不利于他们的发展，需要有适合他们潜力和特点的特殊教育。国外对超常儿童的教育不仅允许提前入学和跳级，组织丰富的课外教育活动，还办有多种特殊班或学校。我国在前五年仅个别大学（中国科学技术大学）创办了少年班，破格录取超常少年入大学学习，在中小学对超常儿童的教育主要是提前入学或跳级插班，这种教育形式尽管也促进了超常儿童的发展，但受益范

---

①原文刊登于《心理学报》，1993年第4期，337-345页。

围有限。因此，研究者决定与一些学校合作建立超常儿童特殊班，探讨对超常儿童进行集体教育的可能性和教学效果。

经过前几年对超常儿童的鉴别，研究者从方法学上总结了对超常儿童鉴别的原则和程序，并完成了鉴别超常儿童认知能力测验的编制，为在较大范围鉴别、选拔超常儿童准备了条件。

中学阶段的超常儿童，正是从童年末期向青年初期过渡的少年时期。少年时期在人一生的发展中是一个关键时期，这个时期是超常儿童树理想、立大志的时期，他们的生理和心理都要经历迅速而重要的变化。这个时期如果能根据他们的需要、水平和特点进行适合的教育，不仅可以促进他们智力和才能的发展，而且有利于帮助他们确立正确的人生方向，选择适合的专业领域，对他们未来成才将有深远影响。当时我国对中学超常儿童的集体教育尚属空白，我们便与北京市第八中学合作，建立了一个中学超常儿童实验班。

本研究的主要目的是：在对超常儿童进行教育干预的条件下，较系统、全面地深入探讨超常儿童心理发展的规律；检验对超常儿童个案追踪研究工作，从超常儿童与常态儿童认知的比较研究中总结有关智能发展的理论；为探讨中学阶段超常儿童集体教育的可行性和有效性提供心理学依据。

二、研究方法

（一）鉴别、选拔超常儿童，建立实验班

研究者根据鉴别超常儿童的4项原则和鉴别程序，运用鉴别超常儿童认知能力测验，并配合语文和数学知识测验对700名报名儿童进行筛选。通过综合评定选出35名（男生25名，女生10名），成立了超常儿童实验班（以下简称为"实验班"）。这班学生平均年龄为10岁10个月，最大不超过11岁，最小为8岁，文化程度不低于小学四年级（少数为五六年级），入学时用中国比奈智力量表施测，平均智商为138.6，最高为159，最低为119。

（二）教育实验

本教育实验自1985年8月开始，至1989年8月结束，是为期四年的纵向研究。研究中以教育实验为主，在变革教育干预的条件下进行研究。在整个研究过程中，根据不同需要选用测验、问卷、观察、谈话、作业分析、训练实验以及相关测量等

多种具体研究方法。

教育实验的自变量：根据学生的智力水平和个性特征等实际情况，在学制安排、课程设置、教材教法选择等方面做出一系列变革。包括学制四年（初中和高中各两年）；科学设置课程（除大纲规定的课程外，增设选修课，增加体育课时等）；大胆改革教材体系，突出基本原理、注重培养能力；严格控制学生负担，实验班四年总课时比大纲规定的中学总课时减少46%。同时加强德育和良好个性品质的培养，保证学生德智体得以全面发展。

教育实验的反应变量从下列方面进行考查：

1.学习成绩。各学科每学期的测验成绩、第二年和第四年毕业时各科测验成绩。将这些成绩与本校或北京市同届毕业班成绩进行比较。

2.智力发展。定期选用智力测验对全班学生进行测量。入学初用中国比奈智力量表；第二年学习结束（相当于初中毕业）用瑞文标准图形测验；第四年学习结束前（相当于高中毕业）用第二套认知能力测验等进行测查。

3.个性特征。运用儿童性格问卷（入学初）、理想调查（第二年结束）、少年非智力个性特征问卷（第四年毕业），并参考教师个性评判等方法，了解学生品德及个性特征发展变化。

4.身体发育。定期对学生身体形态发育（身高、体重、胸围），生理机能（肺活量）及体育水平（60米跑、耐力跑、立定跳远、单杠等）进行测量。身体形态和生理机能每年测两次，体育水平每两年测一次。

（三）教育实验的实施

实验班的作息制度与北京市第八中学其他班基本相同，并参加全校性的集体活动。在学校的大环境中，按照教育实验方案和具体教学计划进行实验。

三、结果和分析

▼

四年教育实验取得了多方面的成果，已从不同方面总结写成十几篇研究报告。本文将其主要工作进行整理，以说明教育实验的效果。

（一）学习成绩方面

实验班学生反应快、接受能力强。有一人仅学习三年就提前考上北京大学物理系，有26人以四年的时间学完了自小学五年级至高中三年级的全部课程。该班参加高考的总平均成绩比同校高三毕业班的总平均成绩高出35.89分，其中语文、数学、物理、化学和生物成绩高于北京市西城区平均分最高的学校（市重点学校），数学和化学成绩还高于北京市平均分最高的学校，详见表1。这些学生个人的高考总分都高于重点大学的录取分数线，成功升入各大学深造。他们的平均年龄为14岁4个月，最大的15岁，最小的11岁。这个班有5名学生历时五年毕业，也都考上重点大学。

表1　实验班与同届高三毕业班高考各科成绩比较（平均分）

	政治	语文	数学	物理	化学	生物	外语	总分
实验班	82.90	84.30	88.47	70.70	79.80	51.20	80.10	537.43
西城区毕业班	81.62	74.48	66.72	49.69	52.85	43.69	68.82	437.67
北京市第八中学同届高三毕业班	86.76	79.41	76.36	58.34	60.04	49.12	79.12	488.54
西城区平均分最高的学校的毕业班	86.52	83.24	87.92	63.96	69.21	50.14	86.15	525.43

此外，该班学生在校期间多次参加各种学科竞赛，有45人次获得国家级、市级或区级的奖励。

（二）认知发展方面

本研究中我们重点考查和分析了该实验班学生四年教育进程中思维方面的发展。

在编制和选择测验时，着重考虑以下3点：测验指标要兼顾逻辑思维和创造性思维两个方面；测验的难度增大；对比班设立同龄常态班和同年级高年龄班，以便详细比较分析。逻辑思维方面我们仍是选择类比推理，以便与入学时的测验一致。

1.类比推理测验。我们采用了类比推理的第二套测验，这套测验是第一套（该班学生入学时用过的）类比推理测验的变式，但题量增多，难度加大，适用年龄延长至17岁。测查结果见表2和表3。

可以看出，实验班学生各项类比推理成绩不仅高于同龄重点学校的对比班学生，且高于比他们大4岁的高中班学生。

表2　实验班与同龄对比班学生3种类比推理测验平均值比较

班级	图形类比推理	语词类比推理	数类比推理	人数
实验班	31.9**	44.8**	42.5**	28
同龄对比班	27.9	40.3	36.4	30

注：**表示P<0.01，P为概率。

表3　实验班与高三对比班学生3种类比推理测验平均值比较

班级	图形类比推理	语词类比推理	数类比推理	人数
实验班（13岁）	31.9	44.8	42.5	28
高三对比班（17岁）	28.1	42.9	36.2	75
Z	4.42	3.66	6.67	—
P	<0.0001	<0.001	<0.0001	—

注：Z表示Z分数，P表示概率。

2.创造性思维测验。我们选用了两项创造性思维测验（这两项测验题是从我们与德国合作研究中一组技术创造力测验中选出的）对实验班学生做了测查。结果包括：

（1）图形创造性思维测验。本测验有两个题，分别给学生呈现30个几何图形，要求学生在6分钟内，尽可能多地选择4个图形，构成图形类比关系。表4和表5是实验班学生与同龄对比班和高三对比班学生平均成绩的比较。

表4　实验班与同龄对比班学生图形创造性思维测验各指标比较

变量	实验班			同龄对比班		
	总	男	女	总	男	女
聚合性	66.84***	69.66***	59.94**	37.14	33.18	39.95
流畅性	4.68***	4.95***	4.00*	2.49	2.18	2.71
新颖性	346.76***	344.34***	352.67	293.25	253.79	321.26
精致性1	378.24***	378.09***	378.61*	286.85	761.77	304.65
精致性2	45.03***	45.16***	44.72	37.17	30.75	41.73
灵活性1	45.55***	46.89***	42.28**	24.37	20.68	26.98
灵活性2	83.68***	80.98***	90.28*	67.02	55.11	75.47
人数	31	22	9	53	22	31

注：*表示P<0.05，**表示P<0.01，***表示P<0.001，P为概率。

表5　实验班与高三对比班学生图形创造性思维测验各指标比较

变量	实验班			高三对比班		
	总	男	女	总	男	女
聚合性	66.84***	69.66***	59.94**	42.54	42.28	42.85
流畅性	4.68***	4.95**	4	3.50	3.43	3.97

续表

变量	实验班			高三对比班		
	总	男	女	总	男	女
新颖性	346.76*	344.34	352.67	319.60	328.48	309.21
精致性1	378.24**	378.09**	378.61	332.20	324.69	341.04
精致性2	45.03	45.16	44.72	40.95	42.35	39.30
灵活性1	45.55**	46.89***	42.28	33.70	32.83	30.30
灵活性2	83.68**	80.98	90.28**	75.67	77.39	73.65
人数	31	22	9	50	27	23

注：*表示 $P<0.05$ ，**表示 $P<0.01$ ，***表示 $P<0.001$ ，P为概率。

可以看出，实验班学生的图形创造性思维测验成绩，不论是总均分或分性别得分的比较，都显著高于同龄对比班学生，多数变量的总均分也明显高于高三对比班学生。

（2）创造性构成等式测验。这一测验有两个题，分别呈现6个数字，要求学生按照规定，在6分钟内尽可能快地构成数学上正确的各种等式。结果列于表6。

表6　实验班与同龄对比班学生构成等式测验的各指标比较

变量	实验班			同龄对比班		
	总	男	女	总	男	女
聚合性	75.48***	73.59***	80.11**	46.21	38.53	51.61
流畅性	2.48***	2.59***	2.22*	1.17	0.89	1.37
新颖性	21.18***	58.68***	18.39***	9.16	7.68	10.20
精致性	38.29***	38.72***	37.22	23.55	18.50	27.11
灵活性1	29.42**	29.23**	29.89	18.05	17.18	18.67
灵活性2	65.92***	66.80***	63.78***	32.05	25.74	36.50
人数	31	22	9	53	22	31

注：*表示 $P<0.05$ ，**表示 $P<0.01$ ，***表示 $P<0.001$ ，P为概率。

从表6可以看出，实验班学生创造性构成等式的6项指标均明显高于同龄对比班，并与高三对比班学生的水平接近。

根据上述两项创造性思维测验的结果，我们可以看出：实验班学生各项创造性思维测验成绩明显优于同龄对比班学生；实验班学生各项创造性成绩不仅没有低于比他们大3~5岁的高三年级对比班学生，且图形创造性思维测验还高于高三班学生。

由此可见，通过四年集体学习，实验班学生的学业成绩达到了高中毕业水平，他们的思维（包括逻辑思维与创造性思维）能力也得到了优异发展。

（三）个性特征

我们用少年非智力个性特征问卷对实验班学生进行了测查。问卷内容包括：抱负、独立性、好胜心、坚持性、求知欲及自我意识6个方面。同时，请班主任和任课教师对学生进行评定，发现学生自评和教师评定一致的只有11人，占39.29%；学生自评偏低的有15人，占53.57%；自评偏高的有2人，占7.14%。

我们将学生自评与教师评定一致的学生的各项非智力个性特征的平均得分与同年龄常态对比班学生的自评得分做了比较。发现实验班学生的抱负、独立性、好胜心、求知欲几个方面以及个性问卷总分都明显高于常态对比班学生。

关于自评得分明显低于教师评分的实验班学生，我们对他们的问卷记录进行了逐个分析，并与学生进行了深入交谈，发现学生自评偏低的原因有：

1.学生对自己要求过严。在有些问题上尽管他们看到了自己的努力和成绩，但他们对自己不做完全肯定的评价。

2.在这个优秀学生集中的班上，原来在小学一贯名列前茅的三好学生，有不少不再名列前茅了，这些学生对"在考试中我总是名列前茅"之类的问题，只能做出否定回答。

3.学生个性特征发展不够平衡，在自我意识发展方面，不少实验班学生与常态班学生无显著性差异，显得自我评价不够准确。

从上面的分析可以看到，学生个性特征的评定比较复杂，不同的时间、环境和条件会导致不同的主观态度，这些都有可能影响自我评定。所以，仅用自评个性特征问卷是不全面的。要结合其他方法，才能客观地评估学生的个性特征。

我们还将实验班学生个性特征问卷的成绩与他们各科学习成绩做了相关分析，见表7，发现两者相关非常明显，尤其是与学习成绩的总分、数学、外语和物理的相关达到了$P<0.01$的显著水平。大多数实验班学生的优势在数理方面，同时外语优势也很突出。相对来说，语文是他们的一个弱项。在表7中，语文成绩与个性的多数特征的相关不显著。

表7 实验班学生非智力个性特征与各科学习成绩之间的相关

个性特征	学科							
	语文	数学	外语	物理	化学	政治	生物	总分
抱负	0.18	0.33	0.72^{**}	0.38^{**}	0.34	0.45^{*}	0.20	0.65^{**}

个性特征	学科							
	语文	数学	外语	物理	化学	政治	生物	总分
独立性	0.45**	0.59**	0.63**	0.23	0.45*	0.18	0.46*	0.74**
好胜心	0.34	0.67**	0.57**	0.53**	0.46*	0.27	0.53**	0.84**
坚持性	0.18	0.57**	0.62**	0.40*	0.31	0.37*	0.29	0.70**
求知欲	0.25	0.44**	0.69**	0.39*	0.48**	0.36*	0.36*	0.73**
自我意识	0.51**	0.30	0.33	0.09	−0.02	0.44*	0.25	0.44*
个性总分	0.26	0.56**	0.75**	0.60**	0.40*	0.38*	0.41*	0.83**

注：*表示P<0.05，**表示P<0.01，P为概率。

不难看出，学生在学业上能取得优异成绩与他们富有理想、抱负、好胜心、独立性、求知欲等个性特征的较好发展是分不开的。

（四）身体发育

1985年，在实验班学生入学时，学校对他们做了身体形态、生理机能和体育水平几方面的测查，发现在8项指标中有5项（身高、体重、胸围、50米短跑、耐力跑）低于北京市同年龄组的平均值。第一次短跑有70%的学生的成绩只有40~50分，有90%的学生的耐力跑成绩低于北京市的均值。

在整个教育实验中，学校注意安排体育训练，增加了体育课时。每周5节体育课，2节完成大纲规定的内容，其余3节组织丰富多彩的体育活动，如游泳、划船、远足等。体育教师在体育教学中注重激发学生兴趣，培养良好的意志品质，使学生身体发育逐年提高。

1989年再次测查时，实验班学生全部8项指标都优于北京同龄学生的平均值。14岁男生组（17人，占全班人数的60.7%）在身高、体重、胸围、肺活量、50米短跑、1000米长跑、立定跳远和单杠引体向上等项目的成绩，不仅高于北京市同龄学生的平均成绩，也高于全国同龄学生的平均成绩。实验班学生在四年的学习生活中始终保持了高出勤率，未出现一例慢性病，高考中没有因身体问题影响录取的。

四、讨论和小结

▼

（一）关于超常儿童发展的潜力

通过四年的实验教学，该实验班学生完成了从小学五年级至高中毕业的全部学习任务。他们德智体全面发展，大多数学生以优异成绩考上重点大学继续深造。这个事实充分说明超常儿童具有很大的发展潜力。

同时也说明，超常儿童的潜力并非在任何教育条件下都能得到充分发掘。超常儿童具有较好的素质，但这只是发展的可能性，只有在适宜的教育条件下，这种可能性才会转变为现实性，他们巨大的潜力才能得到表现或施展。

本次超常儿童的教育实验，也探索了适合对中学阶段的超常儿童因材施教、充分发展他们潜力的途径和方法。该实验证明，对超常儿童施行适合其潜力和特点的特殊教育，不仅是必要的，而且是可行的。

（二）关于鉴别效果的检验

我们将鉴别超常儿童的原则和方法应用于大范围的测量筛选，建立了这个实验班。我们是从两个方面考查鉴别效果的，一是通过与其他标准化心理测验的结果进行比较，二是通过教育实验本身的教学结果检验。

与其他标准化测验结果的比较包括：

1.在入学初期，对实验班学生进行中国比奈智力量表测验，测出他们的平均智商为138.6。其中，智商达到或超过130的学生占84.8%，说明这班学生的智力是优异的。

2.入学后第二年，该实验班学生参加了北京市数学早慧少年的选拔测验。全市参加测验的229人中，达到标准的有35人，其中该实验班学生有16人，占45.7%，前3名皆为该班学生。后来又有3名学生达到标准，这样共有19名学生（占全班的54%）达到"数学天才少年"的标准。还有9人离标准只差1~2分，表明他们的数学思维能力非常突出。

3.入学后的第二年，还对该班学生进行了瑞文标准图形测验。结果除1人为二级外，其余学生均为一级（相当于达到95百分位或以上）。这也表明该班学生智力优异。

关于教育实验的结果，在第三部分已经列举。优秀的学业成绩有力地证实了该实验班学生是超常出众的。

上述两方面说明，我们对这个班学生的鉴别是有效的，同时证明我们关于鉴别的原则和方法是正确的。

（三）关于超常儿童的教育形式

对超常儿童的教育有多种形式：提前入学、插班或跳级；建立特殊班或特殊学校；在常规班上课的同时，参加适合儿童兴趣的各种课外活动。究竟哪种形式好，至今说法不一。

有人认为，不应把超常儿童和同龄常态儿童隔离开上课，强调对超常儿童单独编班不利于他们的发展，特别是对他们的社会适应能力有消极影响。而从对北京市第八中学实验班四年集体教育的效果看，学生身心发展是健康的。尤其是把智力水平、认知特点接近的学生集中在一个班上教学，可以选择适合儿童心理素质的教材和教法，使所有超常儿童受益匪浅。

美国研究者柯克等在1986年对超常儿童应采取哪种教育形式最受欢迎的问题，向1200名教师、教育领导者及学生家长做了问卷调查。被调查者认为，对中学阶段的超常儿童，最有效的教育形式是特殊班级（占44.5%），独立研究次之（占20.1%），特殊学校第三（占10.4%），其余形式均不及10%。这反映在美国社会中对建立超常儿童特殊班持肯定态度。

我们认为，任何教育形式都有其积极的方面和局限性。教育者应根据超常儿童的年龄需要，选择有利方面为主的教育形式，尽力弥补不足，就能收到较好的效果。四年的实验说明，在中学阶段建立超常儿童特殊班效果突出，是积极的方法。

（四）关于超常班学生个性的发展

根据四年的研究，我们认为把超常儿童单独编班不仅没有影响他们的个性发展，还有一些好处：

1.有利于根据对超常儿童非智力个性特征的要求来培养他们。我们要从超常儿童中造就出开拓型的杰出人才，就要培养他们具有崇高的理想、执着的追求，不怕挫折，有百折不挠为事业奉献的精神。这些个性品质要在学龄期有意识、有计划地培养。

2.有利于根据超常儿童个性品质共同特点和问题进行教育。比如，超常儿童由于年龄小、社会经验少，社会适应能力可能较差；由于他们才智出众，容易骄傲；由于他们一直学业优异，名列前茅，一旦成绩不如别人容易形成强烈的心理压力和消极情绪。这些问题在实验班学生中都有所表现。通过有针对性的班级教育活动，这些问题逐步得到解决。

3.有利于超常儿童间的情感沟通和友谊发展。由于实验班学生的智力水平比较接近，情趣容易投合，使他们的情感需要得到了满足，同学间情谊得到了发展。所以，在实验班的这些超常儿童，他们的个性得到了正常的发展。

四年一轮的教育实验达到了预期目标，它比较成功地总结出对中学超常儿童进行教育的经验，在教育干预的动态过程中检验了我们初步形成的关于超常儿童的鉴别原则、超常儿童的心理特点和成长因素等理论内容。这些结果不仅对超常儿童的有效教育十分宝贵，对普通教育的改革也有启迪作用。

因此，这项研究的结果在国内外同行中引起了关注。这一研究成果于1990年通过专家鉴定，并被评为北京市"七五"期间教育科研成果一等奖。

参考资料

查子秀执笔.超常儿童心理发展追踪研究五年.心理学报，1986，18（2）.

Venon P. E. The psychology and education of gifted children. London, British Com., 1977.

Joe Khatena. Education psychology of gifted. New York, John Wiley & Sons Inc., USA, 1982.

Freeman, J. The psychology of gifted children. London, John Wiley & Sons Ltd., 1985.

查子秀，李仲涟，高荣生，王骧业.鉴别超常儿童认知能力测验的编制和试用.中国超常儿童研究十年论文选集，北京：团结出版社，1990.

周林，查子秀.超常儿童实验班的建立.心理学报，1986，13（4）.

龚正行执笔.中学超常教育实验研究.中国超常儿童研究十年论文选集，北京：团结出版社，1990.

龚正行执笔.超常儿童的鉴别和教育——北京八中超常教育实验班（1985—1989）.北京市教育科学研究十年成果选辑，北京：北京师范大学出版社，1991.

洪德厚.中国少年非智力个性心理特征问卷（CA-NPI）（1988年版）的编制与使用.心理科学通讯，1989（2）.

查子秀，赵俊颜.超常与常态儿童个性与认知发展关系的比较研究.中国超常儿童研究十年论文选集，北京：团结出版社，1990.

Kirk, S. A. and Gallagher J. J. Educating exceptional children. Boston, Houghton Mifflin Company, USA, 1986.

实践篇

美国儿童发展心理学研究和应用的若干情况 [①]

中国科学院心理研究所　查子秀

应联合国儿童基金会的邀请，我国儿童工作专业考察团于1980年3月4—29日，参观考察了美国西雅图、丹佛、查普希尔、华盛顿、波士顿及纽约的儿童发展研究中心、托儿所、幼儿园、中小学、儿童医院、营养研究所以及儿童福利机构等50多个单位，涉及儿童医疗、保健、教育、心理、营养及福利6个方面的情况。这里仅将考察到的有关儿童发展心理学的研究和应用的一些情况概述如下。

一、关于天才儿童的研究

在西雅图，我们参观了华盛顿大学儿童发展研究组的学龄前儿童实验学校，听取了这个研究组的负责人、华盛顿大学心理系教授哈尔伯特·罗宾森博士关于天才儿童研究的报告。

这个儿童发展研究组建于1974年。研究的项目有：1974年开始的对500名2~5岁的天才儿童进行追踪研究的方案，这是一项从学龄前至成年的较长期的纵向研究；1976年建立的学龄前儿童发展实验学校，对30名2~4岁的天才儿童进行特别的教育和研究；1977年开始的诊断和咨询方案，为有智力超常儿童的家长服务，每年约有60个家长带孩子来诊断和寻求教育咨询；1978年开始与西雅图市公立学校协作，为天才儿童制订从学龄前至高中的个人发展方案，已有75名儿童（包括上述长期追踪研究中的升入小学、中学的天才儿童）接受教育和研究；提前进入华盛顿大学学习研究方案，为14岁以下达到进入大学水平的天才儿童提供升学条件，目前已有27名11~16岁的少年大学生在华盛顿大学学习。

---

①原文刊登于《教育研究》，1980年第6期。

该研究组的研究目的在于：鉴别天才儿童，给他们适合的教育，促进其健康成长；探讨儿童开始学习的重要时期（发展快的时期），研究儿童认知发展与身体、社会情感等方面发展的关系；探讨正常发展和异常发展的实质等。

他们鉴定天才儿童的方法有3种：向父母发放调查表进行详细调查，由父母介绍孩子具体的行为表现；采用标准化的智力测验。他们从斯坦福－比奈智力量表、韦克斯勒儿童智力量表及麦卡锡儿童能力量表中，选取一部分综合运用；在学龄前儿童实验学校中，通过教育实验，观察这些儿童的接受能力及行为表现。根据这3个方面所得的资料，进行分析并做出鉴别。

学龄前儿童实验学校的教育内容包括：锻炼儿童身体技能方面，如大运动和精细动作；发展儿童言语方面，如口头语言和书面语言；训练儿童社会适应能力方面，如独立完成任务、与别人协作、互助等；数学学习方面，如认数、加减乘除四则运算、测量、几何概念、图解及逻辑思维等；研究科学方面，如学习形成假设、试验、观察结果及评价结论，激发好奇心，发展逻辑推理能力；研究社会方面，从个人家庭开始研究，然后研究城市和乡村，进而研究不同国家的地理、文化及生活方式等。我们参观了该校的各间儿童活动室，在研究社会的活动室内，通过陈列和布置以及老师的介绍，了解到儿童当时正在学习亚洲的相关知识。在研究科学的活动室内，了解到儿童已经研究过水的性质，他们在水中加入盐、沙、油、苏打等，观察哪些物质溶于水；也研究了几种布的特性，通过水浸试验，寻找可以用来做雨衣的布料；在科学活动室的另一角，还饲养有青蛙、白兔等动物，研究他们的生长发育和特点。在数学学习室内，陈设着各种直观的教学用具，对这类儿童教学的内容比同龄普通儿童更深入，教学方法重视直观性，启发儿童动手动脑进行研究，整个课堂生动活泼。我们参观了一间实验室，由电子计算机带动幻灯机自动呈现刺激及记录反应时间。我们还在观察室全程观看了给一个儿童做的智力测验。这个学校已经试验运行了五年，目前正在进行阶段性总结。

我们还在西雅图参观了马德罗纳小学的天才儿童实验班，在我们考察的时候，这个实验班刚成立两年。这所小学共有650名学生，天才儿童的数量占1%~2%。天才儿童实验班有100名学生，包括一些从其他地区的学校转来的天才儿童，这些儿童的智力程度比同龄的常态儿童高2~5年。

该校用以鉴别选择天才儿童的方法是进行智力测验。报名该校的儿童，先要经过加州心理测验，对其中成绩最好的一部分儿童，再加测语言、数学等项目。

对这类天才儿童的教育，不仅要传授他们文化和科学知识，还要培养他们的领导能力、创造力，使之能全面发展。这100名儿童被分为两个班（根据智力水平而不是年龄进行分班）：一年级到三年级一个班，四年级到六年级一个班。4名老师专门负责文学和数学等学科教学，其中文学和数学按各儿童的水平教学，科学和社会则是班级统一教学，德语、计算机、美术等从校外请专家来教学，体育则与同龄段普通班儿童合上。我们参观科学课时，儿童们正在研究电路（开或闭）、电磁等，准备自己装电铃。

在纽约，据从事天才儿童教育的西比尔·纳贝尔博士介绍，在新泽西地区没有设立天才儿童的特殊学校或班级，而是在每星期规划出两个半天，将各学校的天才儿童集中起来，让他们学习或研究一些他们感兴趣的课题。西比尔的团队用智力测验来挑选天才儿童，但对于天才儿童创造力的鉴别，至今没有找到较好的方法。在弗兰克·波特·格雷厄姆儿童发展中心，克雷格·雷米博士也指出他们没有解决如何鉴别、研究天才儿童的创造力。

二、关于智力迟钝儿童的研究

约翰·F.肯尼迪任美国总统期间，由于家族中有智力迟钝者，因此他很重视关于智力迟钝的研究和教育工作。经美国联邦政府通过决议并提供经费资助，美国成立了12个智力迟钝研究中心以及40个医疗临床单位。

我们参观了由欧文·伊曼纽尔博士领导的华盛顿大学的儿童发展和智力迟钝研究中心。这个中心建于1963年，是12个中心中规模最大、设备最全的一个。在这个中心有13个领域的专家，如儿科学家、心理学家、精神病学家、语言学家、营养学家以及社会工作者等，在一起组成研究小组，开展研究工作。

在这个中心，我们参观的部门有：

言语发展迟钝儿童实验班。这个班共有学龄前儿童（3~6岁）十几名，他们的言语发展比普通同龄段儿童约迟缓一年。这个班的任务是对这些儿童进行帮助，使他们一年以后能赶上同龄段儿童的正常发展水平，以便回归到正常班去学习；在教育言语发展迟钝儿童的同时，指导来实习的学生（在该班担任辅助老师）；收集儿童语言发展的资料。

先天愚型儿童实验班。参加这个研究项目的先天愚型儿童的年龄段从初生到7岁，按年龄分成7个组。我们观察的是1.5~3岁的婴儿组，共有15个先天愚型儿童正在学习。班里有一名正式老师、一名辅助老师（即实习学生）和几名家长。教学活动有时分大组进行，有时分小组进行，有时个别进行。通过实验性教学，使这些儿童在大运动（如行走）、语言、认知、社会性及自我服务能力方面都能有进步。

经过九年的实验研究，他们总结出适合先天愚型儿童的读书方案，并取得了较好的效果，改变了他们过去的看法。

在对残障儿童的教育方面，美国从事特殊教育的一些专家们认为，残障儿童的兄弟姐妹是有力的助手，因为儿童学习行为原则比成人要快。为了佐证这个观点，专家给我们放映了一段记录一个4岁小男孩参与训练患有严重眼疾的2岁弟弟的录像。这个2岁的残障儿童不会说话、爱哭，4岁的哥哥在实验班见过老师采取不理原则（即不合理行为不予理睬的原则）来处理他弟弟哭的场面。因此，当弟弟哭时，哥哥即背转脸不理会他；当弟弟停止哭时，哥哥便教弟弟将积木放入杯内，如果弟弟完成了这个动作，哥哥就鼓掌叫好，来巩固这一行为。当哥哥发现弟弟偶尔将一块积木架在另一块积木上时，就教弟弟如何堆积木，教他将小的积木架在大的积木之上，并巩固新学的动作。

在这个中心，我们还参观了各临床门诊部和新生儿病房。他们对1500克以下的早产儿，或患过脑炎等疾病的新生儿，进行从初生到8岁的追踪研究。这种婴儿被称为高危儿童，目前共有600名这样的儿童参与实验，每年接受2~3次有关神经系统（神经协调）、言语发展及学习情况等方面的检查。

关于智力迟钝青少年的职业训练研究项目，参加这项研究的青少年，平均智商在52左右。专家们认为智力迟钝者不会将所学经验迁移应用于实际，主张把对这类青年的训练与将来的职业结合起来。这个研究中心的食堂就是智力迟钝青少年的训练场所，训练任务是学习端盘子、洗碗、擦桌子等卫生清洁工作，训练时间平均为7个月，较长的可能长达五年，甚至十一二年，训练成功率达75%。我们在这个食堂见到了智力迟钝实习生，他们在研究完成后，一般都选择留在食堂工作。

我们参观了北卡罗来纳大学查普希尔分校的弗兰克·波特·格雷厄姆儿童发展中心。这个中心建于1966年，主要研究残障儿童和高危儿童的发展，同时也研究正常儿童的发展。其研究项目多为从具体问题出发的应用研究，也有基本理论的研究，如社会、文化因素对儿童发展的影响问题。该中心设有实验幼儿园、小学、中学及各种心理和医疗实验室，我们一一进行了参观。

该中心的托儿所和幼儿园共有100多名儿童，年龄为6~7岁，多数为高危儿童，该中心对他们进行的都是较长期的追踪研究。我们参观了8间不同年龄段儿童的活动室。在婴儿活动室内，老师正在用玩具引导7~9个月大的儿童学习往前爬的动作；在大动作活动室，1岁半组的儿童正在学习走路；2岁组的儿童正在用模具做小点心；3岁组的儿童正在画手指画；4岁组的儿童正在学唱歌。

该中心的小学共有6个年级450名学生，其中有高危儿童，在班里需要特殊帮助。学校有统一的教学方案，对学习困难的儿童有个别辅导。学校还有一些特殊老师，不教正常班级，专门教智力迟钝的儿童。

在研究儿童注意力的实验室内，放着一套有不同颜色和不同形状的卡片，按一定顺序排列，用以研究学龄前儿童的注意力。他们发现，智力发展较好的5岁儿童，既能注意到颜色，也能注意到形状，而智力发展较差的儿童则只注意颜色。根据这个情况，他们对不同的幼儿教学时会采用不同的教学方法。

该中心还进行了儿童与母亲互动关系发展的研究，共有两间实验室，外间布置成类似家庭的客厅，地毯上放有幼儿喜爱的玩具。我们参观时，一个3岁男孩正在此处玩，他的母亲坐在沙发上看杂志。该男孩拿着碗勺去找母亲和他一起玩，母亲说自己没有餐具，儿童便回到地毯上去取，在此过程中他发现了一本图画书，便拿着图画书去找母亲讲故事……类似场景会构建4次，研究人员观察在这种互动过程中儿童的积极主动性。该过程会被录像，观察室内的电子计算机系统将母子行为进行编码，自动记录时间、次数，很快便有分析结果。

该中心的听觉实验室内有研究听力的各种仪器以及各种玩具。耳疾是否会影响儿童言语的发展，这种影响是短暂的还是长久的，是研究人员正在研究并需要较长期追踪研究的课题。

呼吸道疾病是儿童的常见病，常患呼吸道疾病是否会影响儿童言语的发展，这是研究呼吸系统疾病的实验室在进行的一项较长期的追踪研究课题。

我们还与该中心的心理学同行进行了座谈。该中心有一些正常儿童发展的研究，涉及如概念形成、解决问题以及儿童注意力的研究等。他们从对正常儿童的研究中来了解一般的发展过程，然后应用于研究残障儿童，以提高对残障儿童的教育水平。他们还开展了儿童与家庭关系的研究，对虐待儿童的问题进行调查，了解美国受虐待儿童的数量、家庭背景和特点（一般发生在父母较年轻、工作压力大且经济窘迫的家庭），分析问题的性质并提出如何改善的建议。他们希望通过这项研究，促使美国有关部门制定保护儿童免受虐待的政策。

我们参观了科罗拉多大学丹佛分校的肯尼迪儿童发展中心。丹佛发展筛选测验就是这个中心的领导威廉·K.弗兰肯伯博士首先提出的，用于筛查智力迟钝儿童，早发现早治疗。该中心经研究发现，美国儿童在学校成绩不好与家庭处境有关，社会原因相对生物原因所占比例更大。因此，他们进一步研究家庭环境对儿童的影响，到经济条件差的居民区选出了初生至6岁的共1300名儿童，并编制出一套问卷，用于了解其家庭成员的情况。结果发现，家庭条件差的儿童，如果转移到条件好的家庭生活，他们的智力发展情况可以逐步改善。反之，他们的智力发展情况还会继续下降。该中心认为，随着儿童年龄的增长，家庭环境对其发展起着积极或消极的累积作用，在儿童18个月之前，这种影响差别不大，而在18个月之后差别则逐步明显。

在这个中心，我们参观了心理实验室、儿童大运动治疗室和听力实验室等。

这个中心每隔三年会举办一次有关如何在早期发现婴幼儿中的残障儿童的讨论，并邀请加拿大、瑞士、日本等国的有关代表参加。

三、关于儿童早期发展的研究

在美国，大约二十年前，一些人发现不少儿童入学后跟不上学习进度，成绩很差，特别是出生于贫穷家庭的儿童更为明显。对此，有关部门提出了一个方案，对4~5岁的学龄前儿童进行教育试验，为他们6岁入学做准备。

儿童心理学家布顿·L.怀特博士为了弄清这类儿童学习较差的原因，用十五年的时间，对不同家庭条件的儿童进行调查。调查内容包括儿童的智力、情感及其他方面，以此探讨家庭环境对儿童发展的影响。调查发现，儿童在3岁前，各方面已经表现出差异，说明0~3岁是发展的重要时期。调查还发现儿童的发展情况与父母的教育关系极大，主要原因不在于家庭经济情况的好坏，而在于父母是否了解儿童的需要、父母是不是好老师。因此，有必要向父母宣传儿童在0~3岁这一阶段发展的重要性。最终，在此调查的基础上，一方面，建立了教育发展中心，编印儿童发展的资料，配合多种形式，为父母提供学习资源，并解答他们提出的教育问题。我们参观了这个中心；另一方面，开展了儿童早期教育的实验研究。

布鲁克莱恩早期教育方案（简称"BEEP"）就是儿童早期教育实验的具体实施方案，这项研究开始于1973年，其目的是向父母提供儿童发展情况的相关资料，使父母能成为婴幼儿的第一个好老师，在婴幼儿生活中尽最大可能安排丰富的家庭活动，让婴幼儿身心得到充分发展。经过八年的研究，该方案正处于总结阶段。我们参观了实施该方案的实验幼儿园。

这项研究共有225名婴幼儿参加，参选的婴幼儿需满足两个条件：一是1973年3月1日以后出生的婴儿；二是其父母在五年之内不离开该地区。婴儿在出生前，其母亲便要与BEEP建立联系，定期听取有关婴儿的教育和营养保健方面的报告；在婴儿2岁半以前，该园的大夫、心理学工作者及社会工作者定期去婴儿家庭进行访视，访视时婴幼儿的年龄分别为2周、3.5个月、6.5个月、11个月、14.5个月、24个月和30个月。访视内容包括对婴儿的神经系统、身体及智力的发展进行检查，并指导母亲如何针对婴儿发展的具体情况进行保健和教育。2岁半以后，每星期由母亲带幼儿去一次幼儿园，参加游戏活动。3.5~5岁，则每星期上5天幼儿园，接受专门的教育。

我们在这个幼儿园观看了一个2岁幼儿的智力测验。该园根据儿童年龄，采用贝利婴儿发展测验或斯坦福－比奈智力量表来进行测试，但不计算智商。他们认为，智力的发展受各方面影响，不同文化背景、不同民族、不同家庭的儿童，智力发展会不一样，而且有的儿童在测验时，可能由于没有得到鼓励，从而导致分数不高，但并不能说是智力差。他们用智力测验作为检查儿童智力发展的手段和方法，检查结果还要与家长及老师一起讨论，从而做出详细评价，包括神经系统发育、听觉和视觉发展、大运动和精细动作、语言、认知以及社会行为的发展等，从这些方面综合起来，对一个儿童的发展情况进行评估，并制订下一步的教育计划。

儿童医院的医学中心负责布鲁克莱恩实验幼儿园儿童的健康检查。他们发现如果儿童患有某种疾病，如耳炎（耳中有液体会影响听力，并影响言语发展）、贫血或铅含量太高，也会影响智力发育。即时诊断，在入学龄前诊治，可以防止其影响智力的发展。针对神经系统发育的检查，有一系列的项目，如手眼协调、手腕关节的活动（如果8~9岁儿童的腕关节活动不好，则表明神经系统未完全成熟）等。我们观看了这个医院对儿童进行身体和神经系统检查的录像，还看了对新生儿进行发育检查的录像。

我们参观了纽约银行街实验学校（包含了学前班和小学），这是银行街教育学院的心理学教授芭芭拉·比伯博士领导的实验性学校。该学校的指导思想是观察儿童的发展，他们参考让·皮亚杰的理论，但认为皮亚杰忽视了儿童的社会性，主张要对儿童情绪发展、社会因素等方面进行研究。因此，他们不仅研究儿童智力发展，还研究智力与儿童情感、态度方面的关系。他们的研究方法是，观察儿童在学校的行为表现，根据研究的特殊需要来创造某种情境，观察儿童的某种表现，进行标准化的智力测验，并从这几方面收集资料。他们不相信一种测验或方法能提供可靠的资料，主张对为数不太多的个案进行深入细致的研究。

在丹佛大学心理系的儿童发展心理研究室，我们参观了婴儿视觉实验室，听取了婴儿视觉实验情况的介绍。例如，3个月大的婴儿，当母亲与他说话时，他关注的是母亲的嘴巴和脸庞；让两个灯轮流发亮，当其中一个灯发亮时，婴儿对另一个灯便有所期待。还有一些别的视觉发展实验，其实验结果都说明婴儿并非在消极地受环境的支配，而是在积极地探索。

在纽约，我们还参观了哥伦比亚大学的人类营养研究所。迈伦·温尼克博士介绍了有关严重营养不良对智力发展影响的研究。实验发现，白鼠在细胞繁殖期，如果有严重营养不良的情况，细胞分裂会减慢，白鼠的脑细胞数量会减少，且这种变化是永久性的。他们对因事故死亡的婴儿进行研究，发现了与白鼠类似的情况，证明营养不良对婴儿大脑的发育有影响，从而对其智力发展有影响。通过研究他们还发现，如果婴儿出生后第一年严重营养不良，其智力发展就会低下，但当这些婴儿被条件较好的家庭领养后，他们的智力会逐步恢复，发展到同龄正常儿童的水平，这证明丰富的环境刺激对智力发展来说，是一个关键性因素。

四、儿童发展心理学的应用情况

上述几个儿童发展研究中心都是教（教育、训练）、治（治疗）、研（研究）相结合，已经包含了心理学为儿童提供服务的应用方面。这里只将我们所考察到的儿童心理学在医院、公立学校等单位的应用情况做一些补充说明。

美国儿童心理学的应用范围相当广泛，我们参观的许多单位都有儿童心理工作人员。

在医院方面，我们参观的6所儿童医院，一般除医生、护士等专业人员外，还有心理学、营养学方面的专业人员及社会工作者，有的还有遗传学和人类学方面的专业人员。例如西雅图大学医院约有50多名心理学工作者，华盛顿儿童医院约有25名心理学工作者。据查普希尔负责农村卫生保健的官员讲，在县一级较小的医院，一般1~2个医院配置一个心理学工作者。心理学工作者在医院的任务是：进行智力测验并做出诊断，特别是对残障儿童和精神病儿童的诊断；对伴随身体疾病发生的心理问题（如恐惧等）进行心理治疗或行为指导；对残障儿童进行教育和训练，对精神分裂恢复期的儿童进行学习辅导及社会适应的指导（如与人合作等）；开展科学研究，如新生儿发展的研究等。

在公立中小学，一般也配置有心理学工作者。例如在丹佛，一个心理学工作者需负责5所公立小学，每周分别在一所小学工作一天。该心理工作者的任务是：进行智力测验，参加对学生智力、学习成绩的评定；对有情绪问题的学生进行个别疏导（如谈心等）及行为指导；与老师共同讨论对学生行为问题的处理办法等。

在犯罪青少年管教所也有心理学工作者。例如我们在丹佛参观的青少年管教所，里面的青少年年龄最小的为12岁，最大的为19岁，涉及了杀人、强奸等较严重的罪行。这个管教所共有26名工作人员，其中3名是心理学方面的工作人员，领导也是心理学专家。这些少年犯经过两年的管教，大约有2/3的人认识到自己的罪行并改正，之后或者回家，或者出去工作。

由于这次不是儿童发展心理学的专业考察，还有些美国儿童发展心理学研究单位没能参观到。因此下面仅就考察到的情况，谈一点初步印象。

从美国涉及儿童的机构都有儿童心理学工作者参加研究或工作来看，说明美国儿童发展心理学关心儿童的实际需要，并开展相关研究，为儿童进行应用研究或服务的面是较广的。他们在一些方面进行了多年的探索，积累了经验，对我们来说很有参考价值。

美国儿童发展心理学研究机构的设备和技术条件很优越，录音、录像已是比较普遍的做法，用计算机呈现刺激、记录反应、处理数据也屡见不鲜，而且可供进行教育实验的玩具、教具都比较丰富。在经济许可的条件下，我们也是需要应用的。

儿童发展研究中心的形式，有利于多种学科的专家（如心理、医学、营养、教育等）统一在某个课题之下协作研究，有利于研究人员与实际工作者（如教师、医生等）在统一任务下更好地交流，有利于多种研究方法、手段从不同的途径去探索某个问题。这种科研的组织形式对我们很有启发和借鉴意义。

但是，美国儿童发展心理学的某些研究课题也存在一定问题。例如美国面临着一个社会问题，即十几岁的少年早孕的问题。据美国计划生育协会的报告，今年（1980年）将有相当数量的14岁少年早孕生育，且家庭不稳定，关系容易破裂。这可能就是美国残障儿童、精神异常儿童及犯罪儿童数量大的一个重要原因。残障儿童的研究在美国的儿童心理学研究中占相当大的比重。可是，如果少年生育子女的现象得不到缓解，心理学对上述儿童问题的研究就不能从根本上解决问题。有关部门从关心儿童成长的角度出发，将儿童心理发展的材料（包括孕期知识）写成课本、拍成电影，到中学去讲授、宣传，但这样做可能得到的是适得其反的效果。

总之，从儿童心理学方面来看，这次考察收获是不少的。我们所到之处，受到教授、专家、儿童工作者的热情接待，他们向我们介绍情况，尽力提供相关资料，体现了两国的儿童工作者、心理学研究人员之间的友谊与协作。这是中美两国儿童发展心理学、儿童工作者交往的一个良好开端，今后我们会加强协作，促进两国儿童心理学和儿童工作的更大发展。

关于开展超常儿童心理发展的调查
和追踪研究的一年总结[①]

超常儿童研究协作组

摘要： 本文第一部分是对一年来各协作单位关于超常儿童的研究进行的简要总结，着重根据现有调查和追踪研究的材料，概括出超常儿童共有的5个方面的特点。第二部分是对进一步开展协作研究提出的初步意见。

关于超常儿童的调查和追踪研究，是适应我国实现"四个现代化"，早出人才、多出人才的需要，于1978年新提出来的一项研究课题。研究的目的，一方面是为了发现、鉴别智能超常的儿童和少年，并对他们进行追踪研究，使他们能尽早得到因材施教，充分发挥其潜力，以加速促进他们的健康成长；同时根据他们成长的有效因素和发现的规律，为改进一般儿童的教育提供参考建议，使更多的儿童和少年能发展成实现"四个现代化"的杰出人才。另一方面，在此研究过程中，积累儿童心理发展的资料，为建立我国儿童发展心理学服务。

一、一年来调查和追踪研究简况

▼

（一）被试

全国14个单位参与该项目，在不同的地区共调查超常儿童和少年29名，其中

---

①原文刊登于《心理学报》，1981年第13卷第1期。本文由中国科学院心理研究所的查子秀、东北师范大学的荆其桂、上海师范大学的周冠生、河南师范大学的曾康、广西师范大学的阚之瑛、青海师范大学的王骧业、四川师范大学的高荣生等讨论，由查子秀执笔并在第三届心理学年会上发言。本文还引用了新乡学院、华中师范大学、武汉师范学院（现湖北大学）、湖南师范大学、陕西师范大学、四川省綦江师范学校（现重庆市綦江实验中学）以及周口师范学院的材料。

4~7岁的18名，7~15岁的11名，男孩18名，女孩11名。

（二）研究方法

大多数单位采用实验、观察、测验、作业分析、向家长调查等多种方法，对超常儿童进行4个方面的调查研究。

1. 一般情况（包括儿童的发展史、健康状况、家庭和教育条件等），主要通过向家长调查访问来获得。

2. 学习情况和成绩，主要通过学校的各科测验及作业分析获得，对尚未入学的超常儿童则按照他们的年龄出题，进行测验，了解其语文、数学等知识水平。

3. 智能发展的过程、特点和水平，有一些单位根据超常儿童研究协作组共同拟订的智能实验的方案，对超常儿童感知（观察力）、记忆和思维等方面进行实验。有些单位还择优选取一定数量的同年龄低班级或同班级高年龄（比他们大2~3岁）的常态儿童进行对比研究。在实验过程中不仅记录结果，而且注意记录过程和特点。有的单位还根据协作组的分工，着重探讨了在记忆、思维等方面的不同年龄常态儿童的发展水平和特点，作为超常儿童智能发展水平的参照。

4. 个性意志特点（如求知欲、坚持性等），主要是根据教师和家长的自然观察及实验者在实验过程中的观察。经过初步调查被确定为追踪研究的超常儿童，有的研究者还与教师、家长组成追踪研究小组，共同对该超常儿童进行研究和教育。

（三）结果和分析

从这一年来调查和追踪研究的结果看，儿童的超常表现是多种多样的，具有鲜明的个体特点。有的较早就显示了数学才能，有的很小就能大量识字、阅读，有的优于外语，有的擅长绘画，有的会作诗、对歌……他们的性格、爱好也各有特色，有的活泼好动，有的沉默寡言，有的喜欢科学，有的爱好文艺等。尽管这些超常儿童千差万别，各有不同，但仍可以从他们身上看到一些共同特点。

1. 有浓厚的认知兴趣，求知欲旺盛。这类儿童一般较早表现出强烈的好奇心，爱问这问那，并追根究底。很小就产生了对知识的学习兴趣。有的儿童2岁多玩算术棋时，不是用来搭积木，而是把数字拼起来，要求家长教他们认读数字，或教他们计算；有些儿童在2~3岁时，要求家长逐字逐句地读图画书，他一边听一边看，随之认识了一些字；有的儿童在自己翻看《看图识字》等书时，不满足于看图，而是借着图自己认识相应的字。当这类儿童能独立阅读时，他们往往如饥似渴，手不释卷，有的甚至边吃饭边看。有个4岁的儿童去动物园时，不满足于光看动物的样子，还要逐个去看关于动物的介绍，了解各种动物的产地和习性等。还有个4岁儿童就读小学一年级，他学习了《一粒种子》后，就把3粒黄豆种在花盆里，观察发芽的情况；学了《我是什么》后，就烧水观察汽化现象，直到水烧干为止；学了《保护牙齿》后，把鸡蛋放进醋里进行观察，他试图通过这些实验来探索事物发展变化的奥秘。这类儿童一般都视学习如同游戏，学习过程轻松容易，他们表现了既广泛又浓厚的认知兴趣。

2. 注意力集中，记忆力强。这类儿童的注意力既广泛又能高度集中，特别是对他们感兴趣的事情。有的儿童能高度集中注意力达几个小时，旁边发生的事都不能使他分心，有的甚至连好看的电视节目也不能吸引他。

这类儿童的短时记忆范围一般都在同年龄段常态儿童的均值之上。一个5岁上小学二年级的儿童，识、记快，记忆持久，其短时记忆能记住12位数字，超过了比他大3~4岁的同班6个优等生；在老师讲完《美丽的公鸡》一课后，他能马上背诵课文的大半；家长告诉他"霸"字由"雨""革""月"组成，他半年后仍记得，而且他还能顺背和倒背"九九乘法表"。还有一个5岁的儿童，对一组13位的数字，小声念3遍能够顺背，再念1遍能够倒背，在1个月和半年后，仍能正确无误地顺背。

3. 感知觉敏锐，观察仔细。这类儿童在感知观察力的实验中，表现明显优于同年龄段儿童，有的在反应速度和进行方式上还优于比他们大2~3岁的同班儿童。这类儿童（3~4岁）不仅能分辨大小、长短、上下，还能分辨左右方位。例如一对3岁多的双胞胎，除能正确分辨自己的左右手外，还能正确指出对方的左右手。当与他面对面的实验员提问"为什么我和你的右手不一样"时，他立即转到实验员的位置举起右手说"这不就一样了"。这类儿童的视觉、听觉辨别力发展突出，有的儿童1岁多就能模仿一些动物的叫声和车辆的鸣笛声。他们视听辨别能力强主要还表现在能分辨汉字在音和形方面的细微差别。有的儿童对易混淆的汉语拼音的音节、声调和字母，能很快辨别。有个女童4岁时参加市级拼音考试，满分100分的情况下，她得了98分，而且能很快掌握汉字的偏旁部首和结构，听写极少出错。有的儿童除能辨别汉字的偏旁部首，将一个复合结构的字分解为几个单体字外，还能发现书刊上个别字词的细微错误。有的儿童能区别形近字，如坏和环、先和光、思和恩、美和姜、明和朋、江和汪、人和入、盆和盆、土和士等，并能辨别同音字的形和义的差别，如篮、蓝。有的儿童观察力强，还表现在能根据中草药书上的图示，在野外草丛中识别出某种中草药来。

4. 思维敏捷，理解力强，有独创性。这类儿童在几项思维实验中，表现出的概括和推理水平不仅明显超过同年龄段儿童，甚至超过比他们大2~3岁的同班儿童，特别是在面对难度大的课题时，这种差异更为明显。例如在图形知觉推理实验中，4个中大班的超常儿童，正确率都在普通中大班儿童的均值加一个标准差之上，其中难度较大的两项，超常儿童全部正确完成。大班正确反应百分比为62.1%和51.3%、中班正确反应百分比为46.6%和20%。两种数概括推理实验，对比班为小学二年级一个实验班，4个超常儿童，除年龄最小的那个正确反应均值接近比他大3~4岁的儿童正确反应的均值减一个标准差的范围之外，其他超常儿童都超过了比他们大2~3岁儿童正确反应的均值，有的还超过了均值加一个标准差之上。在数概括推理的实验中，难度大的几组题，超常儿童优于对比班儿童的表现更为显著。这类儿童的思维表现非常敏捷。例如有一个儿童从小跟着母亲为生产队记分，从中学会了计算，5岁时会用算盘帮生产队结算工分，并能迅速准确地心算2~3位数的四则运算。另一个儿童5岁半，能在十几分钟内心算出6位数与6位数的乘法，并能在3~6分钟内正确解答鸡兔同笼一类的应用题，如用时3分钟解出"鸡兔同笼共有100个头和280只脚，则鸡兔各有多少只"。还有一个儿童在7岁时，能在十几分钟内正确解答"$abcd \times 9 = dcba$，则a、b、c、d各是几"的数学游戏题；在8岁时，他在15分钟内，解答出"4个数的和是100，第一个数加4，第二个数减4，第三个数乘以4，第四个数除以4，结果都相等，求这4个数"这种题。这类儿童的理解力强、有独创性，例如有个儿童在2岁时玩积木，每次都能有不同的花样，5岁半时造句能突破老师的示例，做数学题也不满足于老师的解题方法而试着自己另找解法。又如前面提到的5岁半能心算6位数乘以6位数的儿童，他的心算别具一格，是与笔算相结合。这类儿童的思维方式也表现出不同的特点，有的主要是逻辑思维发展优异，有的则主要是思维形象性突出。

5. 自信、好胜、有坚持性。这类儿童一般比较自信、有进取心，他们爱和别人竞争，做题、下棋，处处不甘落后。他们有主见，不易被影响。例如那个不满4岁就进入小学一年级的儿童，家长教他造句，给他提示一些生字词，他不用而是按自己想出的字词造句。他们一般想要学什么或干什么的时候，总是表现出非学不可或非干不可的劲头。前面提到的那个去动物园要逐个看动物介绍的儿童，到某博物馆去过5次，最后一次家长不想带他去，哄他说下午睡觉起来再去，可等到睡醒后时间已经太晚，家长担心闭馆，想说服他不去，但该儿童非去不可。最后还是去了，看完满足而归。这类儿童做事能坚持，例如有个儿童3岁半开始跟着广播学习英语，只要英语广播一开始，他不论在玩什么，立即坐到收音机前听课，两年多的时间坚持从初级班跟到中级班。他们能排除各种干扰坚持完成任务，有的能不被诱人的电视节目、电影吸引，坚持完成作业；有的能不顾房内弟妹的吵闹、不怕夏天炎热、不怕蚊虫叮咬，专心学习；有的遇到难题不会做，一边擦眼泪，一边非坚持做出才罢休；有的感冒发烧，还要坚持去上课等，表现出坚强的毅力和意志品格。

由于这些超常儿童具有上述特点，他们中有的不到4岁时已识字近2000个，会算10~20以内的加减法；有的4~5岁提前进入小学一年级学习；有的5~6岁插班到二年级；有的8~9岁经考试升入初中；有的14~15岁成了少年大学生。尽管他们也存在一些不足，例如一些超常儿童动作发展和自理能力较差，跳级后在写字和体育方面不如同班同学，也有些超常儿童跳级后某学科成绩暂时表现一般或稍差。但总体来看，他们的智能发展明显优于同年龄普通儿童。

一年来调查的结果再次表明，儿童智能的发展是有明显差异的，超常儿童是客观存在的，在各个年龄段都有发现。

调查结果还再次表明，这些超常儿童绝大多数都有着比较优越的早期教育条件。家长和教师善于因势利导，利用各种条件，如图书、广播、电视、电影、玩具、生活实践、自然和社会提供的各种条件，激发他们的认知兴趣和求知欲，发展他们的观察、记忆、思维和语言能力，丰富他们的知识和经验等。这使我们看到，超常不是与生俱来的。遗传素质（大脑）的优异，只提供发展为超常儿童的可能性，而适当的早期教育是使他们变可能为现实的极为重要的条件。没有后面这个条件，超常是不会出现的。

调查结果还使我们进一步看到，这类儿童表现的强烈的认知兴趣、求知欲、学习的积极主动性和坚持性等特点，是使他们取得超常成就的不可忽视的主观因素。因此在对儿童的早期教育中，从小培养他们的认知兴趣和坚强的意志品格就显得更加重要。

一年来的追踪研究还表明，这类儿童有着相当大的发展潜力。我们调查的被允许提前入学或跳级的超常儿童，一年来在善于因材施教、循循善诱的老师们的培养下，绝大多数得到快速成长，相比同班年长几岁的同学，他们的智力仍属优等，学习成绩总体也在中上或优等水平。

二、继续开展协作研究的初步意见

通过一年多的初步调查，我们看到，研究超常儿童在我国是一项填补空白的项目，具有重大的现实和理论意义，应该长期坚持下去。

由于超常儿童表现的多样性，鉴别超常儿童应考虑多方面的指标。研究超常儿童的方法应采取多途径（直接观察、实验及通过向教师、家长进行座谈和访问等）、多方法（观察、实验、测试、谈话、作业分析等）的综合运用。由于儿童的智能发展不总是直线上升的，对超常儿童的鉴别也不是1~2次的测验能完全确定。初步确定的超常儿童，还需要在追踪研究过程中得到进一步的鉴别。所以，有条件的单位最好把鉴别、教育实验和追踪研究结合起来。通过初步鉴别确定追踪对象，通过追踪研究并结合教育实验，对其进行培养，同时也是进一步的鉴别和研究。由于对超常儿童的研究在国内还是一项新的课题，具体的研究方法仍需根据超常儿童的具体情况，在马克思列宁主义哲学思想的指导下，通过反复实践，不断总结修改并逐步完善。

从一年来根据《关于超常儿童初步调查和追踪研究的几个问题》的附件试行情况看，调查和追踪研究的内容主要可分为4个方面：一般情况（如发展史、健康状况、教育条件及学习表现和成绩等）、智能的发展特点和水平、特殊才能、个性和意志品格等。关于智能发展的实验项目，在一定数量的普通儿童中进行了实验，证明有一些是可行的。这些项目和做法今后可继续充实并扩大实验规模。同时，通过一年的摸索，我们也看到在智能方面需要突出重点，着重探讨超常儿童和普通儿童区别显著的那些方面，而不是泛泛地进行全面测查，根据前阶段的探讨，我们看到超常儿童在思维实验的一些项目，特别是在思维实验中具有一定难度的项目上，相当显著地优于同年龄或高年龄的普通儿童。因此，我们初步认为，应该把鉴别和研究的重点放在思维的（包括创造性思维）实验方面。对于超常的幼儿来说，感知觉实验仍然是鉴别和研究的重要方面，特别是空间知觉的发展是超常儿童和普通儿童差别显著的方面，因此对较小年龄的超常幼儿的研究，需要补充空间知觉方面的实验项目。此外，超常儿童和普通儿童在特殊才能上的显著差别也是鉴别和研究的重要方面。基于上述这些考虑，我们这次将《关于超常儿童初步调查和追踪研究的几个问题》的附件的有关部分，进行了适当的补充和修改，并重新整理为附件Ⅰ、Ⅱ、Ⅲ，以供协作单位参考或试用。其中多数项目，仍然需要在一定数量的常态儿童中进行实验，以探讨各年龄儿童的发展特点和水平。各协作单位在使用时，要注意其中的不足或不当之处，并根据各单位超常对象的特点进行修改和补充，创造更为合适的项目和方法。同样，在研究时，不仅要观察、记录反应结果，更重要的是观察和记录儿童反应的过程和反应形式的特点。

对超常儿童的追踪研究可根据超常儿童的具体情况（不同年龄范围），确立追踪研究的间隔时间（例如年龄小的可1~3月1次，年龄大的可半年1次），平时由教师和家长按议定的项目做观察记录，定期交换情况和进行研究，根据超常儿童的发展情况，设计每次的实验项目，并选择同班（或同年级）优秀学生（普通儿童）若干名进行对比研究。

继续开展协作研究的几点建议：我们初步设想在五年内，追踪研究超常儿童若干名，加深探索他们的心理发展过程和特点，以及快速成长的因素。有条件时还可适当扩大调查的数量，大体上摸索出鉴别和研究超常儿童的方法（在实验的主要项目和方法上争取能确定下来），并为研究儿童心理发展的基本理论问题准备条件。

参考资料

查子秀，杨玉英.四名超常儿童的调查和追踪研究.第三届全国心理学年会论文，1979.

荆其桂.两名超常儿童的调查和追踪研究.第三届全国心理学年会论文，1979.

周冠生.两名超常儿童的调查和追踪研究.第三届全国心理学年会论文，1979.

凌培炎.超常儿童与早期教育再探.第三届全国心理学会年会论文，1979.

陈光齐，舒笃初.对超常儿童邝亚南的初步调查研究.第三届全国心理学年会论文，1979.

张华倩.关于超常儿童陆朝阳的调查报告.第三届全国心理学年会论文，1979.

何隆襄，刘荣才.关于超常儿童赵安的个案调查.第三届全国心理学年会论文，1979.

黎世法.少年儿童黄茂芳的主要心理特征的调查.第三届全国心理学年会论文，1979.

李仲涟，刘绍莲，等.关于超常儿童王昂的调查研究.第三届全国心理学年会论文，1979.

罗宜存，许尚侠.对几个超常儿童的初步调查.第三届全国心理学年会论文，1979.

阙之瑛.对超常儿童李刚的调查和追踪研究.第三届全国心理学年会论文，1979.

广西师范大学.天才出于勤奋——小歌手苏庆歌才形成的分析.第三届全国心理学年会论文，1979.

广西师范大学心理教研组.对几个有特殊才能儿童的初步调查.第三届全国心理学年会论文，1979.

杨明述、姚平子.四岁入学儿童陈瑜追踪调查报告之一.第三届全国心理学年会论文，1979.

王骧业，袁鹤茵.智力超常儿童——毛华的调查报告.第三届全国心理学年会论文，1979.

杨汲懿.两个发展较快儿童的调查研究——全国协作研究超常儿童材料之一.第三届全国心理学年会论文，1979.

超常儿童追踪研究三年 [1]

超常儿童研究协作组

为了鉴别智能超常的儿童和少年，探讨他们快速成长的原因和条件，为常态儿童的教育提供参考，并在此过程中积累我国儿童发展心理学资料，我们于1978年开始，对智能发展明显超常的儿童和少年，进行了调查和追踪研究。

这是一项由20个单位参加的协作研究，三年来，在教师、家长等推荐的基础上，经我们通过智能测验鉴别，共调查超常儿童55人（男37人、女18人），其中追踪研究37人（男25人、女12人）。在追踪研究的超常儿童中，年龄不满3岁的1人，3~6岁的19人，7~12岁的14人，少年大学生3人；其中有独生子女共10人，2~6岁的独生子女7人，7~17岁的独生子女3人。这些超常儿童多数出生在干部和知识分子家庭，出生在工人和农民家庭的只有9人，约占1/4。

在这三年中，我们还对各年龄常态儿童的类比推理、创造性思维、感知觉以及记忆等方面进行了试验，以便与相应年龄的超常儿童进行比较。

一、什么是超常儿童

超常儿童是指智能发展明显超出同年龄一般发展水平的儿童。

---

[1]原文收录于《超常儿童研究论文集》，青海出版社，1983年。本报告提纲由中国科学院心理研究所的查子秀，东北师范大学的荆其桂，福建漳州师范学院（现闽南师范大学）的黄丽珍，信阳师范学院的舒笃初，周口师范学院的张华倩，华中师范大学的刘荣才，武汉师范学院（现湖北大学）的黎世法，湖南师范大学的李仲涟，华南师范大学的罗宜存，广西师范大学的阙之瑛，青海师范大学的王骧业，四川师范大学的高荣生、贺宗鼎，四川省綦江师范学校（现重庆市綦江实验中学）的相汲一，西南师范大学（现西南大学）的张增杰、陈志君，杭州大学（现浙江大学）的卢婉君，河北师范大学的张连云和青海省黄南藏族自治州民族师范学校的才让措等讨论，文章由查子秀执笔完成。

我们所说的"超常"是指在自然素质基础上，通过环境和教育影响发展的结果。超常智能不是指潜在的，而是现实表现的，不是固定不变的，而是不断发展的聪明才智。

超常儿童将来是否能发展成杰出人物，不仅取决于其智能的发展，也取决于其良好的个性品质、个人的主观努力以及适合的社会和继续教育条件。

二、超常儿童的鉴别和研究方法

西方最开始研究天才人物的方法是对社会上已成名的人进行家谱调查和分析。19世纪初，美国心理学家推孟首次把智力测验用于鉴别和研究天才儿童，此后，标准化的智力测验就成了鉴别和研究天才儿童的主要工具。19世纪50年代后，虽然有研究者对智力测验能否鉴别天才提出过怀疑，但是智力测验在欧美等国家仍然是鉴别和研究天才儿童广泛使用的一种方法。

我们通过三年来的初步探讨，对如何鉴别和研究超常儿童，逐步形成了下列一些看法：

鉴于超常儿童的表现多种多样，我们主张鉴别超常儿童应是多方面、多指标的。经过两年多的探索，我们认为应以思维发展（推理能力和创造性思维等）为鉴别智能发展的主要指标，但也要参照感知观察力以及记忆力等其他指标，并要兼顾发展的速度和过程，探讨量和质的差别。儿童实际表现的特殊才能和突出的学业成绩也应该是鉴别超常儿童的指标；求知欲、坚持性等良好的个性品质是超常儿童取得成就不可或缺的因素，因此也要考虑这一方面的表现。

根据超常儿童表现的不同方面，在鉴别时应采用不同的方法。在智能方面，主要通过对认知能力进行测验。在特殊才能和学业成绩方面，主要设计相应的测验以及作品分析等方法。在个性品质方面，主要采用观察、自然实验和谈话等方法。所以，我们是采用多种途径和多种方法综合运用来鉴别和研究超常儿童的。

鉴于超常儿童的智能是逐步发展的，我们主张对超常儿童的鉴别应该在不断的与相应年龄的常态儿童的比较中来进行。超常儿童的智能发展水平不一定都是直线上升的，因此在初步确定为超常儿童后，还需要追踪研究以资鉴别。所以我们是把超常儿童的鉴别、追踪研究和培养这几方面结合起来进行的。

三年来，我们初步探讨了评定超常儿童认知能力发展的参照指标。由于在第一年初步探索时，我们发现难度比较大的实验项目，如推理等，超常儿童和常态儿童差别显著，因此近两年来我们把探讨的重点放在3种类比推理及创造性思维方面。根据实验结果，超常儿童的成绩至少高于比他们大2岁以上的儿童的成绩均值，有的甚至超过了同年龄儿童的成绩均值的两倍。

通过智能方面的实验，有1~2方面的成绩（特别是思维方面）高于比他们大2岁以上儿童的平均发展水平，或有某方面的特殊才能，并有良好的个性品质的儿童，就可以初步确定为超常儿童。

三、超常儿童心理发展的特点

从三年的调查和追踪研究的结果看，超常儿童表现为多种多样的类型。有的幼年时便大量认字、阅读（包括中文和外文），有的数学才华早露，有的是小画家、小歌手；还有的既具有非凡的心算能力，又擅长绘画、书法，表现出抽象逻辑思维和形象思维同时高度发展。

超常儿童智能发展超过一般儿童的程度也不是一刀切的。有的超常儿童智能发展高于同年龄2岁以上，有的却高于同年龄3~4岁以上。

尽管超常儿童心理发展在质和量两方面都表现出了差异，但是我们仍然可以看到，在不同年龄的超常儿童中，还是存在着一些共同的特点，主要表现为：具有广泛的认识兴趣和旺盛的求知欲；思维敏捷、理解力强、有独创性；注意力高度集中、记忆力强；感知观察力敏锐；自信、有进取心、有坚持性等。

四、超常儿童成长的主要条件

三年来的调查和追踪研究表明，儿童自然素质的优异，只提供其发展为超常儿童的可能性，适当的教育和环境影响是使这种可能性转化为现实超常的极为重要的条件。没有环境和教育这两个条件，超常是很难出现的。

我们追踪研究的超常儿童，绝大多数在家都受到了优越的早期教育。为了满足这些儿童智能发展的需要，在一些学校和幼儿园的支持和关怀下，超常儿童被允许提前入学（包括小学、中学和大学）、插班或跳级。这些超常儿童在由教师、家长和心理学工作者组成的追踪研究小组的精心安排下，得到了健康的发展。但是也有少数早年智能显著超常的儿童，由于家长文化程度所限，不能继续给予其学习上的特殊辅导，在学校又"吃不饱"，因此发展面临着许多困难。这是一个值得重视、亟待有关方面关心研究并积极采取措施予以解决的问题。

三年来的调查和追踪研究还表明，超常儿童求知欲旺盛，做任何事都能专心致志，坚持性好，这是他们取得超常成就不可或缺的主观因素。因此我们不仅要关心他们学业成绩的提高，同时还要关心他们良好个性品质的形成，使他们从小就能全面发展，将来成长为德才兼备的优秀人才。

近年来国外关于天才儿童研究的动向 [1]

中国科学院心理研究所　查子秀

一、简况

第六届世界天才儿童会议于1985年8月5—9日在德国汉堡举行。这次会议的主要宗旨在于回顾总结自1975年第一届世界天才儿童会议后，十年来各国关于天才儿童的研究工作，并交流经验，展望未来。出席会议的有47个国家和地区的近千名代表。

送交大会的论文报告共400余篇，在大会或分组会上报告的有334篇。其中报告最多的国家是美国，共有167篇，占50%。其次是德国和加拿大，占12%和11.1%。报告的主要内容分类见表1。

表1　334篇报告分类

类别	篇数	占总数的百分比（%）
教育培养	180	53.8
理论探讨	43	12.9
鉴别	32	9.6
教师培训	25	7.5
综述、追踪	20	6.0
条件不利或缺陷	17	5.1
其他（德文）	17	5.1
总计	334	100

从报告分类的百分比可以看出，天才儿童教育方面的报告数量最多，已超过半

---

[1]原文刊登于《心理学动态》，1986年第2期。

数。这表明近十年来，在这个领域，学者、专家们的关注和兴趣主要集中在对天才儿童的教育干预上。这从侧面反映了许多国家对人才培养（特别是优秀人才培养）的急切需要和重视。

二、关于对天才儿童的教育

表2是对180篇教育方面报告的分类，从中可以大致了解国际上十余年来对天才儿童所进行的教育情况。

表2　教育方面报告的分类

类别	篇数
心理不同方面的教育：主要包括创造性、思维能力、伦理道德、社会感情等	53
课内外丰富项目：特殊班个别指导、星期六讲习班科学研究、特殊图书馆等	33
特殊才能：数学、写作、艺术及领导才能等	29
不同的教育形式：计算机教学、教育纲要等	24
不同文化背景：农村、少数民族等	14
早期教育（学龄前）	12
教育政策、教育项目评定	9
对家长的教育	6
总计	180

对表2的内容进行分析，不难看出，20世纪70年代以来，国外进行天才儿童教育有以下一些特点。

（一）重视发展心理品质或能力

直接探讨通过教育培养某方面的心理或能力的报告已有53篇。促进创造力发展的最多，有29篇，其中美国心理学家托兰斯关于儿童创造性的研究在国际上很知名，已在许多国家推广应用；促进思维能力发展的报告有20篇。这两方面合计共49篇，占教育项目的首位；探讨天才儿童社会性、情感及道德发展的报告只有4篇，说明研究的方面比较集中。再从各项丰富课程的教育项目看，尽管是研究课程或课外活动，但其目标多数也是为促进创造力或思维技能的发展。例如美国的多萝西·奥特组织的一项天才儿童的课外活动，通过设计和制造机器人，既丰富了儿童的各种学科知识，让他们了解了未来，又在书写、创制、研究中发展了儿童的创造能力。又如运用计算机教学的项目，其主要效果也是有利于促进儿童思维和创造力的发展。在对不同特殊才能的儿童教育中，目的之一也是发展其思维和创造性。

（二）注意差别，施行有区别的教育

对生活在不同文化条件下的天才儿童，如少数民族儿童或农村儿童，采取不同的教育措施（通过电视或函授等）；对拥有不同特殊才能的天才儿童，根据他们的特殊需要和特长来设计教育项目。如美国约翰斯·霍普金斯大学的斯坦利教授于1972年创办的数学快速班，在选拔和培养具有数学才能的学生方面收到了较好的效果。这一项目已在美国5个州及一些别的国家推广应用。此外，为不利环境中的天才儿童或具有某方面缺陷的天才儿童设计特殊的教育项目，有针对性地解决问题，促进其健康成长。

（三）内容丰富，形式多样

从表2便可看到内容和形式的多样化，但不限于此，有些教育项目，如前面提到的约翰斯·霍普金斯大学的数学快速班发展为特殊才能研究中心，为不同类型的天才儿童开设各种课外充实课程，仅科学课就有生物、化学、物理等，天才学生可以根据自己的兴趣选择1~2门学习，以获得综合的科学基础，从而能进入更高水平的科学班。此外，还有数学、计算机、文学等课程。课程的方式有几种，有在冬季或夏季的假期集中3~6星期的学习；有在学期中的每个星期六学习2小时；有函授学习；还有为家长或教师准备的课程等。

三、关于理论探讨

理论性研究分类见表3。

在个性特点方面的研究主要集中在成就动机、自我概念及情感问题上。德国的拉特杰等关于"成就动机、自我概念和天才"的研究对参加科学竞赛的天才儿童的成就动机进行了分析，力求找出他们坚持完成任务的因素，并在动机过程中强调儿童对自己能力的认识所起的作用，以及其他研究者对影响自我概念和成就的因素的探讨。另一些研究是对情感方面有障碍的天才儿童和常态儿童进行比较，找出他们

的差异，探讨不同的预防和心理治疗的策略。

表3　理论性研究分类

类别	篇数
个性特点（成就动机、自我概念及情感）	14
天才儿童的概念	11
神经生理（包括大脑半球特殊化）	8
认知（智力）结构	6
性别差异	3
跨年代比较	1
总计	43

　　关于天才儿童的概念，美国康涅狄格大学的任朱利回顾了传统的天才概念及近期研究提出的问题。他通过对一定量个案研究的总结，提出天才应由3组相互作用的基本特点组成，即超过常态的能力、创造力以及对任务的全力以赴。美国普渡大学的费尔德胡森针对天才的特征，在评述了各家观点之后，提出天才儿童应具有的主要特征是：优异的一般能力（能力倾向）和特殊能力，正确的自我概念、较高水平的动机和成就目标。此外，还有研究者提出不同的术语、天才的新定义，并以此作为他们在这个领域可能研究的方向。

　　关于神经生理方面的研究，英国心理学家艾森克在大会上做了《智力的生物学基础》的报告。加拿大的利迪娅萨托里－巴尔迪斯在《脑和情感》的报告中，通过对脑化学与儿童情感关系的观察材料，比较了高成就与低成就的天才儿童的不同特点，提出对天才儿童的理解将有可能有新突破。还有一些关于大脑半球优势与天才儿童学习的研究，例如加拿大纽布伦斯威克大学的拉塞尔·麦克内利通过两项实验，表明目前学校的学习以使用左脑为主，有些天才儿童是右脑优势，在学校得不到机会发展。研究提出采取相应的教学形式，使左、右脑都能得到促进，这样可以使右脑优势的天才儿童的创造性充分发展，以减少或避免他们在学校的失败和挫折。

　　性别差异方面，有一些是对具有数学才能的男女儿童性别差异的比较研究。例如美国约翰斯·霍普金斯大学的卡米拉·佩尔松·本博在数学快速班的研究中，发现数学优异的12~14岁学生中，在数学推理能力最高分数段男孩比女孩多，其比例为13∶1，她还根据积累的资料对造成性别差异的原因做了初步分析。另外还有对小学天才儿童认知和情感方面性别差异的比较研究，发现女孩比男孩在阅读方面表现更优异，但认知和情感方面无显著性差异。

此外，还有一项跨历史年代的比较研究，这是美国科罗拉多大学斯普林斯分校的杰里福莱克报告的，他对20世纪20年代著名心理学家推孟的研究对象与当代（20世纪80年代）的天才儿童进行了比较。探讨相隔六十年，不同年代的天才儿童在早期发展类型、学历、兴趣及对未来的态度等方面的异同。结果表明，当代的天才儿童有许多特点和问题与六十年前的记录有着相同点，但也有一些兴趣和问题受当代条件所限定。

上述理论方面的研究，虽然数量上相对来说远不及教育方面的研究多（约占教育的1/4），有一些重大的理论问题还未涉及，但可以看到一些研究者开始对这方面有了兴趣和重视。

四、关于鉴别

对天才儿童鉴别方面的报告只有32篇，相当于教育方面报告数量的1/5，反映近十年来对鉴别问题探讨已不太多。鉴别方面报告的分类如表4。

表4　鉴别方面报告的分类

类别	篇数
不同文化背景	11
不同模式	9
教师评定	5
早期鉴别	4
艺术	3
总计	32

从表4可以大致看出，十多年来在鉴别方面的研究有下列倾向。

一是对不同情况（不同文化、不同类型、不同状况等）的天才儿童采取了不同的鉴别指标和方法。例如美国的哈雷·马克斯·纳尔逊总结，在少数民族地区仅用标准化测验，有许多少数民族的天才儿童不能被鉴别出来，因此提出要采取个案历史研究等多种方法。加拿大的洛雷内维戈什等对因纽特儿童的鉴别，由于这个地区文化和语言不同，采用了韦克斯勒儿童智力量表测验，首先进行修订，在当地常态儿童中探讨了新的常模。对于这个不利条件下的天才儿童，标准化测量不完全适合，因此又用非文字作业进行测量。证明对不利条件下的天才儿童，非文字作业测量的质的分析是比较好的鉴别。埃及哈勒旺大学的阿马尔·萨迪克运用吉尔福特发散思维测验，测查艺术才能的学生的创造力。由于这套测验是语言类型的，不适合鉴别音乐才能的学生，因此，他按照音乐的内容修订为曲调的流畅性、音乐的独创性、乐曲的可变性等，取得了较好的鉴别效果。

二是多数研究者倾向于采用综合的指标和方法。英国、荷兰、美国等一些国家的研究者探讨了教师评定，有的比较采取标准化量表与教师评定量表的一致性，有的编制家长报告调查表，探讨用皮亚杰形式运演作业法、个案法及学生的自我评定等多种方法。

三是倾向于探索新的鉴别指标和方法。德国波恩大学的吕佩尔等，认为传统的智力测验是建立在一组个别项目的基础上的，这些个别项目分别测量智力的一个方面（单因素测量），可是天才儿童或成人信息加工过程有特殊质。这种特殊质不是由智力的一个方面或几个方面组成，实际上人在进行复杂推理时，总是智能整合协同作用的。因此，他们为探讨在解决科技问题中信息加工的质的特点，设计编制了一套新的测验，称之为QI测验（Quality of Information Processing），用以代替IQ测验。

五、教师的选择和培训

由于教师对天才儿童的认识、态度及与学生的关系直接影响教育的效果，因此凡是准备开展对天才儿童特殊教育的国家都要首先物色合适的教师，制订教师培养计划。如印度尼西亚在1982年为了在中小学进行天才儿童的特殊教育，拟订了对教师的长期或短期培训计划。

培训教师有多种形式，有比较全面系统的培训和某方面的培训。较全面系统的培训项目概括起来主要解决下列问题：一是帮助教师正确认识天才学生的特点和需要；二是使教师明确作为天才儿童的老师应具有的品质；三是帮助教师掌握管理天才儿童的策略、方法；四是掌握评定标准和方法等。集中对某方面进行提高的培训，如波兰的一项教师培训，由于克鲁兹托·布罗克罗维克等研究者认为影响儿童创造性最大的因素之一是教师本人的创造性，因此，为了提高教师的创造性，他们设计了20小时的训练项目，对60名幼儿园教师进行培训，收到了较好的效果。许多培养天才儿童的教育项目都有为教师开设的课程，例如约翰斯·霍普金斯大学的特殊才能研究中心项目、托兰斯创造性研究等，教师培训是其组成部分之一。此外，一些大学设有特殊教育专业，系统培养天才儿童的教师。

总之，通过这次会议，我们对近十年来国际上关于天才儿童的研究有了基本的了解，受到了很多启发。写此简要介绍，希望能对我国在这方面的研究工作有所促进。

参考资料

6Th World Conference on Gifted and Talented Children, Abstracts, 1985.

Stanley J. C. Fostering use of mathematical talent in the USA. SMPY'S Rostionale, 1985.

Weinert F. E., et al. How do the gifted think? Intellectual Abilities and Cognitive Processes, 1985.

John F. Feldhusen, Steven M. Hoover. A conception of giftedness: intelligence, self concept and motivation. Roeper Review: A Journal on Gifted Education, 1986, 8（3）.

Kurt Heller. The identification and labeling of gifted children. What Does Research Tell us? 1985.

Caudle J. I. Identification Procedures for Creatively Gifted, 1985.

Ruppell H., et al. QI Instead of IQ: New Tests for The Prediction of Exceptional Problem Sowing Abilities In Mathematical-Scientific-Technological Areas, 1985.

Ruppell H., et al. Developing New Qualities of Human Intelligence, 1985.

超常儿童心理发展追踪研究五年 [①]

中国科学院心理研究所　查子秀

摘要： 为适应我国实现"四个现代化"，早出人才、多出人才、出好人才的需要，1978年我们开始对超常儿童心理发展进行了协作调查和追踪研究。

本研究采取对超常儿童和常态儿童进行动态纵向的比较研究。研究中运用多种指标和各种方法，突出以思维为重点，并兼顾了非智力因素。

五年来的研究表明，超常儿童与常态儿童之间的差异不仅表现在发展的程度和速度方面，还表现在发展的过程、形式和特点方面。研究初步总结和概括了超常儿童的多种类型、共同的心理特点以及成长的主要条件。

一、前言

为适应我国加速实现"四个现代化"建设的需要，我们于1978年开始对超常儿童进行调查和追踪研究。这是一项全国心理学界的协作研究，最初由5个单位开始，现在已发展为32个单位的大协作了。

①原文刊登于《心理学报》，1986年第2期，123-131页。参加本研究的有：中国科学院心理研究所的查子秀和何金茶、四川师范大学的高荣生和贺宗鼎、上海师范大学的洪德厚、华中师范大学的刘荣才、青海师范大学的王骧业、湖南师范大学的李仲涟、中国科学技术大学的朱源、广西师范大学的阙之瑛、陕西师范大学的姚平子、信阳师范学院的陈光齐和舒笃初、东北师范大学的荆其桂、河南师范大学的凌培炎、四川省綦江师范学校（现重庆市綦江实验中学）的相汲一、周口师范学院的张华倩、河北师范大学的张连云、福建漳州师范学院（现闽南师范大学）的黄丽珍、西南师范大学（现西南大学）的陈志君、内蒙古师范大学的张慕蕴、安徽大学的刘玉华、安徽教育学院（现合肥师范学院）的康庄、西北师范大学的丁松年、华南师范大学的罗宜存、杭州大学（今浙江大学）的卢婉君、南京师范大学的葛沚云和卢乐珍、北京师范大学的陈帼眉、北京教育行政学院（现北京教育学院）的赵俊颜、山西大学的李树桂、遵义师范学院的方慎和、汕头心理学会的蔡雁生，本文由查子秀执笔。

研究的目的是鉴别和发现智能非凡的儿童和少年，尽早对他们因材施教，使他们能充分发挥智能发展的潜力，健康成长。同时探讨他们快速优异发展的原因和条件，为改进对常态儿童的教育、提高下一代儿童的智能发展水平服务，在此基础上，为探讨儿童心理发展的有关基本理论积累资料。

超常儿童主要指智能显著高于同年龄常态儿童发展水平及其具有某方面特殊才能的儿童。许多国家称这类儿童为天才儿童、有天资的儿童或英才儿童，称呼虽不相同，含义也略异，但所指都是智能发展出类拔萃的那一部分儿童。我们称这类儿童为超常儿童，因为他们是相对于常态儿童而言的，是儿童中智能发展非常优异的一部分。他们与大多数智能中等的常态儿童相比，虽有明显的差异性，但又有共同性，他们之间没有不可逾越的鸿沟。

五年来，我们调查并追踪研究了超常儿童100余人。为了与常态儿童进行比较，我们对3~16岁的常态儿童和少年5000余人进行了类比推理、创造性思维、感知力和记忆力等方面的对比研究，探讨了鉴别认知能力的参照指标，编写了《鉴别超常儿童认知能力的参照指标手册》及《鉴别超常儿童认知能力测验指导书》。

二、鉴别和研究方法

自从20世纪初，美国心理学家推孟首创用智力测验来鉴别和研究天才儿童后，四十余年来，智力测验在许多国家成了鉴别天才儿童的流行工具，高智商成了鉴别的决定性指标。凡是智商在130~140以上的儿童，就被确定为天才儿童。

20世纪50年代，自吉尔福特提出智力结构多方面的理论后，一些研究者指出智力测验不能鉴别儿童的创造力，此后许多人开始探讨、编制能测定创造能力的各种测验。20世纪70年代后，许多研究者先后指出，智商测验只能测量完成学校作业所需能力或学习成就，不能测量儿童可测智能的所有方面，因此它不是鉴别所有超常儿童的一个完善的工具。有的研究者，如斯坦利还指出，这种综合的量表（一组测验）不能提供不同类型的特殊能力的足够信息，两个智商分数相同的儿童，其实际能力类型的差异可能很大。他创办数学快速班，以发掘和培养具有数学才能的儿童。有的研究者甚至指出，天才儿童的研究领域与心理学其他领域（如认知方面等）相比，发展缓慢，其原因是我们满足于老一辈先驱者（如比奈、推孟及韦克斯勒）所创立的智力测量。近年来，越来越多的人主张要采取多指标和探索多种方法来进行鉴别和研究。

我们为了探讨较为有效的研究方法，在辩证唯物主义思想指导下，吸取了国外的研究经验，经过几年的摸索，逐步形成了下列研究原则。

（一）在动态中进行比较研究

由于超常儿童智能是发展的，不是固定不变的，而这种发展受文化条件、环境和教育制约，因此我们把超常儿童的研究和鉴别放在与相应年龄的常态儿童的动态比较中来进行。

（二）采取多指标、多途径、多种方法鉴别和研究

考虑到超常儿童的表现不是单一模式，而是有多种类型，因此我们鉴别和研究采用多方面的指标、通过多种途径、运用多种方法来进行动态的比较研究。

所谓多方面指标包括：一般智能方面，即感知观察力、记忆、思维（类比推理、创造性思维），而以思维为主要指标；学习能力和成绩方面，即儿童在学习过程中掌握知识技能的速度、方式、深度和巩固程度、取得的成绩，以及特殊才能方面和个性品质方面。

根据不同的方面，通过不同的途径（直接实验、测查、观察，间接通过教师和家长的观察），采用多种方法（如实验、观察、测验、谈话、作业和作品分析等）来收集、积累资料。

（三）把发展的质和量结合起来研究

由于超常儿童智能的发展是量变和质变的辩证统一过程，我们对超常儿童的鉴别和研究，不仅要有量的方面（反应结果、速度）的指标，还要有质的方面（反应过程、方式、策略特点）的指标。儿童智能发展速度不是均衡的，因此我们对超常儿童的鉴别不是做一时或一两次的测查就下结论，而是在初步确定为超常儿童后，还要追踪观察一个时期，通过教育进一步考查，所以我们是把鉴别、追踪和教育三者结合起来进行研究的。

（四）兼顾智力和非智力因素进行研究

在超常儿童的成长过程中，某些个性品质（如认知兴趣、求知欲、坚持性等）是超常儿童取得成就不可缺少的主观因素。因此在鉴别和研究时，不单纯考查智力方面，同时重视考查个性品质方面，把智力和非智力因素结合起来研究。

五年来，我们对被推荐或报名应选的儿童一般通过下列程序进行鉴别，见表1。

表1　超常儿童鉴别经过程序

序号	方面	内容
1	与儿童及推荐人面谈，填写调查表	包括超常的主要表现：发育史、个性品质特点、健康状况、家庭教育、父母职业等
2	初步筛选（或核实性测查）	针对推荐的超常表现，设计测查项目，进行核实检验，或借用某量表进行初筛
3	认知实验	用协作组编制的鉴别认知能力的实验项目进行测查，选取各项成绩达到同年龄均值两个标准差以上，并超过2岁以上者
4	作品（或学校作业）评定	包括作文、绘画、模型等，作品请教师或专家进行评定
5	个性特点问卷调查	由教师和家长填写

在上述收集的各种材料的基础上，对被推荐或报名的儿童进行全面分析，然后判定此儿童是否为超常儿童。初步确定为超常儿童后，还要在追踪研究中对其进一步考查。

三、超常儿童与常态儿童的比较

1978—1979年，我们将超常儿童与本地区一定数量的同年龄或高年龄同班常态儿童进行比较。为了常态儿童取样具有更广泛的代表性，1980—1981年，我们在全国范围16个地区采用同一实验方案进行超常儿童与常态儿童类比推理及创造性思维方面的比较研究。1982—1983年，我们又在全国29个地区进行了认知4方面（观察、记忆、类比推理及创造性思维）的比较研究。五年来，被试为3~14岁儿童及少年共5000人。对实验的结果采取两种评定方法：一种是反应分，即做对一题给1分；另一种是水平评定，每项实验的水平评定由3位主试根据各项实验水平等级评定标准，对每个被试的每项实验结果进行逐项评定得出。各项实验的结果均经过了统计上效度和信度的检验。下面以类比推理及创造性思维实验比较研究的结果为例，来看一看超常儿童与常态儿童反应结果和水平上的差异。

（一）超常儿童与常态儿童反应结果的比较

超常儿童与常态儿童反应结果的比较见表2和表3。

表2　4~14岁超常儿童和常态儿童类比推理及创造性思维成绩比较

超常儿童	图形类比推理			数类比推理			创造性思维推理		
	分数	超过同年龄几个标准差	高于几岁的平均值	分数	超过同年龄几个标准差	高于几岁的平均值	分数	超过同年龄几个标准差	高于几岁的平均值
A（4岁）	6	1.5	2	6	2.4	2	6	1.7	2
B（4岁）	6	1.5	1	5	1.8	2	8	2.8	2
C（4岁）	6	1.5	2	6	2.4	2	7	2.2	2
D（8岁）	10	1.5	6	21	5.2	6	28	6.3	4
E（8岁）	10	1.5	6	22	5.5	6	29	6.6	4
F（9岁）	10	1.3	5	23	4.3	5	36.5	5.7	3
G（9岁）	11	1.8	5	23	4.3	5	38	6	3
H（10岁）	10	1.0	4	19	2.1	4	30.5	3.3	2

表3　超常少年大学生与同年龄及高年龄学生创造性思维实验成绩比较

项目	单位	人数	平均年龄	平均分数	标准差	标准误	最高分	最低分
男学生	中国科学技术大学83级少年班	35	15.1	21.8	6.8	6.9	40.0	9.5
	安徽大学83级数学系	26	18.4	16.3	5.3	5.3	27.5	8.5
	合肥市第九中学高一（2）班	15	15.4	14.1	5.9	6.1	28.0	4.0
女学生	中国科学技术大学83级少年班	4	15.5	25.1	10.4	12.0	42.5	16.7
	安徽大学83级数学系	2	17.4	18.5	0.5	0.7	19.0	18.0
	合肥市第九中学高一（2）班	10	15.4	10.9	5.9	6.2	20.5	5.5

仅就表2所列部分超常儿童的成绩与常态儿童的比较看：多数超常儿童既超过同年龄常态儿童平均成绩两个标准差以上，又高于比他们大2岁以上的儿童的平均成绩。这说明把这两方面结合起来，作为鉴别超常儿童的一种定量的参照指标，是可能的；有少数超常儿童高于比他们大2岁以上的儿童的平均成绩，但没有超过同年龄均值的2个标准差，这种现象在图形类比推理方面表现较多，但在数类比推理及创造性思维方面较少。这可能与实验材料有关，难度大的项目，超常儿童与常态儿童差异明显。这使我们看到，在儿童心理发展过程中，存在着主要和次要方面，

探索出主要方面，就有可能找到鉴别的主要标准。

从表3可以看出，超常少年大学生，不论男女，其创造性思维的平均分数都超出同年龄的高中学生2~3个标准差以上，并超过比他们大2~3岁的同级大学生。而且，最高分不论男女都是少年大学生显著高于比他们大的同级大学生。

（二）超常儿童与常态儿童发展水平比较

在实验过程中，我们发现对同一实验项目，不同儿童即使反应结果相同、得到同样的分数，但取得结果的过程、反应的方式和特点却不完全一样。答案都正确的儿童，分析起来可以区分为几种不同的水平。这种反应过程、方式和特点的不同，反映了儿童认知发展的质的差异。

在类比推理实验中，我们发现反应正确的结果可以区分为3种水平：第一种水平是能抓住两个实物、图形或数之间的本质的或主要的关系；第二种水平是只能根据它们之间外部的、部分的或次要的联系进行类推；第三种水平是反应正确，但不能理解为什么。

在创造性思维的正确反应中，我们同样发现有3种水平：第一种水平是能抓住所提问题的关键，解决问题有独创性；第二种水平是经过尝试，经历错误后达到问题的解决；第三种是反应正确，但不能理解为什么。

我们把达到第一种水平看作具有类比推理能力或创造性思维的指标。下面将部分超常儿童与常态儿童达到第一种水平的人数百分比加以比较，见表4和表5。

表4　4~6岁部分超常儿童与常态儿童类比推理水平的人数百分比（%）

儿童		图形类比推理	图片类比推理	数类比推理
超常儿童	A（4岁）	50.0	66.7	83.3
	B（4岁）	50.0	33	83.3
	C（4岁）	66.7	50.0	100
	D（4岁）	66.7	83.3	100
常态儿童	4岁组	19.2	6.9	4.6
	5岁组	42.9	20.0	22.5
	6岁组	52.0	36.2	49.0

注：常态儿童各项实验数字是各年龄组达到第一种水平的平均百分数。

表5 7~12岁部分超常儿童与常态儿童类比推理及创造性思维水平的人数百分比（%）

儿童		图形类比推理	语词类比推理	创造性思维
超常儿童	马某（8岁）	66.7	92.0	60.0
	王某（8岁）	75.0	75.0	70.0
	李某（9岁）	66.7	50.0	70.0
	李某某（9岁）	76.0	75.0	90.0
	毛某（10岁）	92.0	58.3	50.0
	刘某某（10岁）	75.0	75.0	80.0
	王某某（10岁）	58.3	92.0	70.0
常态儿童	8岁组	39.0	24.3	10.3
	9岁组	43.5	30.5	22.3
	10岁组	42.0	19.4	28.8
	11岁组	45.8	41.1	32.0
	12岁组	44.9	42.6	33.8

注：常态儿童各项实验数字是各年龄组达到第一种水平的平均百分数。

从表4可以看出，4岁超常儿童达到第一种水平的人数百分比明显超过了同年龄的常态儿童，而且接近或明显超过6岁组常态儿童的水平。

从表5我们同样可以看到，超常儿童达到第一种水平的人数百分比不仅显著高于同年龄常态儿童，而且超过了比他们大2~4岁的常态儿童的水平。

从对超常儿童与常态儿童类比推理原始材料的分析，可以概括出超常儿童有一些优于常态儿童的共同特点：理解快，善于概括图形、实物图片和数量之间的关系，能抓住本质进行正确的类推。从创造性思维实验记录中，同样可以总结出超常儿童思路灵活，能抓住关键点，有方法、有策略，能独创性地解决问题。

从儿童各项认知实验比较研究的结果看，超常儿童与常态儿童的差异不仅表现在反应的结果上，还表现在反应的过程、方式和特点上。仅根据反应结果评分，不能揭示超常儿童优于常态儿童的特点和原因。因此把反应的结果（量的方面）与反应的过程、水平和特点（质的方面）结合起来鉴别和研究不仅必要，而且可行。这既有利于深入揭示超常儿童和常态儿童心理发展的实质，以便找到更好鉴别的主要指标和方法，而且有助于改进对超常儿童和常态儿童的教育。然而这方面的探索还仅仅是一个开始，还有待重复和验证。

四、超常儿童心理发展的特点

我们对50名追踪研究多年的超常儿童的情况进行了分析，结果见表6。

表6　50名超常儿童简况

年龄	人数	性别		家庭			教育环境					表现类型				
		男	女	工农	干部	知识分子	幼儿园	小学	中学	大学	在家	数学	绘画	识字、阅读	外语	综合
3~6岁	9	4	5	4	2	3	4	5	—	—	—	—	—	4	—	5
7~12岁	30	21	9	9	10	11	—	16	13	—	1	5	4	2	1	18
13~15岁	5	3	2	1	—	4	—	2	2	1	—	2	—	—	—	3
16岁以上	6	5	1	1	1	4	—	—	—	6	—	—	—	—	—	6
总计	50	33	17	15	13	22	4	23	15	7	1	7	4	6	1	32

从表6可以看出，这些超常儿童的年龄、年级不尽相同，生活在不同条件的家庭，其专长表现在不同的类型。他们超出常态儿童的发展水平也各异，有的超出同年龄均值2个标准差以上，有的超出4个或5个标准差。尽管如此，从他们身上仍然可以看到一些共同特点：

认知兴趣浓厚、求知欲旺盛。这些超常儿童在很小的时候就表现出强烈的好奇心，不仅对知识有浓厚的学习兴趣，视学习如同游戏，而且愿意主动探索事物发展变化的奥秘。

思维敏捷，有独创性。超常儿童在思维实验和日常学习中都善于概括关系、抓住实质，能迅速灵活、有策略、有独创性地解决问题。

感知觉敏锐，观察力强。许多超常幼儿的视觉、听觉辨别能力突出发展，表现在对汉字的形和音的细微差异的区别上。稍大的超常儿童的主要特点是有目的、有条理，能抓住观察对象的主要特点，有方法地迅速完成任务。

注意力集中，记忆力优异。超常儿童的注意力能高度集中，特别是对感兴趣的事情，往往能专心致志达数小时，即使是精彩的电视节目也不能使他们分心。他们的记忆力好，识、记快，且能长时间记住不忘。他们记忆的特点是善于分析数之间的关系（偶数或奇数，数的间隔等），寻找有效的记忆方法。

进取心强，自信，有坚持性。这类儿童都比较自信、好胜，想要学什么或干什么，就非要学会、干好。他们能排除各种干扰，表现出坚毅顽强的个性特点。

五、超常儿童成长的主要条件

根据对50名超常儿童追踪材料的分析，可以看到绝大多数超常儿童受到了较好的早期教育，几年来他们的发展是正常的，并能继续优异地发展下去。

这里着重提出的是超常儿童继续发展的速度是不平衡的，有一部分儿童可以说是跳跃式前进。几年来，有的儿童不仅提前进入小学，还跳级进入了初中。例如王某，3岁10个月进入小学一年级，8岁跳级考入初中。刘某某，6岁上小学四年级，不到7岁半参加小升初考试被录取升入初一。他们都是五年内从幼儿园跨入小学又跨入中学。还有一些超常少年从初三或高一直接考入大学，又以优异成绩考取了国内外的研究生。

有少数超常儿童是波浪式发展的，他们在幼年发展非常突出，提前进入了小学，但入学后由于贪玩、生活自理能力较差等原因，一到二年级时在班里表现不显著，学习成绩一度下降，经家长及时采取措施，三到四年级后又好转或明显上升，成绩名列前茅。

但是也有个别超常儿童几年来发展速度渐缓，分析主要是由于从小没有打好基础，导致发展受到限制，再加上社会压力、家长要求过急、与学校老师关系不好等原因，使儿童学习积极性受挫，成绩下降。目前这种情况已引起实验人员和家长的重视，正在采取措施解决。

几年来的调查和追踪研究表明，儿童自然素质的优异只提供发展为超常儿童的前提和可能性，而适当的教育和环境影响是使这种可能性转化为现实超常的极为重要的条件。根据这些超常儿童的材料，可将他们成长的主要条件概括如下：

第一，良好的家庭教育和环境是超常儿童成长的基础。

在调查和追踪的超常儿童中，绝大多数在家庭中受到了优越的早期教育。许多家长不仅给孩子提供身心发展的有利环境，而且在孩子很小时就善于因势利导，有目的、有计划地进行早期教育。

第二，因材施教的学校教育是超常儿童进一步发展的关键。

近些年来，我国有些单位开始重视对超常儿童和少年的因材施教，有的学校（如中国科学技术大学）设置了少年班，破格择优录取有超常智能的少年，取得了可喜的成绩。许多中小学经考核允许这类儿童提前入学或跳级，领导和教师根据超常儿童的实际情况给予因材施教和关心。例如对于插班进入高年级的年龄较小的儿童，根据他们身体的发育情况，允许体育课按同年龄要求或跟同年龄班上课等。对跳级后仍出现"吃不饱"现象的儿童，学校经考核允许其再次跳级，或允许他们参加多种课外小组，充分发挥其潜力。在学校的关怀、支持和教育下，许多超常儿童得以进一步优异地发展。但也有超常儿童发展突出且很有潜力，但在学校得不到因材施教，只得在家长指导下在家自学。

第三，儿童浓厚的学习兴趣、旺盛的求知欲、专心致志和坚毅顽强等个性品质是超常儿童取得超常发展的不可缺少的主观因素。

五年来追踪研究的材料充分表明，较好的早期教育环境只是超常儿童成长的有利的外部条件，这些条件是通过超常儿童本人浓厚的学习兴趣、高度的积极性、自觉性及坚持性等内部因素而起作用的。从个别超常儿童由于学习积极性受到打击，失去信心，因而成绩退步、发展的步子相对迟缓下来的例子也可以说明这一点。

六、讨论

（一）关于动态的比较研究

鉴于超常儿童的智能是发展的，发展总是在具体的时间和条件下进行，因而生活在不同社会文化背景、不同家庭环境和教育条件下，儿童的智能发展不尽相同，且表现出多种类型。采取动态的比较研究，可以在超常儿童发展的过程中，定期与年龄相同、类型相同、条件接近的常态儿童做比较，这样便于运用多方面的指标，利用各种适合的方法。

采取动态的比较研究不仅有利于对超常儿童与常态儿童发展的程度和速度进行比较，还有利于对超常儿童发展的过程、特点的探讨，以便深入揭示发展的规律。

根据几年来的摸索，动态的比较研究做法有两种：一种是就地小范围的比较，即在本地区选取小样本（人数可根据需要和可能决定，突出所追踪的超常儿童的特点，比较的项目不要求全面）；另一种为全国范围的比较，对各类超常儿童都具有的认知或个性特点进行较全面的较大样本的比较。

（二）关于超常儿童心理结构问题

从前面对超常儿童共同具有的心理特点的概括看，超常儿童不仅智能发展优异，如感知觉敏锐、记忆力强、思维敏捷、有独创性，而且认知兴趣浓厚、求知欲旺盛、自信、有坚持性。这两大方面共同具有的特点表明，超常儿童的心理成分不单纯由一般智能和特殊智能构成，还包含有个性倾向和品质的方面。

再从这些个性心理品质的作用看，由于这类儿童有认知兴趣、求知欲较强，很小就表现出不是被动地受教育，而是一个主动积极的探索者。他们一旦对什么发生了兴趣，就有一股非要学会、学好不可的劲头。不同类型的超常儿童的主动积极性虽然表现在不同方面，但都很突出。从个别受到挫折的超常儿童看，首先学习积极性会受到影响，进取心下降，自信心不足，进而学习成绩下降。由此可以看出，个性品质是超常儿童心理结构中不可缺少的成分。

（三）关于对超常儿童的教育问题

调查和追踪研究的材料表明，大多数超常儿童有着良好的早期教育，家长在教育超常儿童中起着重要的启蒙作用，为超常儿童的成长奠定基础。

超常儿童进一步的发展，则取决于学校教育，关键是对这类儿童能否因材施教，有针对性地培养。许多国家为这类儿童提供多种形式的特殊教育条件，如美国联邦教育总署设有天才儿童教育局，每年专为天才儿童的教育拨款几百万美元。苏联为有天资的儿童建立各种专门学校，目前已达几百所。相比之下，我国在超常儿童的教育方面差距还是比较大的。

超常儿童是人才资源中的"富矿"，如何根据他们的身心发展特点给予多种形式的因材施教的机会，使他们的潜力得到充分发挥，这是一个亟待有关方面研究和解决的重要问题。

七、小结

五年来的研究和探讨表明，对超常儿童与常态儿童进行动态的比较研究，在研究中采取多方面的指标、运用多种方法，是正确、可行的。

超常儿童与常态儿童之间的差异不仅表现在发展的程度和速度方面，而且表现在发展的过程、形式和特点方面，因此在研究和鉴别中，把量和质两方面结合起来探讨，既是必要的，也是可能的。

在超常儿童的形成和发展中，优异的素质仅仅提供了发展的可能性，环境和教育等是使这种可能性转变为现实超常儿童的决定性条件。而且，超常儿童的发展不仅取决于优异的智力因素，而且取决于非智力因素——某些个性品质。

开展全国协作研究是具有我国特色的研究超常儿童的有效形式，它有利于我们对分布在全国各地的超常儿童进行大体统一方案的追踪研究，并有利于集中集体的智慧和力量，在较短的时间内取得一定的研究成果。

参考资料

Loanne R. Whitmore. Giftedness, conflict and underachievement. Allyn and Bacon Inc., Bosten, 1980.

Robert M. Liebert, et al. Developmental psychology, the intellectually exceptional. Prentice-Hall Inc., Englewood Cliffs, New Jersey, 1977.

Joe Khatena. Educational psychology of the gifted. John Wiley & Sons Inc., USA, 1982.

P. E. Vernon, et al. The psychology and education of gifted children. London, 1977.

Daniel P. Keating, et al. Intellectual talent research and development. The Johns Hopkins Univ. Press, Baltimore Md, 1976.

Halbert B. Robinson. The uncommonly bright child. Univ. of Washington, 1979.

W. C. Roedell, et al. Gifted young children. Teachers College Press, N. Y., 1980.

Joan Freeman. Gifted children. Britain, MTP Press Limited, 1979.

超常儿童研究协作组. 关于开展超常儿童心理发展的调查和追踪研究的一年总结. 心理学报，1981（1）.

超常儿童研究协作组. 智蕾初绽——超常儿童追踪研究，西宁：青海人民出版社，1983.

超常儿童研究协作组. 鉴别超常儿童认知能力参照指标试用手册. 全国心理学会第五届年会会议文摘选集，1984.

查子秀执笔. 3~6岁超常和常态儿童类比推理的比较研究. 心理学报，1984（4）.

李仲涟执笔. 7~15岁超常与常态儿童创造性思维比较研究. 湖南师范学院学报，1984（4）.

徐世京译. 苏联"天才"儿童专门学校的发展状况. 教育研究丛刊，1980.

谁的类比推理能力强一些?

——幼儿类比推理实验研究的启示 [1]

中国科学院心理研究所　查子秀

人们在日常生活和学习中，经常运用类比推理，即使儿童也不例外。例如玩过机动小人玩具的儿童，当他后来得到机动小汽车、坦克或飞机等新的玩具时，他们会联想起过去使这类玩具发动的经验，不再需要成人帮助，自己就会拧紧发条玩起来。在幼儿园里，当老师教会幼儿5以内各数的组成和分解后，许多幼儿就会按照老师所教，自己进行6~10等各数的组成和分解。一些已经认识较多汉字的幼儿，当知道大和小、上和下、好和坏这些反义词后，就能概括出只要意思相反的词就是反义词，当要求他们从若干字词中把其余反义词都挑出来时，他们能顺利做到……可见，幼儿在生活经验范围内，具有一定的类比推理能力。如果没有类比推理能力，人在学习时就会受到很大限制，适应生活时也会遇到困难。

一、学龄前儿童类比推理能力发展水平和特点

我们用实物图片和几何图形的实验材料，设计出3种类比推理实验。即用几何图形表明上、下、左、右等空间关系，用图片表示两种事物间的从属、功用、对立及因果等关系，以及用图形表示数量之间简单的系列和组成分解关系。这些关系都是儿童生活中遇到过的，儿童用选择法进行回答，并说明选择的根据。用这套实验材料对数百名3~6岁的儿童进行了测查，获得下列结果。

从学龄前儿童正确完成上述类比推理实验任务的各年龄人数的百分比看，3岁只有25.6%，4岁为42.3%，5岁为71.3%，6岁为87.3%。我们可以看出，正确率随

---

①原文刊登于《父母必读》，1986年第11期。

儿童年龄的增长而上升，说明这个年龄阶段的幼儿对以实物图片等形式呈现的关系，具有一定的类比推理能力。

再对这些儿童选择的理由进行分析，可以看出3岁组基本不会类比推理，4岁组主要依据外部的次要的联系进行类比推理，5~6岁组依据本质关系进行类比推理的人数明显上升，6岁组达到50%左右。然而从具体材料分析看，这部分成绩最好的儿童主要也是凭借具体形象来进行类比推理的。所以，总的来说，幼儿的类比推理能力还处于初级水平，具有形象化等特点。

二、独生子女与非独生子女的类比推理能力有差别吗？

在同一年龄组中，儿童的类比推理表现有明显差异。有些儿童发展好些，有些儿童差些。独生子女的类比推理发展是否要比非独生子女好呢？我们将各年龄组中独生子女与非独生子女类比推理的成绩和水平进行了分析比较，发现3~6岁各年龄段的3种类比推理，不论平均分数或达各水平等级的人数百分比，独生子女和非独生子女的差异都没有达到统计上的显著水平。只是在得高分的人中，独生子女比非独生子女略多一些（独生子女为90人，非独生子女为63人）。

为了考察生活在同一类家庭的独生子女与非独生子女类比推理有无差异，我们又将同为工人家庭和同为知识分子家庭的独生子女与非独生子女的平均分数和水平分别进行了比较，结果显示，差异同样没有达到显著水平。

三、不同家庭教育对儿童类比推理能力的影响

从家长对孩子的教育情况进行分析的结果可以看出，家长对孩子的教育可分为两类：第一类，家长重视早期教育，并有计划地进行教育。除经常给孩子提供各种读物，让孩子只能在规定时间看电视外，还主动积极地指导孩子画画，教他们外语、拼音、汉字、计算等。第二类，家长不注意对孩子的教育，任其自然发展，虽也为孩子买玩具和读物，但不加指导，教育方式比较被动。

按照这两类不同的家庭教育，我们将4~5岁组儿童类比推理的成绩分别进行了比较。有趣的是发现第一类家庭教育的儿童（不论是独生或非独生子女）类比推理

的平均成绩明显高于第二类家庭教育的儿童，两者的差异达到了非常显著的水平，如图1所示。

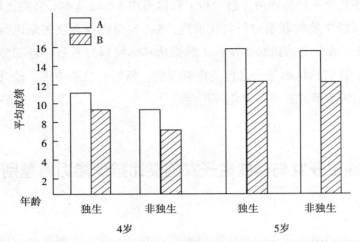

图1　4~5岁不同家庭教育条件的独生子女与非独生子女类比推理成绩比较

注：A为第一类教育方式，B为第二类教育方式。

由此表明，类比推理能力发展的好坏，不在于是否是独生子女，而在于家长对孩子的教育。独生子女是家中唯一的孩子，没有兄弟姐妹，家长的时间和精力可以集中在他们身上，这些是独生子女得天独厚的地方。但是这仅仅是有利的客观条件。如果家长重视对孩子的教育，善于利用这些条件，就可以使这些客观条件成为促进儿童聪明才智充分发展的积极因素。这就是为什么独生子女中得高分的人数比非独生子女多的一个原因，同时也是为什么同样生活在独生子女家庭，拥有第一类家庭教育条件的独生子女类比推理的平均成绩高于拥有第二类家庭教育条件的独生子女的一个原因。

为了进一步比较教育对幼儿类比推理能力发展的促进作用，我们在一个幼儿园的中班进行了教育实验。实验结束后用另一套实物图片类比推理的材料对实验班和对比班（未进行教育实验）分别进行了测查，发现实验班儿童类比推理水平明显高于对比班。

四、几点启示

通过对学龄前儿童进行类比推理的研究，我们得到如下启示：

学龄前儿童在一定范围、一定水平上具有类比推理能力。因此，对幼儿进行早期教育时，不仅要教育幼儿认识周围的人和物，也应该适当引导幼儿分析认识一些事物间的关系和联系，培养他们类比推理的能力，这样做既可丰富早期教育的内容，又有利于儿童智力的开发。

　　在培养幼儿的类比推理能力时，要多采用直观形象，通过实物演示，结合幼儿的生活实际，运用图片、图形或玩具等具体形象的材料，来达到较好的效果。

　　独生子女和非独生子女类比推理表现无显著差异，说明独生子女和非独生子女的智力并无明显差异。

重视从小培养孩子良好的个性
——对独生子女家长的期望 [①]

中国科学院心理研究所　查子秀

天下父母无不爱孩子，尤其是独生子女的家长，更是望子成才。这种心情是可以理解的，关键在于要如何爱孩子才能使孩子成才。许多独生子女的家长对孩子的智力开发十分重视，对他们的健康也非常关心，但是对孩子良好个性品质的形成却没有足够的注意。

心理学的有关研究表明，一个孩子在学校成绩的好坏，成年后成就的大小，不但取决于他们的智力，而且取决于一些非智力因素。美国心理学家推孟在20世纪初，追踪研究了千余名智力超常的儿童。在这些儿童成年后，他在男性实验对象中选出成就最大的150人和成就最小的150人进行分析比较，发现他们在小学时学习成绩差不多，后来却发生了明显分化，其原因不在智力差异，而在于家庭背景和个性品质的差异。成就大者具有自信、谨慎、进取心强、有坚持性、情绪稳定等特点，成就小的则正相反，缺乏这些品质。

还有一些研究者对具有创造性成就的人和缺乏创造性成就的人进行了研究，发现前者好奇心强、兴趣广泛、爱独立思考、不顺从、敢打破旧传统等，而后者固执、刻板、不主动、有依赖性等。

可见，一个人具有什么样的个性品质，是积极还是消极，对他的成长和成就的取得起着促进或阻碍作用。这至少从一个侧面说明，关心和培养儿童良好的个性品质是十分重要和必要的。

独生子女是否比非独生子女具有更多不良的个性品质？国内外关于这方面的比较研究还没有得出一致的结论。在现实生活中确实有不少独生子女的行为表现给人们留下了不好的印象，例如他们以自我为中心、不合群、任性、独立性差、依赖性大等。可是，事实上也有不少独生子女没有上述不良品质。同为独生子女，为什么

---

①原文刊登于《瞭望》，1986年第21期。

个性上这样不同？

儿童的个性不是生来就有的，而是出生后，在社会环境影响下，在与成人交往中，在生活实践过程中，逐渐形成、发展起来的。家庭是儿童出生后的第一个社会环境。家庭的物质和文化条件、家庭关系、家长对孩子的态度，以及儿童在家庭里的地位和生活方式，都会给他们个性的形成留下最初的印记。

儿童的个性形成和发展也是有规律的。婴幼儿时期，他们就能理解一些简单的行为要求。从这时起就可以而且应该结合他们表现的行为，用他们理解的语言或其他方式，教给他们正确的行为规范，使他们从小逐步学会分清好坏、对错和是非，形成最初步的道德情感及良好的行为习惯。有不少家长这样做了，他们对孩子爱而不溺，不无原则迁就，取得了好的效果。但是也有不少家长对自己的孩子过分宠爱，一切以他为中心，孩子要什么给什么，对孩子百依百顺、姑息迁就，从小就养成专横任性的性格，尽管这不是家长的主观意愿。这样的家庭地位和生活方式，必然造成儿童消极的个性品质。

婴幼儿时期是可塑性最大的时期，也是个性奠定基础的关键时期。如果家长不注意培养儿童良好的个性，消极的行为习惯一旦形成，先入为主，虽然不是不可改变，但改起来总是比较费劲的。

可见，独生子女身上表现出较多的消极品质，问题不在独生子女本身，而在于家长对孩子的要求和态度，在于家长对孩子的教育。

独生子女的家庭，由于孩子少，经济负担相对较轻，家长可以集中精力教育这个孩子，这些都是独生子女家庭有利的客观条件。如果家长善于利用这些条件，重视孩子全面发展的教育，就可以使这些条件成为促进孩子德、智、体、美、劳全面发展的积极因素。当然也要看到，由于家里只有一个孩子，没有兄弟姐妹分享、互让、互相帮助，对独生子女的成长而言是不足的方面。但是，家庭本身就是一个小集体，家庭成员间（包括祖父母、外祖父母等）如果是正常的关系，在一定程度上可以弥补上述不足。而且还可以采取一些积极的措施，如让孩子上幼儿园，与邻居儿童友爱相处等，都可以引导孩子培养集体感、合群、关心他人的品质。所以，培养儿童良好个性品质的主动权在家长方面，可是要真正实现也是不容易的。现提出下列几点，供家长们参考：

一是要充分认识从小培养孩子良好个性的必要性和重要性，明确教育思想，在家庭教育中贯彻全面发展的教育方针。

二是要了解和掌握儿童心理发展的科学知识和理论，尤其是儿童个性形成发展的知识和理论，联系孩子的行为实际，有意识地指导他们形成良好的个性。

三是要全面认识独生子女家庭的有利条件和不利因素，充分利用有利条件，发挥其教育的积极作用，并采取措施预防不利因素可能带来的影响。

四是要发挥家长的表率作用，使孩子受到潜移默化的影响。

相信在家长们的精心教育下，祖国的下一代能够德、智、体、美、劳全面发展，健康成长，成为有理想、有志气、有道德、有知识、有才能、有良好个性品质的新一代。

超常儿童心理研究十年 [①]

中国科学院心理研究所　查子秀

摘要：本文总结了我国超常儿童心理发展十年研究的主要结果，简要地考察了从神童到超常儿童概念的历史发展；概述了我国研究者关于超常与常态儿童认知和个性以及两者关系比较研究的结果；总结了对超常儿童的鉴别原则、程序及实践；分析了我国关于超常儿童和超常少年的教育实验，指出其进展、主要特点和现实意义；对我国超常儿童研究协作组坚持十年协作研究作用的评价。

一、前言

1978年春天，在全国心理学会议上，根据我国实现"四个现代化"建设早出人才、多出人才的需要，我们经讨论决定在我国开展关于超常儿童的调查和追踪研究。这方面的研究在国际上已有百余年的历史，但是我国一直还没有开展过这方面的研究。

对超常儿童进行研究的主要目的是：鉴别和发现智力非凡的儿童和少年，尽早对他们因材施教，进行有针对性的培养，充分发展他们的潜力，使他们加速健康成长；探讨超常儿童与常态儿童心理发展的异同，分析并总结他们优异发展的主客观条件，为建立适合超常儿童的特殊教育、改进对常态儿童的教育提供心理学依据；在此基础上，为研究儿童心理发展的有关理论问题积累资料，比如儿童心理发展中遗传和环境的关系和作用问题，智力和非智力个性心理特点的关系问题，以及超常儿童心理结构等问题。

①原文刊登于《心理学报》，1990年第2期，113-126页。本文引用了协作单位的研究结果及一些超常儿童实验班的资料，在此一并致谢。本研究得到国家自然科学基金的资助。

这是一项全国性的协作研究，开始只有5个单位参与，随着研究的发展，逐渐扩大到30多个单位的大协作。这项研究从一开始就采取对超常儿童和常态儿童的动态比较研究。研究中重视贯彻整体和系统的观点，兼顾智力和非智力因素，以及鉴别、教育和追踪研究相结合的原则。

回顾十年的研究历程，可以大致划分为两个主要阶段。

第一个阶段，1978—1983年，也就是协作研究的第一个五年。我们主要完成了下列协作任务：调查超常儿童和少年百余人，并追踪研究了其中50人（包括个别形式的教育）；对5000名3~15岁的常态儿童和常态少年在类比推理、创造性思维、观察力和记忆力等方面与超常儿童进行了比较研究；在上述比较研究的基础上，编制了鉴别超常儿童认知能力测验，制定了鉴别超常儿童认知能力参照指标，在鉴别和研究超常儿童方面我国有了自己的参照标准；出版了《智蕾初绽——超常儿童追踪研究》，这是超常儿童协作研究的第一本专集，向社会表明超常儿童具有巨大的发展潜力，帮助人们正确认识这类儿童的特点以及健康成长的主客观条件，理解他们对特殊教育的需要。

第二个阶段，1984—1988年，这是协作研究的第二个五年。我们除继续对已经建立的超常儿童个案进行追踪研究外，重点开展了下列协作研究：集中主要力量对超常儿童与常态儿童的非智力个性和心理特征进行比较研究，编制了非智力个性特征的测验问卷，为诊断超常儿童的个性特点准备了条件；加强对超常儿童进行集体教育的实验，从1984年开始，我们先后与一些小学和中学合作，建立了超常儿童实验班，通过对超常儿童的集体班级教育，进一步探讨超常儿童心理发展规律及其与常态儿童的异同；着手编制第二套鉴别超常儿童的认知能力测验。此外，为了帮助学校的教师正确鉴别和更有效地教育超常儿童和超常少年，我们于1985年举办了超常儿童鉴别和教育培训班，并出版了《怎样培养超常儿童》一书，推广研究成果，扩大社会影响。

第一个阶段的主要特点是探索，逐步明确和形成研究的指导思想、原则和方法。对超常儿童和超常少年主要采取个别鉴别、教育和追踪研究，比较研究的内容主要集中在认知方面，协作研究力量和范围主要在心理学界。第二个阶段的主要特点是开始发展，对超常儿童的鉴别和教育从个别形式发展到大范围鉴别选拔和班级的集体教育。比较研究从认知方面扩展到个性和心理特征方面，研究的力量和范围发展到心理学者与学校教育工作者的合作研究，加速了我国教育研究战线和教育超常儿童的队伍的逐步形成。这些事实充分表明，十年的研究不仅填补了我国在这个领域的空白，而且有了较快的发展。

二、超常儿童的概念

儿童心理发展存在明显差异，既表现在智力和才能方面，也表现在非智力的个性和心理特征方面。大多数儿童发展水平比较接近，属于常态范围。少数儿童智力发展突出优异，或具有某方面的特殊才能，被称为超常儿童。这类儿童古今中外都有，可是在不同时代，不同国家对他们的称呼却不同，这反映了人们对这类儿童认识上的差异。

在古代，人们称这类儿童为神童。因为那时人们对一些儿童才智非凡的原因，缺乏科学的认识，以为是天降神赐的。20世纪前，在西方的学者中，天才是由遗传决定的观点占据优势，他们把对人类社会有突出贡献的人称为天才。20世纪初，美国心理学家推孟用智力测验来鉴别天才儿童，凡智商达到或超过140的儿童就被称为天才儿童。从此，在相当长的时期内，天才儿童主要由智商分数来确定。

20世纪50年代后，心理学家吉尔福特提出智力是多维的，并指出智力测验不能鉴别儿童的创造力。接着还有一些研究者探讨了儿童的特殊能力，提出智力测验也不能测出具有特殊才能的儿童，他们认为卓越的领导能力及数学才能等也都应包括在天才儿童的概念中。20世纪70年代末，美国的任朱利提出"三圆圈天才儿童"的概念，他认为天才儿童是由中等以上的智力（包括一般智力和特殊能力）、对任务的承诺（包括强烈的动机和责任心等）和较高的创造力这3种心理成分相互作用高度发展的结果。

1978年以来，我国心理学界和教育界把这类儿童称为超常儿童。我们认为超常儿童的心理结构不限于智力和创造力，还包括一些非智力个性心理特征。称他们为超常儿童不仅更切合实际，而且使人见词明义。

由此可见，人类对超常儿童的认识经历了几千年的历史，随着研究的深入，对这类儿童的认识发生了许多变化。从神童到超常儿童，不论是概念的内涵和外延都有了很大扩展。现在国外有些研究者也觉得称这类儿童为天才儿童似乎不够贴切。这是一个重大的理论问题，值得我们深入探讨，因为它不仅直接关系到我们对超常儿童的认识和研究，而且直接影响对超常儿童的鉴别和教育。

三、超常儿童与常态儿童认知和非智力个性特征的比较研究

▼

超常儿童在心理发展的各个方面是否都比同龄常态儿童优异？或哪些方面明显优于常态儿童？超常儿童除比同龄常态儿童发展速度快、测验得分高之外，在心理结构特点和水平上是否也差异显著？为了弄清上述问题，我们开展了对超常儿童和常态儿童心理发展的比较研究。

在研究的第一个五年期间，我们主要对超常儿童与常态儿童认知的几个方面进行了比较研究。在第二个五年期间，除扩大范围验证第一个五年认知方面的比较研究的结果之外，我们还集中了协作组较多的人力，开展了对超常儿童与常态儿童非智力个性和心理特征方面的比较研究。

下面分别简述这两方面的主要研究结果。

（一）认知方面

从国外有关资料看，对超常儿童和常态儿童认知（或智力）方面进行比较研究的报道较少。20世纪70年代虽有一些，但主要是用同一种测验对超常儿童和常态儿童施测，比较智商的高低。20世纪80年代初，斯滕伯格等比较研究了超常儿童和常态儿童的洞察力，指出在认知结构上超常儿童与常态儿童有差异。

我们在1978—1979年对超常儿童与常态儿童进行感知、记忆及思维几个方面的比较研究过程中，发现超常儿童与常态儿童并非认知的所有方面都差异明显，而是在难度较大的思维方面的测验项目上，超常儿童与常态儿童之间差异显著。因此，在1980年和1981年我们就进一步比较了超常儿童与常态儿童类比推理能力和创造性思维的发展。1982年和1983年，我们又用经过修订的3项类比推理、创造性思维、感知观察力及记忆测验，对2700余名3~14岁的常态儿童及追踪研究的50名超常儿童进行了比较研究。研究的主要结果已整理成6篇报告，发表在《心理学报》等刊物上。

为了检验这些研究结果，自1985年以来，我们又用这套认知能力测验对北京市第八中学及天津市实验小学的超常儿童分别进行了测验，并与常态儿童做了比较，主要结果如下：

1.超常儿童与常态儿童认知方面平均成绩的比较，见表1。

表1　7~11岁超常儿童与常态儿童认知能力测验成绩（平均成绩）比较

项目	7岁组		8岁组		9岁组		10岁组		11岁组	
	常态儿童	超常儿童	常态儿童	超常儿童	常态儿童	超常儿童	常态儿童	超常儿童	常态儿童	超常儿童
语词类比推理	2.1	7.8**	3.5	9.4**	5.7	9.9*	6.7	10.0*	8.0	10.9*
图形类比推理	5.1	8.6*	6.3	9.8*	7.5	9.9*	8.1	10.2*	8.7	10.3
数类比推理	2.7	16.5***	5.1	19.3***	7.4	20.3***	9.6	20.4**	13.4	20.1*
创造性思维	2.6	16.7***	4.7	21.6***	8.9	26.5***	11.8	29.3***	14.4	29.4**
观察力	2.3	5.4*	2.9	6.2*	4.3	5.7	4.8	5.4	5.6	5.8

注：*表示超过同龄平均值1个标准差以上；**表示超过同龄平均值2个标准差以上；***表示超过同龄平均值3个标准差以上。

　　从表1可以看出：（1）在认知能力的不同方面，超常儿童与常态儿童之间的差异是不相同的。在超常儿童六年来多次测查的成绩中，创造性思维和数类比推理的成绩与常态儿童差异最为明显（基本都在2~3个标准差之上），语词类比推理次之，图形类比推理和观察力的成绩与常态儿童之间差异较小，并有随年龄增长愈加缩小的趋势。这一结果与前五年的比较研究的结果基本一致，再次表明超常儿童与常态儿童在认知能力上的不同方面并非都差异同样明显，而是在难度大的思维方面两者的差异显著。（2）超常儿童与常态儿童的认知结构有不同特点，发展趋势不尽相同。超常儿童的多次测验结果一致表明，其认知结构中创造性思维和数类比推理发展特别突出。而常态儿童认知各方面发展差异不太大。常态儿童认知的各方面发展有随年龄增长而上升的趋势，而超常儿童认知不同方面发展趋势不完全相同，有的方面（创造性思维和数类比推理）有上升趋势，在9~10岁以后趋向平稳，有的方面（如观察力）在所测年龄段看不到随年龄上升的趋势。

　　经此启发，我们认识到，在儿童认知（智力）发展过程中存在着主要方面。不同年龄阶段、不同类型的超常儿童的主要方面可能不完全相同。从我们所测智能超常的学龄儿童的认知来看，思维是主要方面，其中理科超常的儿童，除创造性思维发展突出外，数理逻辑思维也高度发展。我们应通过比较研究来发现不同年龄阶段、不同类型的超常儿童发展的主要方面，这样就可能找到鉴别他们的主要指标及教育促进他们潜力充分发展的关键方面。

　　2.超常儿童与常态儿童认知水平的比较。我们根据几年的反复研究，分别制定了3种类比推理和创造性思维等测验的等级评定标准。由3个研究者根据这些等级评定标准对超常儿童和常态儿童认知的各个测验进行逐项评定。下面以语词类比推理及创造性思维的评定结果为例进行分析比较。

考虑达到Ⅰ级和Ⅱ级才能真正表明类比推理和创造性思维的发展水平，因此我们将超常儿童和常态儿童达到Ⅰ级和Ⅱ级的人数百分比进行比较，列为表2。

表2　7~14岁超常儿童与常态儿童语词类比推理、创造性思维达到Ⅰ级和Ⅱ级的人数百分比（%）

年龄组	语词类比推理		创造性思维	
	常态儿童	超常儿童	常态儿童	超常儿童
7岁	24.5	26.3	7.3	33.1
8岁	24.3	41.0	10.8	52.5
9岁	30.5	58.3	22.5	56.9
10岁	42.3	68.9	28.5	68.5
11岁	50.0	68.9	32.5	69.7
12岁	81.8	—	34.0	—
13岁	48.8	—	34.5	—
14岁	55.7	—	37.5	—

从表2可以看出：（1）常态儿童语词类比推理和创造性思维水平都不太高，语词类比推理11岁以后达到Ⅰ级和Ⅱ级的只占50%左右，创造性思维则更低，达到Ⅰ级和Ⅱ级的到14岁也只占37.5%。（2）超常儿童达到Ⅰ级和Ⅱ级的百分比不仅显著超过同龄常态儿童，而且高于比他们大2~6岁的常态儿童。在8岁以后，不论语词类比推理还是创造性思维，超常儿童达到Ⅰ级和Ⅱ级的人数都超过了50%。

我们把达到Ⅰ级和Ⅱ级的百分数分为5个水平：80%~100%为高水平，60%~79%为较高水平，40%~59%为过渡水平（由低向高过渡），20%~39%为较低水平，0~19%为低水平。再以10岁组的超常儿童和常态儿童为例来具体分析达到各级水平的人数百分比，见表3。

表3　10岁超常儿童与常态儿童语词类比推理及创造性思维各水平比较的人数百分比（%）

水平等级	语词类比推理		创造性思维	
	超常儿童（15人）	常态儿童（27人）	超常儿童（15人）	常态儿童（40人）
高水平	46.6	3.7	40	—
较高水平	46.6	22.2	53.4	2.5
过渡	—	37.0	6.7	27.5
较低水平	6.7	11.1	—	52.5
低水平	—	25.9	—	17.5

表3说明：（1）绝大多数的超常儿童语词类比推理和创造性思维达到了高水平或较高水平（语词类比推理达到该水平占93.2%，创造性思维达到该水平的占93.4%，只有个别儿童这两方面水平稍低）；（2）常态儿童大多数在过渡、较低或低水平上（语词类比推理的人数占74%，创造性思维的人数占97.5%），仅少数人语词类比推理达到高水平或较高水平（占25.9%），创造性思维达到较高水平的仅1人；（3）在达到高水平或较高水平的人中，超常儿童中有部分人（语词类比推理占20%，创造性思维占26.7%）达到Ⅰ级和Ⅱ级的百分比超过了90%，有的甚至达到100%，而常态儿童中没人有这么高的百分比。由此可以说明，超常儿童与常态儿童不仅测验的成绩有明显差异，而且发展水平上的差异更为突出。

我们还对超常儿童和常态儿童认知测验的原始记录进行了分析，发现超常儿童具有许多优于同龄常态儿童的特点。

十年来多次进行的两种评定的比较研究都说明，测验反应得分所表明的结果（对或错），只能从现象上说明超常儿童发展比常态同龄儿童快些、好些，不能确切反映他们在发展水平上、实质特点上有无差异或有什么差异。只有对超常儿童与常态儿童发展的水平等级和特点进行比较，才能对超常儿童与常态儿童的实质差异有更深刻和具体的了解。这样不仅可以从多个方面来鉴别超常儿童，使测验的结果得到检验，还可以根据超常儿童优于常态儿童的水平和特点，有针对性地改进教育，提高教育的效果。

（二）非智力个性心理特征方面

国外对超常儿童非智力个性心理特征的研究主要集中在下列方面：高智商儿童动机类型及与学习成绩的关系的研究；超常儿童与常态儿童自我概念（包括自我评价、自我控制等）的比较研究；高智商儿童和低智商儿童焦虑水平的比较研究；超常儿童独立性、情绪稳定性等特征的研究。

我国超常儿童研究协作组在前五年对超常儿童个案的追踪研究中，发现在某些个性心理特征方面，超常儿童明显优于同龄常态儿童。为了在更大取样范围内查明超常儿童在哪些个性心理特征方面确实优于常态儿童，并对他们的智力发展具有积极促进或制约作用，我们以这些特征为基础编制了非智力个性心理特征问卷，并开展对超常儿童与常态儿童个性方面的比较研究。

上海师范大学的洪德厚等用中国少年非智力个性心理特征问卷对南京师范大学附属中学、苏州中学、中国科学技术大学少年班学院预备班学生及上海数学早慧少年共94人进行测试，发现这些智力优异的少年的非智力个性心理特征的各个项目的得分均高于全国样本的平均数，并在大多数项目上的优势达到非常显著的水平，尤其是在独立性、好胜心、求知欲方面，男女生都表现十分突出，见表4和表5。

表4　超常少年与常态少年非智力个性心理特征问卷均数的比较（男）

	抱负	独立性	好胜心	坚持性	求知欲	自我意识
超常儿童（67人）	80.55	79.33	83.17	75.97	76.48	70.22
常态儿童（1200人）	73.94	74.30	74.39	72.87	70.69	68.41
V	4.65***	4.45***	7.21***	2.10*	4.12***	1.33

注：V为均数比较检验值，*表示P<0.05，**表示P<0.01，***表示P<0.001，P为概率。

表5　超常少年与常态少年非智力个性心理特征问卷均数的比较（女）

	抱负	独立性	好胜心	坚持性	求知欲	自我意识
超常儿童（27人）	80.40	81.40	85.12	75.44	76.03	72.24
常态儿童（1500人）	75.67	74.87	74.01	75.04	69.95	67.34
V	2.03*	3.20**	4.40***	0.18	2.73**	1.95

注：V为均数比较检验值，*表示P<0.05，**表示P<0.01，***表示P<0.001，P为概率。

查子秀和赵俊颜用同样的问卷对中国人民大学附属中学87级超常实验班及同校同年级的一个常态班共64人进行了比较研究，结果见表6。

表6　超常班学生与常态班学生非智力个性心理特征平均成绩的比较（t检验）

班级	抱负	独立性	好胜心	坚持性	求知欲	自我意识	总
中国人民大学附属中学超常班	77.94	81.55	81.19	78.39	71.94	73.97	464.98
中国人民大学附属中学常态班	70.33	77.12	74.88	70.55	63.52	66.21	422.61
t	3.21	2.17	2.26	2.43	3.45	3.7	3.85
P	<0.01	<0.05	<0.05	<0.01	<0.01	<0.01	<0.01

注：t为t检验值，P为概率。

从表6可以看出两班学生的个性心理特征平均成绩差异是很显著的。超常学生的6项个性心理特征所得总分明显高于常态班学生，在分项得分中，有2项达到显著水平，其余4项达到了非常显著水平。这说明，中国人民大学附属中学超常班学生个性心理特征发展水平明显优于常态班学生。我们又将两个班学生的问卷成绩按优、中、差3个等级进行了评定，发现超常班学生各项达优等水平的人数百分比都高于常态班学生，而独立性、坚持性、自我意识及总分尤为突出，达到了显著水平。

王骧业、荆其桂等用鉴别超常儿童（小学生）个性特征问卷对天津实验小学两个超常班学生及常态班学生进行了比较研究，结果见表7。

表7 超常班学生与常态班学生各项个性特征平均成绩的比较（t检验）

		求知欲	独立性	好胜心	坚持性	自我意识	人数
二年级	超常班学生	20.81	20.53	18.38	21.65	19.81	24
	常态班学生	18.62	19.80	18.77	20.48	18.68	196
	t	4.43	1.07	—	2.50	2.96	—
	P	<0.01	<0.01		<0.01	<0.01	
六年级	超常班学生	20.76	22.28	19.32	22.64	20.64	26
	常态班学生	19.51	19.52	17.92	20.12	18.34	190
	t	2.96	5.97	2.68	5.01	4.13	—
	P	<0.01	<0.01	<0.01	<0.01	<0.01	

注：t为t检验值，P为概率。

从表7数据可以看到两点：（1）天津实验小学二年级（88级）超常班学生在求知欲、独立性、坚持性及自我意识4项特征方面都明显优于同年级及高年级（四~六年级）的常态班学生；（2）天津实验小学六年级（84级）超常班学生在全部5个特征方面都显著优于常态班四年级到六年级学生的成绩。

北京师范大学的陈帼眉等用幼儿个性特征问卷在1983年对全国追踪研究的4名超常幼儿进行了问卷调查，结果表明该4名幼儿的得分不仅超过同龄常态儿童的平均值，而且高于比他们大1~2岁儿童的平均值。

1985年，陈帼眉等用经过修订的幼儿个性特征问卷对天津实验小学84级超常实验班学生（二年级）及北京师范大学实验小学的同龄常态学生各20名进行了问卷比较。结果表明，超常儿童的个性特征得分超过了常态对比班儿童，见表8。

表8 超常班学生与常态班学生个性特征得分比较

	人数	个性特征得分总平均数
超常班学生	20	87.7
常态班学生	20	80.5
P	—	<0.01

注：P为概率。

根据上述各地对幼儿、小学儿童及少年个性特征的比较研究，可以看到，超常儿童和少年优于常态儿童和少年的个性特征，各地在独立性方面结果一致。多数地区结果一致的是求知欲、坚持性和自我意识，部分地区结果一致的是好胜心及抱负（小学生及幼儿问卷无此项）。不过这些结果也还是初步的，因为参与比较的人数较少，需要在更大范围进一步探讨。

在大学方面，中国科学技术大学的杨素华和朱源等用经过我国修订的卡特尔16项个性因素测验量表，对中国科学技术大学86级少年班大学生25人（男，平均年龄为14.7岁）与两个常态对照组学生的个性特征进行比较研究。这两个对照组，一组为中国科学技术大学86级本科大学生100人（男，平均年龄为17.9岁），另一组为中国科学技术大学附属中学高一学生21人（男，平均年龄为14.6岁）。结果表明：少年大学生敢为性、创新性和自制性3项特征的均值明显高于本科大学生；少年大学生的聪慧性、创新性、自制性、恃强性、有恒性及自主性的均值都明显高于同龄高中学生。此外，西安交通大学的夏应春等用同样的量表比较了该校少年班及常态班大学生，得到类似结果。

但是应特别指出，在我们关于超常班学生和常态班学生个性心理特征的比较研究中，所得结果并不完全一致，有的超常班学生自评个性心理特征与常态班学生没有显著差异。经过与教师评定的比较及与学生的个别交谈，发现该超常班不少学生（占53.6%）自评分低于教师对他们的评定分。分析主要原因有两方面：一是超常班许多学生对自己要求很严，尽管在有些方面已表现很好，但他们对自己不做完全肯定的评价；二是在尖子学生集中的超常儿童实验班中，有些在原常规班一直是三好或名列前茅的学生，在这高起点、高标准、高速度的实验班中重新站队，成绩经常处于中等或中等偏下，尽管与同龄常态儿童比仍然是非常突出的，可是按实验班的参照标准，他们对自己的有关方面自然就不可能做出高的评价。这可以说明，对个性心理特征的评定比较复杂，不同时期、不同环境和条件、个人不同的主观态度，都有可能影响他们对自己的评价。所以，我们对儿童非智力个性心理特征进行诊断或研究，在很多情况下不能仅仅通过问卷一种方法，还要有其他方法，如观察、谈话、自然实验等，从不同侧面，多途径地、较系统地、全面地收集情况，进行综合分析，这样才能做出比较客观、科学的评定。

此外，我们还对超常儿童与常态儿童非智力个性心理特征与认知及学习成绩的关系开启了探讨。由于目前研究的数量还较少，结果还不够一致。儿童个性心理特征与认知及学习成绩的关系问题，既是一个重要的理论问题，又具有积极的现实意义，是今后值得深入研究的重要问题。

四、超常儿童的鉴别

要研究和教育超常儿童，首先要能发现他们，把他们从常态儿童中区分出来，这就需要对他们进行鉴别。怎样鉴别？选择什么指标？采用什么方法？在不同的社会历史时期，随着人们对超常儿童概念理解的变化而有所不同。表9归纳了不同历史时期国外有代表性的心理学家鉴别超常儿童的指标和使用的方法。

表9　国外心理学家鉴别超常儿童的指标和方法

年代	人名	鉴别指标	鉴别方法
19世纪及以前	高尔顿	实际表现或成就	历史法、家谱分析
20世纪初期	推孟	高智商（智商在130~140或以上）	智力测验（智力量表）
20世纪50年代	吉尔福特	思维的流畅性、独创性、变通性	发散性思维测验、托伦斯创造性思维测验
20世纪70年代初	斯坦利	数学能力、文学能力等	学术能力倾向测验（SAT）
	马兰	多指标：智商、特殊能力、创造性思维、艺术才能、领导才能	多种方法：智力测验、成就测验、创造性思维测验、问卷、作品分析、观察和谈话
20世纪70年代末	任朱利	多指标：中等以上的智力、创造力、任务承诺（动机、兴趣、责任心等）	多种方法：各种测验、个性问卷、三轮转门模式教育实验
20世纪80年代初	斯滕伯格	元认知、调查力	多种方法
	泰南鲍姆	智商、特殊能力倾向、个性特征、环境因素等	多种方法

我们参考国外鉴别超常儿童的经验，在辩证唯物主义的指导下，经过几年的鉴别实践的摸索，逐渐形成了鉴别超常儿童的原则：在动态的比较研究中鉴别；采取多指标、多途径、多种方法鉴别；把发展的质和量结合考察；兼顾智力和非智力因素进行鉴别；鉴别应服务于教育，通过教育进一步鉴别。

鉴别是为了更好地对超常儿童进行因材施教，鉴别是手段，是为教育服务。教育既是对超常儿童的培养，也是为了进一步更实际的鉴别。以前的鉴别手段，尽管采取了多种指标、多种方法，测查的还是儿童过去所受教育的结果，儿童过去的环境与教育条件不同，对测查的结果是有影响的，因此给他们提供相同的教育条件再观察发展变化，就成为鉴别的一个必要条件。所以，我们是把鉴别、教育和追踪研究结合起来。

十年来，我们对超常儿童的鉴别采取多个步骤进行：

1.与儿童见面，由家长或推荐人填写一份调查表，包括该儿童的发育史、超常的主要表现、家庭简况、家长对儿童的教育情况等。

2.初试：包括对有关主科知识和能力的考查及一般智力测查。一般智力测查可借用某个已修订的量表，如韦克斯勒儿童智力量表、中国比奈智力量表等，了解儿童是否超出常态范围。

3.复试：用我国超常儿童研究协作组编制的鉴别超常儿童认知能力测验进行鉴别。凡得分超过同年龄儿童平均值两个标准差以上，或高于比他们大两岁以上的儿童的均值，或在第95百分位上，就算通过。对于具有特殊才能的儿童，则要将他们的作品（如作文、绘画、制作品等）送有关专家评定。

4.向其原学校或幼儿园老师进行问卷调查，了解该儿童个性特征及表现。

5.体格检查，了解健康情况（对健康状况不好者暂缓录取）。

6.综合分析上述材料，初步确定超常儿童，并对初选出的超常儿童开始个别追踪研究，或吸收进入超常儿童实验班，在追踪和教育实验过程中进一步考察。

要鉴别、选拔超常儿童，首先要有适合的鉴别测验和问卷。由于1978年前，我国没有开展过超常儿童的研究，国内既无自己编制的鉴别智力或创造力的测验，修订的国外量表当时也没有出版。我们不能只凭学校的传统考试来选拔超常儿童，也不能等待别人编制或修订好了才开始研究。因此，结合对超常儿童和常态儿童认知和个性特征的比较研究，我们探讨了鉴别超常儿童的主要指标和方法，在1978—1983年间完成了鉴别超常儿童认知能力测验的编制。

为了适应国内鉴别超常儿童的需要，我们将这套测验（包括3~6岁及7~14岁两个年龄阶段的测验）整理复制，从1984年开始在内部推广试用。几年来，我们协助一些学校，大范围鉴别、选拔了超常儿童和少年，在中小学建立了超常儿童实验班。同时，我们还将这套测验用于考察追踪研究的超常儿童在不同年龄阶段认知能力发展变化的情况。此外，有些同志还用这套测验进行教育、咨询及检验教育（或教学）实验的效果。近五年试用的结果表明，这套测验的经验效度也是比较高的。

在协作研究的第二个五年，即1983—1988年，为了探讨研究超常儿童个性特征较为科学的方法，我们集中了协作组大部分人力，成立了幼儿、小学儿童和少年3个个性特征研究小组。开始编制儿童和少年非智力个性因素问卷。这是一项难度较大的任务，五年来这3个组的同志经过3次反复修订，已先后完成了个性特征问卷的编制工作，为我们研究和诊断超常儿童的非智力个性特征提供了条件。

十年来鉴别超常儿童的实践证明，我们提出并坚持的鉴别超常儿童的原则是正确的，采取多步骤的鉴别程序也是必要和可行的。然而，鉴别测验和问卷的编制远跟不上我国对超常儿童研究和教育的需要。尤其是对不同类型超常儿童具有针对性的鉴别工具，还有待进一步探讨和编制。

五、教育实验

超常儿童心理发展有着与同龄常态儿童不同的特点和潜力，需要特殊教育的帮助。我国对一些具有特殊才能（如音乐、绘画、舞蹈等）的儿童，在过去就有特殊学校或班级予以早期选拔和有针对性的培养，但是对于智力超常儿童的教育，直到1978年才开始，中国科学技术大学首创的少年班，标志着我国对超常儿童和少年教育实验的开始。

十年来，我国对超常儿童和少年的教育实验可划分为两个阶段：在第一个五年，对学龄前、小学和中学年龄阶段的超常儿童，经推荐和考核，允许提前入学、插班或跳级。研究者与教师、家长组成三结合研究小组，定期共同研究该儿童学习和发展的情况，解决前进中出现的问题。在大学方面有中国科学技术大学创办了少年班，每年招生，探讨超常少年提前接受高等教育的经验。在第二个五年，对超常儿童的集体教育的实验有较大发展。1984年协作组的4个单位的同志帮助天津教育局，从全市900余名5~6岁的幼儿中筛选出29人，建立了我国第一个小学超常儿童实验班。1985年我们与北京市第八中学合作，从近700名平均年龄为9岁半的小学生中筛选出34名超常儿童，建立了第一个中学超常儿童实验班。同年，我们还帮助北京景山学校，对报名中国科学技术大学少年班的预备班的学生进行了认知能力的鉴别测验。由于中国科学技术大学前五届少年班取得了明显成果，受到中央领导的重视，1985年国家教委决定在清华大学等12所高等院校扩大少年班的试验。这一决定不仅有力地推动了大学少年班的迅速发展（几年来在全国已建立30多个少年班），而且对中小学超常实验班的建立产生了积极的影响（目前全国中小学已建立近30个实验班），这使我国超常儿童和少年的学校集体教育的实验进入一个新的发展阶段。

（一）超常教育实验的种类

我们对超常儿童进行教育实验的种类概括起来可分两类：

1.个别形式的教育实验。主要针对个案追踪研究的超常儿童，根据他们的智力潜力，经考核推荐他们提前入学、插班或跳级（包括幼儿园、小学、中学和大学各级）。由教师、研究者及家长共同制订该儿童个别前进的计划，进行教育培养。也有儿童在常规班学习、课余在教师或家长指导下超前学习某方面学科内容，以观察其潜力和水平。

2.集体形式的教育实验。主要是通过多指标、多种方法及多步骤的鉴别选拔来建立超常儿童实验班（包括小学和中学超常儿童实验班）及大学少年班，突破常规的教育模式，促进超常儿童和少年的智力潜力充分发展。

另一种集体教育形式是超常儿童在原同年龄常态班学习，课余参加校内外组织的某种特殊班或学校学习。如计算机、外语或绘画等特殊班，有数学、物理、化学等学科的奥林匹克学校。

3.集体和个别相结合的教育实验：主要是在超常儿童实验班学习的学生，课余在教师或家长的指导下超前学习某门学科，或从事某方面的研究。

（二）超常儿童实验班的特点

根据超常实验班的性质及国内外部分实验班的经验，可将超常儿童实验班区别于常规班的特点概括如下：

1.超常儿童实验班招生的依据是学生的智力水平或某方面的特殊才能（如数学），适当考虑年龄。常规班分班的主要依据是年龄及知识技能水平（在同一班学生中智力可以有各种水平）。

2.超常实验班的学制，一是比常规班学制短，一般缩短两到四年。小学建立的超常班学制为四年，初中入学的中学实验班（包含高中）一般也为四年（个别班为五年），高中超常实验班或大学少年班的预科班学制一般为两年；二是有弹性，也就是学生中如有突出优异、发展特别迅速的允许其提前毕业，学习基础略差的可以适当延长。有弹性的另一个意思是超常班的学生可以按需要转到常规班学习。

3.超常实验班学生的培养目标比常规班高，在德、智、体、美、劳全面发展总方向一致的前提下，拓宽加深文化科学知识和理论，加强动手能力训练，发展优势和专长，并培养具有独立思考、创造性地提出和解决问题的能力，以及良好的个性品质。

4.超常实验班课程设置除主科必修外，设有选修课，适应超常儿童广泛兴趣的需要，促使他们充分发展优势和潜力。

5.各科教材去烦琐、除重复，加强基础知识和理论，突出重点、难点，按各学科知识结构、内在规律，结合超常儿童的接受能力和认知特点组织教材，通过教材学习引导学生思维和创造能力的发展。

6.教学方法适应超常学生的特点，充分利用和促进学生的自学能力，多采取启发、讨论和研究式，避免注入式。引导超常学生逐步学会自己发现问题、分析问题和解决问题。由教师主导的课堂教学形式，逐渐转变为以学生为主体的教学形式。

7.重视发展超常学生的自我意识，引导他们正确进行自我评价，尽早启发树立远大理想，培养他们善于自我调节、自我教育和自我实现的能力。

8.正确处理集体教育和个性发展。在集体教育中，给超常学生一定的自由度，使他们有自己可支配的时间，在广阔的领域里能够根据自己的爱好或潜力主动发展。

上述特点尽管没有包括超常儿童实验班的全部特点，但是全为基本特点。原则上，这些特点对各种形式的超常儿童和少年的集体教育都适用。目前我国大多数的超常儿童教育实验尚处于初建阶段，按照上述8条来衡量还有较大的距离。为使我国超常儿童实验班能真正成为有利于促进超常儿童和少年全面发展的有效教育形式，还有一系列的实际问题需要解决。

（三）教育实验的效果和意义

多年来，由于我国超常儿童的研究者与教育者的积极配合，我国超常儿童的教育实验取得了较大进展，其效果和积极的现实意义有下列几点：

1.1978年以来，超常儿童研究协作组追踪研究的50名超常儿童，大多数都以比同龄常态儿童更短的年限、更为优异的成绩完成了大学或研究生的学习任务。当年仅3岁左右的超常幼儿，现在也以出色的成绩从中学毕业。天津的第一届小学超常儿童实验班学生，用四年完成了小学六年的学习任务，经天津市教育局考核验收，成绩优异，且这些儿童的平均年龄不足10岁。北京的第一届超常少儿实验班，用四年学完了小学五、六年级及中学六年的全部课程。高考平均成绩高于本校高三毕业班平均成绩30余分，且平均年龄仅14.4岁。他们中有的被保送升入北京大学，参加统考的学生得分都超过了高考理科重点大学的分数线，已升入各大学深造。中国科学技术大学少年班历届毕业的少年大学生，不论学习或工作成绩都很突出，在国内外赢得了赞誉。教育实验取得的这些明显效果都有力地证实了超常儿童具有巨大的潜力。经过有目的、有计划的特殊教育，一批出类拔萃的人才苗子崭露头角。这些都充分表明对超常儿童和少年施行适合其潜力和特点的教育，既是必要的也是可行的。

2.由于小学和中学超常实验班的建立，并与大学少年班衔接，在我国教育领域，小学—中学—大学的超常教育体系正在逐步形成。尽管这还仅仅是一个开始，还不健全，还存在许多亟待解决的问题（比如教材的编制和教师的培训等），然而，这个体系的出现在我国教育体制的改革中无疑是一个必要的补充。因为适应超常儿童身心发展特点的超常教育，就其实质而言是对智能突出优异的儿童的因材施教，它本来就应是国家整个教育中重要的有机组成部分。

3.十年来，从事超常儿童教育的广大教师在根据这类儿童身心发展特点进行教育的过程中，已经探索出了许多经验，这些经验对常态儿童的教育也具有启发意义，可以为普通教育的改革提供参考。

4.由于中小学超常儿童实验班及大学少年班的建立，为我们通过教育干预的动态过程，系统地、全面地、深入地研究超常儿童的心理发展规律，检验第一个五年从超常儿童个案追踪研究中概括的几点理论看法，提供了研究的基地（实验的场所）。这为丰富我国儿童教育心理学和教育学的内容，建立我国超常儿童心理学和教育学积累了事实资料。

最后，对我们的协作研究应给予充分肯定。十年来，大家为了共同目标，在统一的研究计划下，齐心协力、积极完成分工的研究任务，因此赢得了时间，取得了重大研究成果。我们第一个五年的阶段研究成果在1984年已经通过了专家鉴定，被列为国家重大研究成果。第二个五年的研究结果正在总结，其中有的如中国少年非智力个性心理特征问卷在1988年也通过了鉴定。我们的工作在国际上已引起了同行的兴趣和重视，不少国家的研究者来函索要研究报告，有的国家的同行还提出合作研究的要求，如慕尼黑大学教育心理研究所已与中国科学院心理研究所超常儿童研究组达成合作研究协议，开展中德超常儿童和常态儿童技术创造力的跨文化研究。

我国超常儿童的研究起步较晚，十年研究与国际上这个领域的百余年历史相比，是很短暂的。我们的工作还不能满足我国实践提出的需要，有些方面与国际水平相比还有差距，许多理论问题还有待加强研究，所以，今后的任务是很艰巨的。如何在较短的时间内更有效地完成这些任务，协作仍然是很重要的形式，尤其是多学科间的协作，研究者和教育实际工作者之间的密切协作，将有助于加快研究工作的进程，使我国超常儿童的研究在社会主义四个现代化的建设中做出更大贡献。

参考资料

L. M. Terman. The discovery and encouragement of exceptional talent. American Psychologist, 1954（9）.

Joanne R. Whitmore. Giftedness, conflict and underachievement. Allyn and Bacon

Inc., Boston, 1980.

J. Freeman. The psychology of gifted children. John Wiley & Sons Ltd., 1985.

L. H. Fox. Identification of the academically gifted. American Psychologist, 1981（10）.

Joseph S. Renzulli and Sally M. Reis. The school wide enrichment model. Creative Learning Press Inc., 1985.

查子秀执笔.超常儿童心理发展追踪研究五年.心理学报，1986（2）.

Arthur J. Croply, et al. Giftedness：a continuing worldwide challenge. Trillium Press Inc., 1986.

Joe Khatena. Educational psychology of the gifted. John Wiley & Sons Inc., USA, 1982.

查子秀执笔.3~6岁超常和常态儿童类比推理的比较研究.心理学报，1984（4）.

王骧业.7~14岁超常与常态儿童图形和语词类比推理的比较研究.青海心理学会通讯，1984.

李仲涟执笔.7~15岁超常与常态儿童创造性思维比较研究.湖南师大学报，1984（1）.

姚平子.4~6岁超常与常态儿童创造性思维比较研究.全国第五届心理学学术会议文摘选集，1984.

Zha Zixiu. A comparative study on analogical reasoning of supernormal children. China Satellite ISSBD Conference Proceedings Ⅱ, 1987.

超常儿童研究协作组.鉴别超常儿童认知能力测验指导书，1986.

Abraham J. Tannenbaum. Gifted children. Macmillan Publishing Co. Inc., 1983.

Paula M. Olszewski-kubilius, et al. Personality dimensions of gifted adolescenls：a review of the empirical literature. Gifted Child Quarterly, 1988.

Kurt A. Heller and John F. Feldhusen. Identifying and nurturing the gifted. Hans Huber Publishers, 1986.

超常儿童研究协作组.智蕾初绽——超常儿童追踪研究，西宁：青海人民出版社，1983.

洪德厚.中国少年非智力个性心理特征问卷（CA-NPI）（1988年版）的编制与使用.心理科学通讯，1989（2）.

袁军.用CA-NPI测试智力超常少年的报告.中国超常儿童研究十周年学术研讨会论文，1989.

查子秀，赵俊颜.超常与常态儿童个性特征及其与认知的关系比较.中国超常儿童研究十周年学术研究会论文，1989.

王骧业.鉴别超常儿童（小学生）个性特征问卷报告.中国超常儿童研究十周年学术研讨会论文，1989.

陈帼眉.学前儿童非智力个性特征与智力发展的关系.心理学会发展专业委员会论文，1988.

杨素华，朱源.中国科学技术大学少年大学生十六项个性特征初探.少年班研究，1988（3）.

夏应春.从我校少年班看超常少年的个性特点.怎样培养超常儿童，西安：西安交通大学出版社，1987.

P. E. Vernon, et al. The psychology and education of gifted children. London, 1977.

Daniel P. Keating, et al. Intellectual talent, research and development. The Johns Hopkins Univ. Press, Baltimore Md, 1976.

W. C. Roedell, et al. Gifted young children. Teachers College Press, N. Y., 1980.

查子秀.鉴别超常儿童认知能力测验的编制和试用.中国超常儿童研究十周年学术研讨会论文，1983.

荆其桂.小学阶段超常儿童集体教养研究总结.中国超常儿童研究十周年学术研讨会论文，1989.

周林，查子秀.超常儿童实验班的建立.心理学报，1986（4）.

超常儿童心理与教育研究十五年 [①]

中国科学院心理研究所　查子秀

摘要： 十五年来，中国超常儿童心理与教育的研究有很大收获。在理论方面，超常儿童与常态儿童在不同的认知方面差异的显著性、认知构成的模式特点及发展趋势均有不同；超常儿童的个性倾向和特征具有明显特点，但发展不平衡，表现为3种类型，且个性特征与学习成绩密切相关；超常儿童的成长过程可概括为4种类型；超常儿童心理成分不限于高智力、创造力，还包括良好发展的个性倾向和特征。在应用方面，研究结果在鉴别和教育超常儿童等方面进行了应用和检验。

一、引言

我国研究者对超常儿童进行科学的研究和教育始于1978年，主要任务是探讨超常儿童心理发展的规律；研究鉴别他们的科学方法和手段；对他们尽早进行因材施教的有效教育，为国家社会主义建设早出、多出优秀人才，为心理学和教育学等学科积累资料、充实理论。

国际上研究和教育超常儿童已有百余年的历史，而我国过去却无人问津。因此研究者组织了协作研究组，在全国范围开展协作研究和教育实验。研究者根据辩证唯物主义理论，参考国外的经验，提出并采取了动态的比较研究，贯彻整体的和系统的观点，兼顾智力和非智力个性因素，综合运用多种具体研究方法并遵循鉴别、教育和追踪研究相结合等原则来实施。十几年研究的进程是：从个案追踪研究、对超常儿童与常态儿童的比较研究着手，多侧面地收集数据，总结概括出初步结果，然后进行较全面系统的教育干预的研究，采取教育实验并结合多种其他研究方法，

---

①原文刊登于《心理学报》，1994年第4期，337-346页。

以检验、修正、发展以前取得的初步结果，有些在推广应用中进一步考察。

十五年来，研究和教育的方面有：对数百名超常儿童进行了七到十五年的追踪研究和教育，从中总结了超常儿童的类型、特征及成长因素；对数百名超常儿童和数千名常态儿童进行了认知、个性倾向和心理特征等的比较研究，探讨了超常儿童与常态儿童在这些方面的主要差异；编制了鉴别超常儿童认知能力测验及个性心理特征问卷，使我国在鉴别和研究超常儿童方面有了自己的常模标准和工具；进行了个别和集体形式的教育实验，探讨了适合不同年龄超常儿童需要的教育形式；开展了国际的跨文化研究和学术交流，在国际上扩大了影响，引起了国际同行的关注。

本文仅从下列两方面对十五年来的主要研究结果进行概括性总结。

二、理论方面的收获

（一）认知发展方面

多年来，研究者对智力超常儿童与常态儿童认知的不同方面（思维、感知、记忆）进行了反复的比较研究。结果发现：

1.超常儿童与常态儿童认知的不同方面的差异明显程度不同。自1979年以来，我们多次对超常儿童与同龄常态儿童认知的不同方面进行了测验比较。从表1和表2可以看到，不论是1982—1983年的测验结果，还是1985—1987年的结果；不论是超常个体的成绩，还是超常群体的平均成绩；不论是学龄前儿童还是学龄阶段儿童的成绩，都表明一个趋势，即超常儿童的创造性思维和数类比推理的成绩与同龄常态儿童的差异最为明显，语词类比推理次之，图形类比推理及观察力的差异较小。这一趋势随儿童年龄增加而显得更为突出。

表1　超常儿童与常态儿童认知测验成绩比较（1982—1983年）

项目	4岁			8岁			9岁			10岁	
	A	B	C	D	E	F	G	H	I	J	K
图形类比推理	1.5	0.8	1.5	1.5	1.9	1.5	1.5	1.8	1.3	1.3	1.0
语词类比推理	1.0	1.7	1.7	3.1	2.7	2.3	3.1	1.7	2.1	2.5	1.7
数类比推理	1.8	2.4	2.4	5.2	6.2	4.2	5.5	4.3	4.3	4.3	2.1
创造性思维	2.8	2.2	2.2	5.7	2.6	4.0	6.5	6.0	4.0	5.7	3.2

注：表内字母是超常儿童的代号；表内数字是超过同龄常态儿童平均值的标准差数。

表2　7~11岁超常儿童与常态儿童认知测验成绩比较（1985—1987年）

项目	7岁组		8岁组		9岁组		10岁组		11岁组	
	常态儿童	超常儿童	常态儿童	超常儿童	常态儿童	超常儿童	常态儿童	超常儿童	常态儿童	超常儿童
观察力	2.3	5.4*	2.9	6.2*	4.3	5.7	4.8	5.4	5.6	5.8
图形类比推理	5.1	8.6*	6.3	9.8*	7.5	9.9*	9.1	10.2*	8.7	10.3
语词类比推理	2.1	7.8**	3.5	9.4**	5.7	9.9*	6.7	10.0*	8.0	10.9*
数类比推理	2.7	16.5***	5.1	19.3***	7.4	20.3***	9.6	20.4**	13.4	20.1*
创造性思维	2.6	16.7***	4.7	21.6***	8.9	26.5***	11.8	29.3***	14.4	29.4**

注：*表示超过同龄平均值一个标准差以上，**表示超过同龄平均值两个标准差以上，***表示超过同龄平均值三个标准差以上；常态儿童各年龄组为150~220人，超常儿童各年龄组为13~29人。

2.超常儿童与常态儿童认知不同方面模式的构成有明显不同的特点。儿童认知不同方面的发展是相互联系和制约的，超常儿童在某些认知方面的突出发展影响其他方面，构成与常态儿童不同特点的认知模式。

为了从更大范围考察超常儿童与常态儿童认知各组成间的特点，我们将多年来多次对不同年龄的超常儿童和常态儿童认知测验的结果，进行了图解分析。从图1、图2可以分别看到不同年龄超常儿童、同年龄不同年代超常儿童测验的结果，都表明超常儿童是以创造性思维和数类比推理较高发展为特征而形成不同于常态儿童的认知模式。常态儿童认知不同方面虽然也有参差，但特点却不相同。

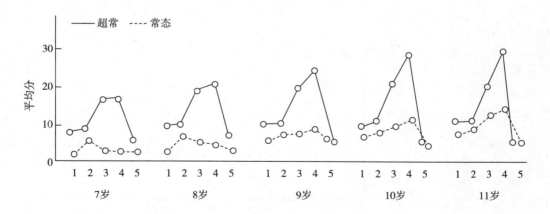

图1　7~11岁超常儿童与常态儿童认知发展的剖面比较

注：1为语词类比推理，2为图形类比推理，3为数类比推理，4为创造性思维，5为观察力。

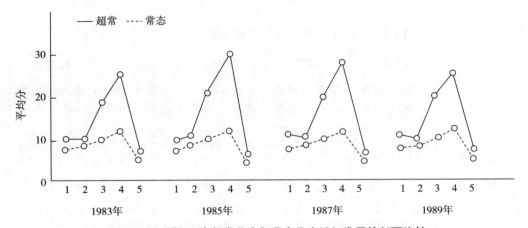

图2　不同时期10岁超常儿童与常态儿童认知发展的剖面比较

注：1为语词类比推理，2为图形类比推理，3为数类比推理，4为创造思维，5为观察力。

3.超常儿童与常态儿童认知发展的趋势不完全相同。我们用同一套认知能力测验对7～11岁超常儿童与常态儿童进行了测验，结果发现：常态儿童在认知的不同方面，各年龄的平均成绩有随年龄增长而明显上升的趋势（年龄间的差异在统计上达到显著水平），而超常儿童未见有随年龄增加的趋势，有的方面如创造性思维，在儿童9岁以后从表面分数看略有增加，但统计上差异不显著，如图3所示。

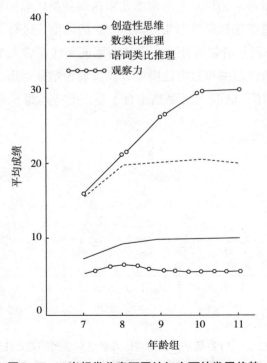

图3　7～11岁超常儿童不同认知方面的发展趋势

（二）个性特征

我们对超常儿童的个案追踪研究发现，超常儿童有一些积极的非智力个性特征发展特别突出，就以这些个性特征为基础编制了儿童和少年非智力个性特征问卷，开展了对超常儿童与常态儿童个性特征的比较研究，以及对个性与认知、学习成绩关系的初步探讨。研究的主要结果如下：

1.超常儿童与常态儿童个性心理特征的比较。多项研究的结果都表明超常儿童在抱负、求知欲、独立性、好胜心等方面明显优于常态儿童，但在坚持性和自我意识等方面不同的研究结果尚未取得一致。

通过对超常实验班的学生采用问卷、观察和谈话等多种方法结合研究，发现在超常儿童群体中个性特征的发展是极不平衡的，大体可概括为3种类型。

第一种类型：他们有理想，有抱负，求知欲强，学习主动自觉，基本上能正确认识和评价自己，能自我调控，有独立性及坚毅顽强的精神。

第二种类型：他们有求知愿望和学习需求，但常以兴趣为转移，或靠外力（家长或教师的要求、监督）支撑；有理想但不具体、不稳定；自我意识发展不够成熟，在良好的教育条件下表现不错，一旦离开外力或受到挫折，就会情绪波动不能自控。

第三种类型：他们除具有第二种类型的特点外，在性格或行为习惯的某方面存在较突出的缺点（如说谎、拿人东西等）。

在超常儿童群体中出现个性特征发展的不平衡，反映了家庭对儿童从小培养良好的个性品质重视不够。这3类人数的比例也取决于教育的好坏。

2.个性特征与认知及学习成绩的关系。研究者对两个超常实验班和一个同龄常态班学生的个性问卷成绩、认知测验及学习成绩进行相关分析，结果虽未取得完全一致，但可以看到个性特征的成绩与学习成绩有较多的高相关，见表3。

表3　超常学生非智力个性特征与各科学习成绩之间的相关

个性特征	学科							
	语文	数学	外语	物理	化学	政治	生物	总分
抱负	0.18	0.33	0.72**	0.38*	0.34	0.45*	0.20	0.65**
独立性	0.45**	0.59**	0.63**	0.23	0.45**	0.10	0.46*	0.74**
好胜心	0.34	0.67**	0.57**	0.53**	0.46**	0.27	0.53**	0.84**
坚持性	0.18	0.57**	0.62**	0.40*	0.31	0.37*	0.29	0.70**
求知欲	0.25	0.44*	0.69**	0.39*	0.48**	0.36	0.36*	0.73**
自我意识	0.51**	0.30	0.33	0.09	-0.02	0.44*	0.25	0.44*
个性总分	0.26	0.56**	0.75**	0.60**	0.40**	0.38*	0.41*	0.83**

注：*表示 $P \leqslant 0.05$，**表示 $P \leqslant 0.01$，P为概率。

　　研究者又对几个超常儿童实验班、普通实验班的学生及个案追踪的超常儿童的智力（智商）、非智力个性问卷及学习成绩，进行分析比较和分类。有的概括出4种典型类型，有的分出5种类别，有的总结出6种情况。综合这些研究结果，可将学生的智力、非智力个性特征及学习成绩的关系列为表4。

表4　学生智力、非智力个性特征及学习成绩的关系

项目	智力	非智力个性特征	学习成绩
等级水平	优	优	优*
	优	优	中上
	优	中	中*
	优	差	差或中下*
	中上	优	优
	中上	中	中
	中	优	中上或优
	中	差	差

　　注：*代表北京、上海、西宁的结果相同。

　　从表4可以看到：（1）在智力优等（智商130以上）的学生中，学习成绩的好坏主要取决于个性特征。前4类智力优、个性优的成绩也优，个性中等的成绩也中等（或时好时坏），个性差的成绩中下或差。（2）智力中上或中等的学生，个性优良的学习成绩优或中上，个性差的成绩也差。由此表明，学生优良成绩的取得更多以个性特征为转移，说明了培养学生良好个性特征的重要性。

　　根据对一个超常实验班学生各种类型所占人数百分比的分析，可以看到：三优型（优优优）占43%；优中中型占46%；优优中上型、优差差（中）型及中上中中型各占3.6%。不同班级各类型所占的百分比是不同的。

　　3.发展过程和因素。根据十几年来对超常儿童的追踪研究和教育实验，研究者从超常儿童的成长中，发现有几种不同的发展过程，并从中总结出超常发展必要的因素。

　　（1）发展的过程。通过对百余名超常儿童幼年—童年—少年—青年的整个发展过程的分析总结，研究者看到超常儿童的成长过程是不平衡的，可以概括出4种不同的类型，见表5。

表5　超常儿童发展过程

类型	表现	原因分析
跃进式	幼年早慧*，提前入学或插班，此后稳步超常发展；或从小学、中学至大学有过一次或多次跳级，跳跃式前进	家庭、学校提供有利于他们发展的条件；本人求知欲旺盛，主动积极，具有良好的个性特征
V形前进式（波浪式）	幼年表现早慧，提前入学或插班，在小学或中学阶段一度表现下降，与常态儿童无异。经采取措施后，逐渐回升，再次超常出众，稳步前进	儿童在学校受挫折，积极性受到影响；儿童本人贪玩，自控能力差，缺乏学习动机；出现某种行为问题；因病旷课过多，缺乏信心
后起式	幼年乃至童年未有超常表现，小学或初中阶段，由于某次竞赛或机遇，成绩突出、一鸣惊人，此后受到重视，稳步上升，发展优异**	幼年在农村跟老人生活，缺乏早教条件；或由于某个原因表现"开窍"较晚
滑落式	幼年早慧，小学或包括中学阶段一帆风顺、名列前茅，获得优良的竞赛成绩，但在中学或大学，由于某个原因，成绩下降、情绪波动或崩溃，不能自拔，经帮助也无效，发展失去优势	在较复杂环境中不能适应，或遇逆境，不能正确认识自己，自我调控能力差、缺乏耐受力或由此引起神经衰弱等身体的不适反应

注：*幼年早慧是指经测试，认知能力在同龄平均成绩两个标准差以上；或经智商测验，智商在130以上；或具有某方面特殊才能，经鉴定为杰出者。**经鉴别考核达到超常儿童或少年的标准。

表5是超常儿童发展过程的顺利或曲折的文字简析，它说明一个儿童要能得到超常发展，除了必备的遗传素质的物质基础外，还有两个极其重要的因素，即适合的环境和教育因素（包括家庭、学校、社会环境和教育），以及儿童本身的个性心理特征。这两个因素的相互作用和制约，决定着超常儿童是否能超常发展以及发展过程的起伏。

（2）发展因素。根据对超常儿童发展过程的分析以及对他们智力、非智力及学习成绩关系的总结，不难看出，有几个因素都是不可忽视的。

①家庭环境和教育。在追踪研究的超常儿童中，绝大多数都有良好的家庭环境，受到较好的早期教育。根据对110名超常儿童家庭早期教育的调查，70%的儿童在2~4岁时便受到较有计划的早期教育，接受早教的平均起始年龄是3.5岁。这些家长善于因势利导，按照儿童的特点提供丰富的教育内容开发儿童的智力。

应指出，在早期教育中，家庭同时也注意儿童良好个性品质培养的很少（约占20%）。这可能就是超常儿童个性特征发展不平衡的一个原因。从小重视德、智、体、美、劳全面发展的教育，才能为超常儿童的健康成长奠定良好的基础。

②学校和社会教育。系统地学习科学文化知识和行为道德规范，对超常儿童的

发展是一个重大转折。大多数被追踪研究的超常儿童，由于学校对他们因材施教（提前入学、跳级或入超常儿童实验班等），社会上又提供了各种课外充实学习的机会，使得他们的潜力进一步发展，智力和个性发展到了一个新阶段。有的儿童幼年缺乏早期教育条件，入学后超常的才智才得到开发，被发现为超常儿童。

有少数幼年早慧，由于入学后在学校或社会上未被理解、教育不当，或遇到了挫折，因而发展受到影响，甚至夭折的也不乏其人。

这些都从正反两个方面说明，学校和社会教育是超常儿童进一步发展的关键条件。

③儿童的个性因素。十几年追踪研究的材料充分表明，儿童本人已形成的个性倾向和特征是他们超常发展的重要的内部条件，这一点在表5中能清楚地看出。

大多数超常儿童正常发展的正面例子说明，他们具有旺盛的求知欲、有理想、有抱负，主动探求，积极学习，虽遇困难或挫折，却能有"非学会、非做好不可"的毅力，因此他们的才智得以发展。相反，有少数超常儿童缺乏动机，或不能正确认识和调控自己，一旦遇到困难、挫折或失败，情绪容易波动，尽管客观上学习条件、机会仍然很好，但却不能利用和吸收，甚至一蹶不振，走下坡路，以致发展平庸。

总之，在儿童的超常发展中，遗传只是发展的前提、可能性，适合的家庭、学校、社会环境和教育是关键性条件。如没有适合的环境和教育，超常儿童将被埋没。然而环境和教育又要通过儿童本人的良好个性倾向和特征的中介而发生作用，使具有潜在的超常可能性转化为现实的超常。

4.关于超常儿童的心理结构。通过十几年对超常儿童的追踪研究和教育实验，我们总结出超常儿童作为一个特殊的群体有一些共同的心理特征：思维敏捷、记忆力强、观察敏锐、有独创性、求知欲旺盛、兴趣深或广、好胜、自信、有独立性……从这些共同的心理特征不难看出超常儿童的心理构成不限于智力、创造力方面，还包含个性倾向性和特征方面。

超常儿童与常态儿童的比较研究结果也表明，超常儿童在认知和个性特征方面都存在一些明显优于常态儿童的特点。

再从超常儿童成长过程的起伏及正反两方面经验看，个性因素在超常儿童的成长中有着不可忽视的中介作用，进而影响到超常儿童继续超常发展和成才。

根据上述不同侧面的研究成果，研究者总结认为超常儿童的心理结构应是认知（智力）、创造力和非智力个性特征3方面相互作用、独特组合的统一体。在这3方面中智力是发展的基础，创造力是发展的高度，个性倾向和特征是发展的动力和支柱。这不仅是一个值得进一步探讨的理论问题，而且对超常儿童的鉴别和教育具有指导意义。

（三）实际应用及效果

1.超常儿童的鉴别。研究者通过几年对超常儿童的个别鉴别，总结出5条鉴别的原则和程序，然后经过近十年来，建立超常儿童实验班，对较大范围的学生进行鉴别选拔的实践检验，证明这些鉴别原则和程序是行之有效的。

自1978年开始，协作组先后集中了人力编制出鉴别超常儿童认知能力测验、少年非智力个性心理特征问卷、小学生个性特征问卷和幼儿个性特征问卷，为研究和鉴别超常儿童的认知和个性特征提供了手段。虽然我们编制的鉴别工具还不能满足迅速发展的超常教育的需要，但鉴别工具从无到有，从个别鉴别到集体鉴别，我们对超常儿童的发现已从被动地依靠推荐，发展到主动地大范围地鉴别和选拔。

2.多种形式的教育实验。1978年，中国科学技术大学首创少年班，为早出、多出理科优秀人才提供了丰富经验。1985年后，西安交通大学、华中科技大学等校也先后建立了少年班。这些少年班各有特色，成绩都很突出，因此分别获得了国家或省教委的奖励。

对中小学的超常儿童，最初阶段是采取个别提前入学、插班或跳级，由研究者、教师和家长组成追踪研究小组，根据该儿童发展情况制订适合的个别前进的计划，指导其正常发展，从中探索其潜力及有效发展的条件。1984年，研究者协助天津市教育局建立了我国第一个小学超常儿童实验班，次年与北京市第八中学合作建立了一个中学超常少儿实验班，探讨适合于中小学超常儿童集体教育的形式。北京市第八中学首届超常实验班的科研成果获得了北京市"七五"期间教育科研成果一等奖，天津的超常儿童教育实验也已通过专家鉴定，并获得了奖励。

目前全国已有50余所学校建立了超常儿童实验班。这些中小学超常实验班与大学少年班（或允许提前入学）的衔接，以及多种形式课外充实教育的发展，使我国超常教育的体系逐渐形成。数千名超常儿童受到了适合其水平和特点的教育，显示了他们的巨大潜力。一批出类拔萃的未来人才开始崭露头角。

3.在教学和著作中引用。十五年的研究积累了丰富的资料，我们的研究报告发表后，为心理学、教育学及人才学等学科的教学或著作引用。尤其在心理学和教育学的教学中，不仅儿童教育心理学、特殊教育学等较普遍地引用本研究的结果，而且《普通心理学》《中国社会主义教育学》《创造教育》等都广泛引用了我们的研究结果。有些师范大学的教育系还开设了"超常儿童心理学"或"超常儿童心理与教育"等选修课。

我们的研究成果在有关国际会议上发表。如世界天才儿童会议、国际行为发展研究会、亚太地区天才会议、欧洲高才能会议及一些国家的学术会议等。论文刊登在国际性刊物或学术专著中，不仅被国际同行多方面引用，而且与我们开展了多项合作研究和学术交流。

4.扩大社会影响，开展教育咨询。协作组的成员在全国或地方的学术性或普及性会议上做关于超常儿童研究和教育等方面的报告，听众广涉大、中、小学和幼儿园教师、保健大夫、家长及有关学者，影响扩及社会各层面。由于我们的研究和教育成果的推广，澄清了社会上关于超常儿童的一些误解，增进了对他们的理解，现在已越来越多地引起了社会各界对超常儿童成长的关心和爱护。

为适应社会上的要求，协作组成员们在各地开展了对超常儿童的鉴别测验和教育咨询。这对帮助家长和教师正确认识超常儿童，正确引导其发展以及解决一些疑难问题起了积极作用。

（四）结束语

超常儿童的心理与教育研究是一项规模较大、协作历程较长、方法具有我国特色的研究。在我们已经完成或正在继续着的许多工作中，有些需要提高和完善，或需要重复；有些有待实践和时间的检验。在尚未开展的工作方面（如农村、少数民族及残障群体中的超常儿童等），还需要我们创造条件，逐步开展。尽管如此，这十五年来的研究成果，可以说已在理论和实践上填补了我国这个领域的空白，并为今后的进一步发展奠定了较好的基础。

参考资料

查子秀.3~6岁超常和常态儿童类比推理的比较研究.心理学报，1984，16（4）.

查子秀.超常儿童心理发展追踪研究五年.心理学报，1986，18（2）.

李仲涟执笔.7~15岁超常与常态儿童创造性思维的比较研究.湖南师大学报，1984（1）.

查子秀.超常儿童心理研究十年.心理学报，1990，22（2）.

袁军，洪德厚.用CA-NPI测试智力超常少年的报告.中国超常儿童研究十年论文选集，北京：团结出版社，1990.

查子秀，赵俊颜.超常与常态儿童个性特征及其与认知的关系比较.中国超常儿童研究十年论文选集，北京：团结出版社，1990.

王骧业.鉴别超常儿童（小学生）个性特征问卷报告.中国超常儿童研究十年论文选集，北京：团结出版社，1990.

查子秀，龚宝华.超常少儿的非智力个性特征.超常少儿的鉴别与培养，北京：光明日报出版社，1993.

查子秀.超常儿童的心理发展及教育.怎样培养超常儿童，西安：西安交通大学出版社，1987.

Zha Zixiu. Programs and practices for identifying and nurturing giftedness and talent in the People's Republic of China. In: Eds. K. A. Heller, F. J. Monks & A. H. Passow. International Handbook of Research and Development of Giftedness and Talent, New York, Pergamon Press, 1993.

查子秀执笔.超常儿童追踪研究三年.智蕾初绽——超常儿童追踪研究，西宁：青海人民出版社，1983.

查子秀.超常儿童心理学.北京：人民教育出版社，1993.

查子秀，李仲涟，高荣生，王骧业，等.鉴别超常儿童认知能力测验的编制和试用.中国超常儿童研究十年论文选集，北京：团结出版社，1990.

洪德厚，周家骥，王养华，徐增钰执笔.中国少年非智力个性心理特征问卷（CA-NPI）（1988年版）的编制与使用.心理科学通讯，1989（2）.

陈帼眉.幼儿性格量表的编制.中国超常儿童研究十年论文选集，北京：团结出版社，1990.

中国科学技术大学少年班管委会（贺淑曼执笔）.十年办学的回顾与思考.教育与现代化，1989（3）.

夏应春，韩云霞，俞炳丰，胡奈赛.我校工科少年班的教学工作及其改革.中国超常儿童研究十年论文选集，北京：团结出版社，1990.

宋文芝，韩雁洁.严谨与创新.教育与现代化，1989（3）.

天津实验小学智力超常儿童教育实验研究班（邱广惠执笔）.超常儿童集体教育初探.教育与现代化，1989（3）.

周林，查子秀，北京市第八中学教研室.超常儿童实验班的建立.心理学报，1986，18（4）.

龚正行执笔.超常儿童的鉴别和教育——北京八中超常教育实验班（1985—1989）实验报告.北京市教育科学研究十年成果选辑，北京：北京师范大学出版社，1991.

国外超常教育课程模式 [①]

中国科学院心理研究所　查子秀

超常儿童与同龄常态儿童虽有共同性，但又有明显的差异性，他们有很大的智力潜力、特殊的需求和兴趣。因此，为满足超常儿童充分发展的需要，还应为他们设计特殊课程。

国外超常教育的课程模式种类很多，本文只选择4种不同类型的课程模式，在此做简单介绍。

一、全校范围丰富教学模式

美国教育心理学家任朱利于20世纪70年代中期创建了丰富教学三类模式后又建立了旋转门识别模式。20世纪80年代中期，在此基础上形成了面向全体学生发展天才行为的全校范围丰富教学模式。

（一）基本理论

任朱利提出"三圆圈天才儿童概念"，认为天才是由3方面心理构成：中等以上的能力（智力），既指一般能力（如抽象思维、推理、空间关系等的高度发展），也包括特殊能力（如艺术、数学操作及领导等方面表现出的特殊才能）；对任务的承诺，包括对某个领域或问题的强烈的动机、浓厚的兴趣、极大的热情、责任心、自信心、执着精神等；较高的创造力，包括思维流畅性、灵活性、独创性、好奇心、深思熟虑、对新事物敏感、勇于探新、敢冒风险。他特别强调适当的教育条件与这3方面的相互作用促成了各类天才儿童的发展。三圆圈天才儿童概念是全校范围丰

---

①原文收录于《海峡两岸特殊教育学术讨论会论文汇编》，2002年，411–415页。

富教学模式的理论基础。

（二）方案实施

1.学生的选拔：（1）通过智力和成就测验把一般能力最高得分的15%~20%的学生选出来，建立候选人才库。（2）通过创造潜力及个性特征评定，由教师、家长推荐，或学生自己提名作为候选人。

2.对候选人进行3方面服务：一是对候选人的兴趣、能力、学习风格进行评定；二是对所有合格学生的常规课程进行压缩、调整，避免重复学习已经掌握的知识，使他们有时间去从事更具有挑战性的活动；三是参加丰富教育3类模式的活动。

丰富教育3类模式的活动为：

第一类，一般探索性活动。让学生在资源教室等场所，接触在普通常规课堂接触不到的大量的学科知识和论题，听取名人、专家的报告，参加感兴趣的调查、旅行，探讨有趣事件等。

第二类，集体培训。包括创造性思维和解决问题能力的训练，学习技能、交往技能训练，以及学习使用高层次、先进参考工具的能力等。

第三类，个体和小组研究实际问题。学生按照自己感兴趣的研究领域，在老师指导下，学会确定科研或艺术创作的选题，拟订研究计划，组织全过程的执行，最后提出创造性的成果（产品或论文），并通过专家评定，以确定成果的水平。

3.这项教育模式，经过研究和实践表明是有效的，并已有了一整套可供操作的材料，每年夏季他们都要举办教师培训班，因而这一模式已在美国和其他国家以不同的形式推广。

（三）特点和评价

1.把鉴别和教育相结合，对超常儿童的鉴别不单靠测验或学习成绩来确定，而是通过学习、活动和研究过程进行实际的、动态的考察和鉴别。这样多种类型的超常儿童就不至于被遗漏。

2.通过教室—活动室—研究室3种水平的教育，使各类儿童的超常潜力和优势得以充分展示、促进和培养。超常儿童不是别人给加冕的，而是自己经过努力可以争取到的，因而学校转变成为能发展学生天才行为的场所。

二、才能鉴别和发展研究模式

才能鉴别和发展研究模式是美国教育心理学家斯坦利于1971年开始创立的，最初是为具有数学潜能少年的加速发展而建立的"数学早熟少年研究"。1980年，该研究扩展到为物理、化学、语言等学科的超常少年服务，成立了学术才能青少年发展中心。

（一）基本理论

这项研究以个别差异理论为指导。根据"工作适应理论"，主张不仅要对特定个体的能力和爱好的差异进行评定，同样也要对环境因素（教育课程和专业等）进行评定。天才儿童的个体的智力、能力和爱好等差异很大，科学的教育要符合个体的需要和潜力。这两个方面相适应，个体智能才能得到最佳发展。

（二）方案实施

1.选拔测试：研究者用美国教育中心编制的学校与大学学术倾向测验选拔数学快速班的对象，开始用数学推理分测验对初一、初二年级（13岁以下）的学生进行测验，把得分在国家常模标准1%~3%的最高分数段、数学推理成绩大于或等于700分（满分为800分）的学生，吸收进数学快速班。后来还增加了语言推理测验。

2.诊断测验：通过几种数学成就测验，了解这些数学早熟者掌握数学概念和计算等方面的具体水平和问题。采用教育进步序列测验、数学难题测验、非文字推理测验等，对测验成绩低于年龄常模，不到第50个百分位的学生，要求他们将原测验题本重新做一遍，进一步了解他们的错误所在，作为有针对性地安排教学的基础。

3.处方教学：根据诊断测验的结果来设计、安排教学。一般把数学实际水平相同的学生，不论年龄或年级，3~5人编成一组，由一个导师指导，不采取班级教学的形式。导师应是具有数学专长的人，不一定是任课的数学老师，也可以是数学专家，或具有数学专长的家长。导师按照学生掌握数学的实际情况制订出教学方案，避免重复教授学生已经会的内容，集中教给学生更深的、新的、具有挑战性的内容。教学进度以学生个人学习的速度为准。教学时间安排有两种：一种为每星期周末两小时，另一种为暑假的3个星期或1个月。

4.诊断后测：处方教学后，要用与教学前诊断测验平行的另一套成就测验作为后测。学生测验的成绩达到第85个百分位数或以上，表明学生掌握了所学内容，可以开始学新的课题；没有通过的学生，对原课题要继续深入学习，直到掌握为止。

这种针对性极强的快速班，同样应用在物理、化学、生物、计算机、语言等学科。二十余年的追踪研究，证明这种课程模式对加速数学、科学、人文学科超常少年的发展是有效的。这项研究已在美国及欧亚一些国家推广。

（三）特点和评价

1.这种课程模式，对具有某方面（如数学或文学等）优势的超常儿童特别有利，优势科目方面既能加速超前发展，其他方面又能保持正常发展。

2.该模式针对性很强，处方教学不仅针对学生的水平和问题，在教学过程中还允许学生按照自己的速度发展，有利于不同特点的超常儿童充分发展。

三、创造性问题解决模式

创造性问题解决模式是帕尼斯建立的。他是以奥斯本的创造教育为基础，博采众长，吸收了创造领域的其他经验，逐步发展形成的。

（一）基本原理

1.每个人都具有不同程度的创造力，帕尼斯相信人的创造能力可以通过训练、培养得到提高。超常儿童比一般儿童具有更高的创造潜能。

2.帕尼斯相信通过循序渐进的问题解决过程，能将创造性解决问题的技巧，有效地教给不同年龄的学生。他认为创造性问题解决技巧具有高度的可迁移性。

（二）方案实施

创造性问题解决的步骤：

1.发现问题。从现实中发现真实的或隐蔽的问题，着手解决问题应考虑广泛一些，重新解释问题，找出更容易处理、解决的子问题。

2.发现事实。在问题确定后，应查找有助于此问题解决的所有事实。从可能解决问题的不同方面列出必要的信息资料。列出情况、特点、可能的影响因素，分析主要事实方面的作用。

3.发现观念。为解决问题，从不同方向想出许多观念、主意，采用头脑风暴法产生尽可能多的观念、主意，以及解决问题的办法或替代性解决方法。

4.选择解决方法。从许多替代性方法中，选出最有可能解决问题的方法，评鉴最佳方法。

5.寻求认可。编制行动计划，如被接纳，问题将迎刃而解，如果不被接纳则再回到第三步。

（三）实施要点

1.要按顺序进行训练：创造性问题解决分为5个步骤，训练要按顺序进行，前一步解决好了，依次向下一步发展，才能收到良好的效果。

2.贯彻发散性和集中性思维的交互作用：在整个创造性问题解决过程中，要反复发挥发散性和集中性思维的作用，一般是先发散，在发散的基础上集中（贯彻在每一步中），因而在每一步强调应先想出多种替代性方案，以便有足够的选择性。

3.应用头脑风暴法及其他策略：在解决问题的全过程中提倡用头脑风暴法，以及帕尼斯提出的一些策略，如移去创造力的内部阻塞。包括解除心理约束；延迟做判断；用隐喻、类比触发新的联结和组合；激发活跃的想象、幻想；提供心理舒展练习的经验；丰富知识等。

4.可以广泛使用：创造性解决问题的模式不受学科、领域（实践）的限制，适用于各专业、学科的问题的创造性解决。训练形式既可以个别进行，也可以集体（班、组）进行，可根据超常儿童的需要和特点安排。

（四）特点和评价

这是一项适用且效果明显的模式，不仅是超常儿童，即使是一般儿童，如果在学习期间，他们的创造性解决问题的能力得到训练并有良好的发展，将来在学习或工作中能自觉、主动地应用，也将会终身受益。因此，这也是被广为推行和采用的一项模式。

四、自主学习者模式

20世纪60年代以来，西方天才教育的倡导者，有很多都很注意天才儿童的个别化学习及自我指导的学习。自主学习者模式是其中有代表性的一项。

（一）基本原理

贝茨等研究者认为：人生的成功和幸福，关键在于人的认知能力、情感和社会性的统一发展。天才儿童求知欲强、智力潜力大、学习兴趣萌发早，他们在认知、自我意识、社会交往等方面有着不同的需求，尽早指导他们发展自主学习能力，有利于他们成长为终生的独立学习者和自我实现者。

（二）方案实施

选拔参加者的方法为：

1.通过智力和成就测验，结合教师、家长等人推荐，选出各类有超常潜力的学生（包括有创造性和主动行为，但成绩不高者）。

2.选拔程序有特色。公开超常儿童标准，让学生、教师、家长都了解；在学校、班级的活动中考察（大约一学年的时间）；老师、家长推荐，进行各种测验及必要的面谈；对所有材料进行综合评定，选出参加者；未被选上的学生如自认为够条件，可以自我申请，再接受进一步审查、评定，避免漏选。

自主学习模式包括5个维度：

1.定向。向学习者、教师及其他指导者提供有关天才人物及创造教育等资料，使学习者了解天才人物的追求和品质，明确参加独立学习模式的意义、目的和要求；正确认识自我及自己的责任。

2.个别发展。为实现自主学习的目标，学生首先应在教师的指导下，形成正确的人生态度、追求；培养必要的学习技能，如高层次思维能力，创造性解决问题的能力，计划、组织学习和研究的能力，应用计算机以及有关的学习策略等；发展积极的自我概念，正确地自我判断、自我调控；发展良好的人际关系，学会与人交往、沟通和合作，以及探查、选择未来的专业领域等。这些都是发展成为自主的学习者的必要基础。

3.充实活动。为学习者提供学校规定课程以外的丰富的学习活动。学生可以个人或小组的形式，对感兴趣的领域，或自认为有意义的课题，进行初步的调查研究和探索。最后，再进行小组报告交流、分享经验，讨论问题或改进。在这个阶段中，学生逐渐转化为活动的主体。

4.专题研讨。这时学生已是独立学习者，3~5人组成一组，选择共同感兴趣或认为重要的问题作为主题，学习和运用高深的知识、理论，进行专题讨论、座谈。对研究结果，允许他们做出自己独立的评价。

5.深入研究。独立学习者个人或小组（2~3人）根据兴趣和已有研究的基础，提出深入研究的课题。拟订出研究计划、具体时间表，并独立执行计划。计划完成后，提出研究成果，由参加者及感兴趣的人进行评鉴。

（三）特点和评价

这一课程模式的特点：

1.重视个体的个别差异，根据每个参加者的需求、特点、水平，设计适合的个别化学习方案。

2.从儿童的整体发展出发，既培养高水平的认知能力，同时重视儿童的自我意识、社会交往、生涯发展等，伴随学习者成长过程出现的新需要不断促进其发展。

3.该模式实施的效果良好，参加的学生不仅在学习期间是自主的学习者，由于自主学习能力的迁移，离开学校之后，在继续学习和创造性的工作中也成为终生独立自主的学习者。该模式已在美国和加拿大推广。

五、几点启发

（一）超常教育的课程模式应该发展

承认儿童的个别差异是客观存在的，超常儿童有特殊需要和特点，为他们设计特殊课程，实际上就是贯彻因材施教的原则。超常儿童与同龄的常态儿童既有共同性方面，又有特殊性方面，根据超常儿童的这一特点，为他们设计适合的课程。国外的做法是，一方面，对现行学校规定的统一课程，按照超常儿童的特殊需求，从课程设置、教材内容、教学方法以及评价等方面，进行加深、拓宽或删改；另一方面，根据超常儿童的类型、特点、水平，有针对性地设计特殊课程（如前面介绍的各种课程）。各类学校根据各自的认识和条件，选择改变普通课程或发展各种特殊课程。有些学校将普通课程的改革和多种特殊课程密切结合，使这两类课程相辅相成，获得更好效果，如任朱利建立的全校范围丰富教学模式。

（二）超常教育课程的发展是不断创新的过程

从上述课程模式看，为超常儿童设计适合的特殊课程，一方面要及时反映时代和社会发展的需要（如终身学习）；另一方面，既要充分了解超常儿童的实际需求、特点、水平，又要及时发现他们的发展、变化，给予适时的促进，在特殊课程的理论或哲学原则的指导下，通过一系列的程序，如起草计划，确定课程目标、内容，制订实施方案，对学生进行鉴别、选拔，采取合适的方法组织实施，评鉴效果，修订课程等，通过再实践—修改—发展，逐步完善。只有不断创新，动态发展，才能经久不衰。

（三）课程模式的建立需要多学科的合作

根据国外这些课程模式发展的经验，每一种有效的课程模式的设计产生，都离不开教育、心理、社会等多学科合作，需要研究者、教育者、教师、家长、学生协同努力，才能更好地完成。

参考资料

华华，戴耘，包容译. Renzulli J. S., Reis S. M. 丰富教学模式——一本关于优质教育的指导书，上海：华东师范大学出版社，1997.

Tassel-Baska J. V. Theory and research on curriculum development for the gifted. In: Heller K. A., Monks F. J. and Sternberg R. J., etc.（Eds.），2000.

Benbow C. P., Stanley J. C. Academic precocity: aspects of its development. USA: The Johns Hopkins Univ. Press, 1983.

Tannenbaum A. J. Gifted children: pychological and educational perspectives. New York: Macmillan, 1983.

Treffinger D. J. Sortore, M. R. and Cross J. A. Programs and strategies for nurturing creativity. In: Heller K. A., Monks F. J. and Passow A. H. International Handbook of Research and Development of Giftedness and Talent. USA: Pergamon Press, 1993.

Betts G. T. The autonomous learner model for the gifted and talented. In: Colangelo N. and Dacis G. A.（Eds.）Handbook of Gifted Education. USA: Allyn and Bacon, 1991.

我国关于超常儿童的教育与研究 [①]

中国科学院心理研究所 查子秀

摘要： 1978年春，为适应我国社会主义建设早出、多出各类优秀人才的需要，科研人员开始了对超常儿童的心理和教育的研究。同年，中国超常儿童研究协作组应运而生，在全国范围有计划、有组织地开展了超常儿童的研究和教育，主要目的在于揭示超常儿童心理发展的规律；总结他们超常发展的原因；研究科学的鉴别方法和手段；探讨并建立适合各类超常儿童需要的各种类型的教育，充分发挥超常儿童的潜力，促进超常儿童和常态儿童全面素质的共同提高，并为心理学和教育学等学科积累资料，充实理论。

早在两千余年前，我国已开始了对超常（资优）儿童的选拔、培养和重用。据《文献通考》等历史资料记载，我国古代从西汉开始，在科举取士制度（科举制）中设立童子科，对资优儿童进行选拔和培养。在童子科中具体规定选拔神童的年龄、考核内容、科目和标准、培养途径及奖励办法等。这一制度在唐宋时期更加兴盛，一直延续至明清时期，有一千余年的历史。这种我国特有的选拔和教育神童的制度在世界上堪称罕见，在世界天才教育史上也可谓是最早的。我国古代的神童辈出，其中许多人成长为闻名后世的大文豪、大诗人，世界一流的思想家、哲学家、政治家，伟大的数学家、天文学家、科学家……他们不仅对中华民族古代文化的繁荣昌盛功绩巨大，而且对世界文明也有重大的贡献。总之，我国的超常（资优）教育有着悠久的历史。

然而，由于封建社会的腐朽及外来帝国主义的一再侵犯，我国这个领域的发展停滞甚至落后倒退。20世纪30年代，上海市教育局曾引进西方智力测验，在小学阶段选拔天才儿童，试办天才儿童实验学校，但不久因战争而被迫中断。直至20世纪

---

①原文收录于《超常教育研究与实践集萃（北京八中超常教育30年文集之专题篇）》，学苑出版社，2015年，3-14页。

70年代，我国超常（资优）儿童教育才重新开始发展起来。

一、关于超常教育研究发展的历程

中华人民共和国成立后，随着我国经济和文化的发展，对特殊才能（如绘画、音乐、舞蹈、体育等）儿童的早期发现和有针对性的培养虽然逐步有了一些发展，但是对超常儿童进行科学的研究，尤其对智力超常儿童的研究和教育实验，直至20世纪70年代后期才开始。1978年春，为适应我国社会主义建设早出、多出各类优秀人才的需要，科研人员开始了对超常儿童心理和教育的研究。同年，中国超常儿童研究协作组应运而生，在全国范围有计划、有组织地开展了超常儿童的研究和教育。主要目的在于揭示超常儿童心理发展的规律；总结他们超常发展的原因；研究科学的鉴别方法和手段，探讨并建立适合各类超常儿童需要的各种类型的教育，充分发挥超常儿童的潜力，促进超常儿童和常态儿童全面素质的提高，并为心理学和教育学等学科积累资料，充实理论。

我国超常儿童的研究和教育所遵循的原则是：采取动态的比较研究；贯彻整体的和系统的观点；兼顾智力和非智力个性因素；综合运用多种具体的研究方法；鉴别、教育和追踪研究相结合等。前三十年的研究历程，可概括为5个阶段。

（一）第一阶段（1978—1983年）

该阶段一切从零开始，主要特点是探索，开展的主要研究有：

1.调查超常儿童百余人，追踪研究其中50人。

2.对5000余名3~15岁超常儿童与常态儿童的认知方面（观察力、记忆力、类比推理、创造性思维）开展比较研究。

3.探讨、明确鉴别超常儿童的原则和方法，编制了鉴别超常儿童认知能力测验。

4.中国科学技术大学创办少年班，破格录取超常少年。

5.对中小学超常儿童，推荐他们提前入学、插班或跳级，并由研究者、教师和家长成立三结合帮教小组，进行个别形式的超常教育试验；通过这一阶段的研究，初步了解了超常儿童的心理特点，确定了研究的指导思想及鉴别和研究的方法学原则。教育实验取得了初步经验和成果。

（二）第二阶段（1984—1988年）

该阶段主要特点是开始发展，开展的主要研究有。

1.继续并扩大超常儿童的追踪研究。

2.继续进行超常儿童与常态儿童认知方面的比较研究，并着力开展超常儿童与常态儿童非智力个性特征的比较研究。

3.编制了少年、小学生及幼儿3个非智力个性特征问卷。

4.中国科学技术大学少年班经验在高等学校进行推广，北京大学、西安交通大学等10余所高校试办少年班。

5.中小学开始集体超常教育实验，如天津实验小学、北京市第八中学等学校建立超常儿童（少儿）实验班。通过这个阶段的工作，对超常儿童的认知和个性心理特征方面有了进一步了解；鉴别超常儿童的原则和方法，通过建立超常儿童实验班在较大范围进行鉴别、选拔得到检验；超常教育实验进一步发展，在我国教育领域，开始出现了从小学到中学再到大学的超常教育体系的雏形。

（三）第三阶段（1989—1993年）

该阶段主要特点是总结、调整、提高，开展的主要研究有：

1.继续超常儿童的追踪研究并进行了阶段性总结。

2.重点开展对超常儿童与常态儿童创造力的比较研究，并对认知、非智力个性特征及其与学习成绩的关系等研究进行总结。

3.中小学、大学超常集体教育实验，经过总结或调整，根据各校的实际，发展具有各自特色的模式。

4.着手修订创造能力测验。

5.开展国际合作研究，如中德超常儿童和常态儿童技术创造力跨文化研究。在这个阶段，对超常儿童心理结构、超常儿童个性特征与认知和学习成绩的相关，以及超常儿童发展的过程和因素进行了总结；超常教育实验经过总结、调整得到提高，并出现不同类型。

（四）第四阶段（1994—1998年）

该阶段主要特点是多元化发展并参与国际合作研究，开展的主要研究有：

1.继续并扩大超常儿童个案追踪研究。

2.超常儿童心理研究多样化（动机、倾向、社会认知、性别差异）。

3.超常教育形成多种形式，教育实验（包括中小学和大学）出现多种类型（模式）。

4.国际（地区）合作研究进一步发展（涉及自我概念、数学奥赛选手、创造思考和创造倾向等）；学术交流剧增；出席各种国际学术性会议（包括出席世界天才会议、亚太地区天才儿童会议、欧洲高才能会议等）的人数增多；1995年在北京举办国际学术研讨会等。

（五）第五阶段（1999—2008年）

该阶段主要特点是超常教育实验效果显著，开展的主要研究有：

1.中国科学技术大学少年班的学生14岁入学，24岁或更晚一点取得博士学位，比一般大学生提前四五年进入工作或科研的最佳创造期。

2.中小学超常儿童实验班形式多样，大多取得了明显的效果。例如，北京市第八中学"超常儿童的鉴别和教育"课题的阶段成果，1999年获得北京市首届基础教育成果特等奖、全国第二届教育教学优秀成果二等奖。2005年，举行超常儿童的教育和研究二十周年座谈会，全国许多学校的教师前来参加研讨。

3.2007年，中国超常儿童研究中心举行会议，讨论了超常儿童心理发展和教育三十周年会议的论文，以及三十周年会议的各项准备工作。

4.2008年10月，中国超常儿童心理发展和教育三十周年学术研讨会在北京举行。

二、关于超常儿童的鉴别

（一）鉴别超常儿童的基本原则

在最初几年鉴别超常儿童的实践中，我们总结出5条鉴别原则：

1.在动态的比较中鉴别。

2.采取多指标、多途径、多种方法鉴别。

3.兼顾智力和非智力的个性特征。

4.把发展的质与量结合起来考察。

5.在教育实践中进一步鉴别。

这5条原则，通过建立超常儿童实验班，大范围鉴别选拔超常儿童的实践检验，证明是适合且必要的。

（二）鉴别的主要指标和方法

根据鉴别原则，对超常儿童进行鉴别的主要指标和方法见表1。

表1 鉴别的指标和方法动态的比较研究

多指标		多种方法
认知（智力）	思维 感知 记忆	认知实验 智力实验
创造力	创造性思维 创造性想象 创造性解决问题的能力	创造性思维测验 发散性思维测验 创造性想象测验 创造力问卷
学习能力	掌握知识的速度、方式、深度 及巩固性	学习能力及成就测验 学习过程的观察 作业分析
特殊能力	数学能力 领导能力 绘画、书法、音乐及外语能力	有关特殊能力测验 产品（作业）评定观察
个性特征	求知欲、自信心、坚持性等	问卷 观察 教育实验（试读）

（三）鉴别程序或步骤

对超常儿童的鉴别，一般是通过下列程序或步骤进行：

1. 推荐。由家长或教师推荐，填写一份调查表，包括该儿童的发展史、超常的主要表现、家庭简况、家长对儿童的教育情况等。

2. 初试。包括对有关主科知识能力的考查及一般智力测查。一般智力测查可借用某个已修订的量表，如韦克斯勒儿童智力量表、中国比奈智力量表等，了解儿童智力是否超出常态范围。

3. 复试。用我国超常儿童研究协作组编制的鉴别超常儿童认知能力测验进行鉴别。凡得分超过同年龄儿童均值两个标准差以上，或高于比他们大两岁以上儿童的均值，或在第95百分位上，就算通过。对于具有特殊才能的儿童，则要将他们的作品（如作文、绘画、制作品等）请有关专家评定。

4. 向原学校或幼儿园老师进行问卷调查，了解该儿童的个性特征及表现。

5. 体格检查，了解健康情况（对个别身体有恙者暂缓录取）。

6. 综合分析上述材料，初步确定超常儿童（少年）。将被初选出的超常儿童吸收到超常儿童试读班，经过试读进一步鉴别，然后在追踪和教育实验过程中进一步考察。

（四）鉴别工作的进展和问题

从1978年开始，超常儿童研究协作组用五年时间编制了鉴别超常儿童认知能力测验。从1983年开始，超常儿童研究协作组又集中了主要人力，编制了少年非智力个性心理特征问卷、小学生个性问卷和幼儿性格特征问卷，为鉴别和诊断超常儿童智力和非智力个性特征提供了手段。

经过十几年的工作，在鉴别方面已有了下列进展：

1.鉴别工具从无到有，改变了仅仅依靠文化知识考试成绩或凭经验推荐超常儿童的局面。

2.从只能对已经有超常表现的儿童进行验证性鉴别，发展到能主动去发掘尚无超常表现的潜在超常儿童。

3.从对超常儿童的个别鉴别，发展到从千余名儿童中筛选出超常儿童。

然而，在鉴别超常儿童方面的困难和问题还不少：一是鉴别测验（工具）远不能适应选拔超常儿童的实际需要；二是现有测验（包括已修订的国际上公认的较好的测验）在鉴别实践中表明效果有限。因此，对超常儿童的科学鉴别仍然是需要继续研究解决的问题。

三、关于对超常儿童的教育

从1978年以来，我国除了继续对具有艺术和体育才能的儿童进行有针对性的特殊教育外，还重点探讨了对智力超常儿童的教育。近三十年来超常教育发展较快，多种类型的超常教育逐渐形成，为各种类型的超常儿童的学习和发展提供了广阔的空间。

（一）超常教育的种类

自1978年以来，我国的超常教育发展了多种类型，概括起来有6种。

1.加速－弹性升级。通过鉴别确定为超常的儿童，学校允许他们提前入学或插班。如儿童经过学校考试达到规定年级的标准，学校允许他们跳级。在最初几年这种形式是超常教育的主要形式，当时很少有学校能允许超常儿童提前入学、插班或跳级，近年来随着社会对超常儿童的认识的加深，已有越来越多的学校向超常儿童开放，根据他们的智力（学习能力）水平，允许他们到适合的班级去学习。

2.建立超常儿童实验班（少年班）。中国科学技术大学在1978年首创少年班，探讨早出、多出理科优秀人才的有效途径，历年来取得了明显成绩。1985年，他们的经验在一些大学推广，此后西安交通大学、华中理工大学等先后建立了少年班。各校的少年班各有特色，成绩都很突出。

关于中小学超常实验班，1984年，研究者协助天津市教育局建立了我国第一个小学超常儿童实验班。次年与北京市第八中学合作建立了第一个中学超常少儿实验班，探讨适合中小学超常儿童集体教育的形式。同年，中国人民大学附属中学、天津耀华中学等也都办起了超常教育实验班。目前，全国已有70余所中小学建立了超常教育实验班。

3.课外/校外的充实教育。超常儿童有许多类型，学校和社会有关方面为不同类型的超常儿童提供了内容丰富、形式多样的课外和校外的充实活动。

在文艺、体育方面：近十余年来，业余班不仅数量大增，种类也有扩展，除琴棋书画的培训班外还有儿童京剧学校及武术班（校）等。

在科技活动方面：除天文、气象、无线电、航模制作、采集标本等之外，近十几年来增加了不少以现代科技为标志和21世纪需要的活动项目（如计算机、生物工程、航天技术、环境保护等），以及发展学生创造能力的发明创造活动。活动形式除兴趣小组外，近年来发展了不少学科（如数学、物理、化学及外语等）业余班校，利用周末开展活动，还有各种夏（冬）令营，利用暑（寒）假开展活动。为满足各类超常儿童课外拓宽、加深和提高其才智的需求，提供了可能。

4.个别指导的学习。分散在普通班（同年龄常规班）学习的超常儿童，由于他们在某门学科（或多方面）的特殊优势或潜力，被老师发现，在老师的指导下制订个人前进的学习计划，对他们因材施教。近年来，随着社会对超常儿童的重视，已有越来越多的老师成了伯乐，对自己班上的超常学生进行个别指导，并取得了许多突出的效果。例如，在国内外数学、物理、化学、计算机等学科奥林匹克竞赛中获奖的学生中，有不少正是得益于个别的指导。此外，在超常儿童实验班中，学生个别差异仍然非常明显，同样需要个别指导的学习形式。

5.早期超常教育。20世纪70年代末80年代初，对超常儿童的早期教育主要依靠家长根据自己孩子的兴趣和优势，在家里进行以早识字、早读、早算为主要内容的教育。近十几年来，随着我国早期教育的发展，社会上出现了丰富多彩的专为婴幼儿开设的培训班（校），广涉琴、棋、书、画、舞蹈、外语及计算机等。家庭与社会教育的结合，为超常儿童的早期发展提供了更多的机会。

6.对残疾超常儿童的教育。针对有残疾的儿童的特点和面临的障碍，进行特殊的超常教育，取得了聋童说话、写书并升入大学，盲童会弹琴并演出，智力残障儿童开画展等成果。

（二）超常儿童实验班（少年班）

自1978年以来，为适应智力超常儿童发展潜力的需要，一些学校相继建立了各种类型的特殊班，对智力超常儿童和少年大学生进行集体超常教育的实验。近年来，不论中小学的超常儿童实验班或大学少年班的数量和种类都有发展，见表2。

表2 不同类型的超常儿童实验班和少年班

超常儿童实验班（少年班）	大学	少年班：16岁以下超常少年，入学后集中管理
		强化班：高考录取的学生中选优异者，予以优化教育
		理学试验班计划：为理科各系有优势的学生提供一些课程，集中指导、分散管理、弹性学制
		双成实验班：从录取的新生中选出优异者集中编班，优化教育，培养他们成功、成才
	中学（初中和高中）	超常少儿实验班：11岁以下的儿童具有小学四年级以上程度，入学后四年毕业
		校中校实验：分两个阶段，小学阶段业余学习，周末集中上充实提高课；中学阶段建立超常实验班
		超常教育实验班：常规入学年龄、正常学制
		理科实验班：全国范围理科竞赛中获奖者集中编班，优化教育
		小班加速：该年级各班的超常学生，集中指导，加速教育
		三优教育实验：选中等以上智力的学生，培养他们智力、个性、创造力三优发展
	小学	早入学实验班：提前入学，五年毕业
		超常儿童实验班：常规入学年龄，缩短学制，一般四年毕业
	幼儿园	实验班：将超常幼儿集中在一个班进行教育
		小班活动：各班的超常幼儿定时参加小班的充实活动

从表2可以看到，不论是小学、中学或大学，超常集体教育的实验名称不同，入学年龄和学制也各异，办学形式和内容多样化，各有特色，表明各校能因地制宜，发挥了创造力。许多超常实验班已经过几轮教育实验，效果是明显的。通过总结证明：将智力水平、特点和潜力接近的超常儿童和少年集中编班（或部分集中），进行超常集体教育是有益的。这样的方式不仅便于教学，而且对超常学生具有更大挑战性和竞争性，可激励他们互相学习、共同前进。而且，在这样的班集体中的学生年龄相当、智力水平接近、兴趣比较投合，还可以满足超常学生情感和友谊正常发展的需要。

四、对超常教育的研究

超常儿童生理、心理发展与同龄常态儿童有什么不同特点？超常教育与传统的常规教育存在哪些区别？为了弄清这些方面的问题，必须加强学习，并开展对超常儿童及超常教育的科学研究。因此，自1978年以来，随着超常教育的开展，研究人员便开始了对超常儿童及超常教育的研究。三十多年来，围绕超常教育的研究，主要可概括为4个方面。

（一）鉴别和选拔研究

对鉴别超常儿童的基本原则、方法和步骤的探讨进行总结之后，还需要通过鉴别选拔实践的检验使之完善。不同方面鉴别测验的编制、修订和试用也离不开研究。现有鉴别测验还不能满足招生选拔的需要，研制或修订新的、更有效的鉴别测验任务还很重。"试读"作为鉴别选拔的一种步骤，可综合考察儿童的学习能力、创造性解决问题的能力，以及一些个性特征，如学习兴趣、独立性、克服困难的毅力等，已取得较好的效果，但还需要完善并使之更加科学化。

（二）综合性教育实验

这是纵向的整体性超常教育实验。在中小学和大学，有各种类型的超常实验班、少年班。这类研究的周期一般较长，最少两年，或五六年甚至更长。研究内容涉及较广：包括教育思想、学制、课程设置、各科教学、教法、育人方法、德育工作、教育管理及评价系统等。不少学校的超常教育实验已经过了一轮或十几年，通过了总结和专家鉴定，获得国家级或省市级教育或科研优秀成果奖。如中国科学技术大学"少年班教育实验十年"获国家教委颁发的优秀教育成果奖；北京市第八中学"首届超常儿童鉴别和教育实验"获得北京市"七五"教育科研成果一等奖；中国人民大学附属中学"超常教育实验研究"获北京市"八五"教育科研成果二等奖；天津实验小学超常儿童实验班与天津耀华中学超常教育实验班获得了天津市教委的奖励。这说明各校所办超常教育实验班基本上是成功的，并已为社会所肯定。这为更高水平的实验研究奠定了基础。

（三）各种单项教育或教学研究

单项研究涉及的方面非常广，如：超常儿童（少年大学生）个性形成研究；学生自我教育能力的培养；思想品德及班主任工作研究；编写适合于超常儿童认知特点和潜力的新教材、教科书，并在教学中试教探讨；教学方法的探讨，通过各科教学促进超常儿童智力、创造性思维、独立思考解决问题及动手能力发展；超常实验班、少年班学生身体发展和体育研究；数学等不同特殊才能学生的特点或能力研究；不同方面充实课外活动，如开展创造发明等活动的探讨，以及超常教育的评价体系的研究等。这些研究的论文不仅在国内外的刊物或会议上发表，而且其中不少被评为省、市或区级教育、科研优秀论文，荣获一、二或三等奖。这不仅有利于促进教育质量的提高，也活跃了学术气氛。

（四）超常儿童生理、心理特点及发展过程研究

对超常儿童与常态儿童生理、心理进行的比较研究是多方面的，有些方面还比较系统。如：超常儿童与常态儿童神经类型的比较研究；超常儿童与常态儿童认知能力、非智力个性特征以及创造性思维、创造力比较研究；对超常儿童的追踪研究，促进了对超常儿童发展过程和影响因素的探讨和总结等。这类研究的结果，促进了对超常儿童身心特点的认识，并为有效开展超常教育提供了依据。

研究促进了超常教育，并随着超常教育的发展而不断深入和提高。时代不断前进，超常教育不断发展，与超常教育紧密结合的科研，不仅不能停止，而且应改进研究方法，提高理论水平。

五、结语

我国现代超常教育和研究三十余年的探索，效果还是明显的。一批批超常儿童以较短的学习年限、优异的成绩、健康的体魄，完成了中小学和大学的学习任务。目前多数人在国内外攻读硕士、博士学位，其中出现了17岁的博士生。不少人已走上工作岗位，有19岁的建筑设计师、26岁的副教授……他们不一般的工作态度和成绩赢得了大家的信任和好评。小画家出色的画展，在国内外画坛多次引起轰动；音乐才能非凡的少年，在国内外的演奏会上获奖也是屡见不鲜；青少年的发明创造在国内外展赛中多次获得金牌或发明奖。近三十年来，在国际数学、物理、化学、信

息学等学科奥林匹克竞赛中，我国竞赛选手连年夺冠，多次荣获团体总分第一。所有这些都表明我国的超常儿童，在国内外已逐渐崭露头角，引起了国内外人士越来越多的兴趣和关注。

随着超常儿童可喜可贺的成长和超常教育的发展，一支热爱超常教育事业、积累了丰富经验并兼具科研能力的教师队伍已初步形成。尽管这支队伍人数还很少，却十分珍贵。

但由于我国超常教育起步较晚，这三十多年发展较快只是与自己相比而言，与这个领域先进的国家和地区相比，我们的差距还很大，不少问题还需要深化研究和逐步解决。目前我国的超常教育确切地说仍然处于实验阶段。超常儿童中能受到超常教育的人数比例还很小，且偏重在大城市和经济文化发达的地区，许多小城镇、广大农村以及少数民族地区潜藏着无数的超常儿童，但他们很少能受到适合的超常教育。我国人才资源的"富矿"还有待开发。所以，我国的超常教育还远不能满足早出、多出杰出人才的需求。

我国从事超常教育和研究的专家、学者和教师们任重而道远。今后要在总结现有成绩的基础上加强学习，批判、继承和发扬我国古代超常教育的优良传统。要加强和我国港台地区及国际同行之间的学术交流与合作，共同为超常（资优）教育的进一步发展、为我国和世界培养出更多优秀人才而努力。

参考资料

王文英，张卿华.超常学生与常态学生神经类型的比较研究.教育与现代化，1989（3）.

王骧业.鉴别超常儿童（小学生）个性特征问卷报告.中国超常儿童研究十年论文选集，北京：团结出版社，1990.

宁冠群，张维汉.在超常教育中加强自我教育能力的培养.教育与现代化，1989（3）.

刘彭芝.超常教育在校中校.光明日报，1993-01-07.

刘玉华，朱源，康庄.社会环境在少年大学生个性形成中的作用.中国超常儿童研究十年论文选集，北京：团结出版社，1990.

邱广惠执笔.超常儿童集体教育初探.中国超常儿童研究十年论文选集，北京：团结出版社，1990.

朱源.一种新型的办学形式——中国科学技术大学少年班.怎样培养超常儿童,西安:西安交通大学出版社,1987.

严庆心,朱源.中国科学技术大学少年班学生身体发展的特征与体育.体育科学,1992(6).

杜家良.超常少儿班学生的体质情况.超常少儿的鉴别与培养,北京:光明日报出版社,1993.

陈德徽.天才儿童教育.北京:商务印书馆,1930.

陈帼眉.幼儿性格量表编制.中国超常儿童研究十年论文选集,北京:团结出版社,1990.

洪德厚,周家骥,王养华,徐增钰.中国少年非智力个性心理特征问卷(CA-NPI)(1988年版)的编制与使用.心理科学通讯,1989(2).

李仲涟.7~15岁超常与常态儿童创造性思维比较研究.湖南师大学报,1984(1).

查子秀.超常儿童心理发展追踪研究五年.心理学报,1986(2).

查子秀.超常儿童心理研究十年.心理学报,1990(2).

查子秀,李仲涟,高荣生,王骧业.鉴别超常儿童认知能力测验的编制和试用.中国超常儿童研究论文选集,北京:团结出版社,1990.

查子秀.超常儿童心理与教育研究十五年.心理学报,1994(4).

张连云.3~6岁超常与常态儿童感知观察力的比较研究.心理学报,1987(2).

姚平子.4~6岁超常与常态儿童创造性思维的比较研究.全国第五届心理学学术会议文摘选集,1984.

施建农.超常与常态儿童记忆和记忆组织的比较研究.心理学报,1992(2).

夏应春,张原华.从我校少年班看超常少年的个性特点.怎样培养超常儿童,西安:西安交通大学出版社,1987.

龚正行.超常儿童的鉴别和教育.超常少儿的鉴别与培养,北京:光明日报出版社,1993.

龚宝华.超常少儿班的班主任工作.超常少儿的鉴别与培养,北京:光明日报出版社,1993.

贺宗鼎.超常少年陈×追踪研究六年.怎样培养超常儿童,西安:西安交通大学出版社,1987.

中国超常儿童心理和教育研究三十年大事纪实 [①]

中国科学院心理研究所　查子秀

摘要：本文对中国超常儿童研究和教育的起源及发展进行了系统的回顾；对三十年来我国超常儿童的研究和教育在国内开展的大协作、在国际进行的合作，以及在国内和国际（地区）举办的学术会议等大事进行了概述；并对我国这个领域三十年来的主要成果进行了简介。

一、缘起

20世纪70年代中期，我国为了实现"四个现代化"，赶超世界先进水平，大力发展教育，加速培养人才，全国呈现出一派大好形势。

早在1974年，著名美籍物理学家李政道教授曾向周恩来总理建议："理科人才也可以像文艺、体育人才那样从小培养。"这得到毛泽东主席和周恩来总理的赞同。

1977年10月，江西理工大学教师倪霖给方毅副总理写信，推荐13岁智力超常的少年宁铂。同年11月3日，方毅批示："请中国科学技术大学去了解一下，如属实，应破格收入大学学习。"在此期间，中国科学院、中国科学技术大学陆续收到不少推荐早慧少年的信件。由此，中国科学技术大学领导提出创办少年班的设想，这一设想很快得到中国科学院的批准。11月中至12月底，中国科学技术大学派出教师到有关省市，对被推荐智力优异的少年进行考核和选拔，破格录取了21名智力超常的少年，为组建第一期大学理科少年班做好了准备。

1978年3月18日，邓小平同志在全国科学大会开幕式的讲话中提出："必须打

---

①原文收录于《超常儿童成长之路——中国超常教育30年历程》，科学出版社，2008年，1-22页。

破常规地发现、选拔和培养杰出人才。"3月，在中国科学院领导的支持下，中国科学技术大学第一期少年班正式创办。5月，李昌副院长向中国科学院心理研究所提出："中国聪明儿童发展规律如何？你们可以研究研究。"这年，中国科学院心理研究所制订的研究规划中，超常儿童的研究被列为重点研究的项目之一。1978年5月，中国心理学专业会议在杭州举行。在会议期间，一些地区的代表在会上介绍了所发现的智力优异和特殊才能突出的儿童，如：广西师范大学的阙之瑛介绍了年仅6岁、绘画和心算才能双突出的李刚；上海师范大学的洪德厚介绍了4岁能读书、看报的吴海生等，他们认为这类儿童各地都有，发展和教育心理学工作者应关心并研究这些儿童的成长。在此基础上，会议酝酿成立了全国超常儿童研究协作组，当时推举了中国科学院心理研究所的查子秀、华东师范大学的李丹、上海师范大学的洪德厚、华中师范大学的刘荣才及四川师范大学的贺宗鼎同志为该协作组的第一届领导小组成员。超常儿童研究协作组最初是心理学会发展心理专业委员会的一个协作组，后挂靠在中国科学院心理研究所。

二、协作研究

（一）1978年

上半年，中国科学院心理研究所多次收到推荐超常儿童的电话或信件。各地的心理学教师发现了超常儿童，都会及时与超常儿童研究协作组取得联系，要求加入协作组，参加协作研究。

12月，超常儿童研究协作组的成员到河北保定参加中国心理学会全国心理学大会。在发展心理和教育心理分组会上，查子秀代表超常儿童研究协作组，做了《超常儿童的调查和追踪的研究》的报告，汇报了协作组的10个单位在成立半年来所调查研究的21名超常儿童。在会上，广西师范大学的阙之瑛介绍了特殊艺术才能的少年儿童，天津师范大学的彭景训报告了《数学竞赛优秀生个案分析》。

在这次会议上，超常儿童研究协作组讨论了协作研究的主要目的：

1.发现智力非凡的儿童和少年，以便能尽早对他们因材施教，充分发展他们的潜力，帮助他们健康成长。

2.探讨超常儿童与常态儿童心理发展的异同，分析总结超常儿童优异发展的主客观条件，为建立适合超常儿童的教育及改进对常态儿童的教育提供心理学依据。

3.在此基础上为探讨儿童心理发展的有关理论积累材料。

各单位还交流了调查研究的超常儿童的情况，并提出了在调查研究中遇到的问题，即如何确定超常儿童？用什么标准来衡量？也就是如何鉴别的问题（指标和方法），以及怎样追踪研究和教育的问题。由于历史的原因，在当时我国没有适用的测量工具，因此决定开展超常儿童和常态儿童感知、记忆及思维方面的比较研究，调查、比较从而发现超常儿童，同时也为编制鉴别认知能力测验做准备。

（二）1979年

7月19—24日，超常儿童研究协作组在位于北京的中国科学院心理研究所召开了座谈会。在会上，河南师范大学的孙应康介绍了张肖剑等4名超常儿童，广西师范大学的阙之瑛介绍了李刚等3名超常儿童。何隆襄介绍了华中师范大学发现的许勇、赵安等超常儿童，江西南昌市第十中学招收10岁以下超常学生开始进行超常教育实验，还有杭州、北京等地的代表都介绍了调查所发现的超常儿童。

11月14—20日，超常儿童研究协作组在中国科学院心理研究所召开座谈会。出席会议的有：上海师范大学的周冠生、广西师范大学的阙之瑛、青海师范大学的王骧业、开封的姜老师、四川师范大学的高荣生、东北师范大学的荆其桂等。会上，代表们除介绍了各地所发现的超常儿童外，还交流了在调查研究中确定某个儿童为超常儿童的经验标准问题。

11月25日—12月1日，中国心理学会第三次年会在天津召开，会上查子秀代表超常儿童研究协作组在发展心理和教育心理组的会议上，做了题为《继续开展超常儿童的调查和追踪研究的初步意见》的报告。会议期间，超常儿童研究协作组讨论了编制鉴别超常儿童认知能力测验的实施方案。这套测验包括感知观察力、记忆力、类比推理和创造思维等分测验，分3~6岁和7~12岁两个年龄阶段。为了能在全国范围内建立测验的标准化常模，会议讨论决定由各单位分工，完成一定数量的预测任务。

（三）1980年

10月20日，超常儿童研究协作组在中国科学院心理研究所举行了部分成员会议。参加会议的有青海师范大学的王骧业、东北师范大学的荆其桂、河南师范大学的孙应康、湖南师范大学的郑和钧、武汉师范学院（现湖北大学）的张蓁代，以及中国科学院心理研究所的查子秀等。会议主要对下列问题交换了意见并提出了建议：一是关于认知能力测验编制中，各测验题通过的人数百分比的计算，对预试中发现的不合适的测验项目进行修改，以及测验数据的统计整理的问题；二是关于次年召开协作会议的主题、内容、时间和地点问题；三是关于出版超常儿童研究专辑的问题。

12月24—29日，中国心理学会发展和教育专业委员会在北京师范大学召开科研、教学协作组会议。这个会议协作组出席会议的有14个单位的代表。会上，各单位汇报了1980年调查和追踪研究的超常儿童发展的情况；交流了为编制认知能力测验，各单位分工进行预测的结果和问题；讨论决定出一本超常儿童个案调查和追踪研究专辑，并推举刘荣才同志负责组稿和汇编。

（四）1981年

1981年上半年，各协作单位对追踪研究的超常儿童的发展情况、特点及形成因素做深入的调查研究，并将调查研究的结果整理成报告。

7月8—15日，超常儿童研究协作组在位于成都的四川师范大学召开协作会议，参加会议的有：中国科学院心理研究所的查子秀，四川师范大学的高荣生、贺宗鼎，西南师范大学（现西南大学）的张增杰、陈志君，广西师范大学的阙之瑛，青海师范大学的王骧业，华中师范大学的刘荣才，湖南师范大学的李仲涟，东北师范大学的荆其桂，福建漳州师范学院（现闽南师范大学）的黄丽珍，河北师范大学的张连云，华南师范大学的罗宜存，信阳师范学院的舒笃初，周口师范学院的张华倩，四川省綦江师范学校（现重庆市綦江实验中学）的相汲一，武汉师范学院（现湖北大学）的黎世法，杭州大学（现浙江大学）的卢婉君，青海省黄南藏族自治州民族师范学校的才让措等20位同志。

这次会议的主要任务是讨论认知能力测验预测的结果。在会上，王骧业报告了全国几个地区7~12岁儿童（每个年龄段200人）思维推理测验的结果；高荣生报告了12~15岁儿童（每个年龄段100人）思维推理测验的结果；李仲涟报告了7~15岁儿童创造性思维测验的结果；黄丽珍报告了记忆测验的结果；舒笃初报告了观察能力测验的结果；查子秀报告了全国几个地区3~7岁儿童（每个年龄段50人）类比推理思维测验的结果。在会上，各协作单位还介绍了各自追踪研究的超常儿童发展的情况，总共18名，并初步交流了追踪研究和教育的经验。

会上讨论决定将三年来对超常儿童追踪研究的成果编撰成一本专辑出版，并推举查子秀、张增杰、刘荣才、王骧业、阙之瑛、高荣生、贺宗鼎等组成编辑组。编辑组讨论确定专辑名为《智蕾初绽——超常儿童追踪研究》，并决定请中国科学院心理研究所所长潘菽为该书撰写前言。

12月4—8日，中国心理学会第三次代表会议在北京举行，出席会议的协作组代表有：查子秀、阙之瑛、王骧业、刘荣才、李仲涟、荆其桂、黄丽珍、张连云、罗宜存、舒笃初等。查子秀代表协作组在会上做《超常儿童追踪研究三年》的报告。

（五）1982年

7月31日—8月4日，超常儿童研究协作组在中国科学院心理研究所召开了3~6岁儿童实验的预备会议。出席会议的有：查子秀、荆其桂、李仲涟、高荣生、陈志君、黄丽珍、舒笃初、张华倩、北京师范大学的陈帼眉、南京师范大学的葛祉云、河北师范大学的陶岚清、陕西师范大学的姚平子、山西大学的李树桂、青海西宁保育院的黄琼芳等同志。会议主要讨论3~6岁儿童感知力、记忆力、类比推理、创造性思维及性格、意志、品质等方面的实验方案。

在会上，陶岚清介绍了3~6岁儿童感知观察力实验方案及预试结果；黄丽珍介绍了3~6岁儿童的记忆实验和预试结果；查子秀介绍了3~6岁儿童类比推理实验和预试结果，并对推理过程不同水平的评定进行了说明；陈帼眉介绍了幼儿性格调查和坚持性实验及预试结果；李仲涟介绍了3~6岁儿童创造性思维的实验方案及预试结果。

8月初，儿童心理学会议在哈尔滨召开。超常儿童研究协作组除上述这些同志外，还有王骧业、张连云同志参加了会议。会上，陈光齐介绍了7~12岁儿童感知观察力的实验；高荣生介绍了7~14岁儿童数学类比推理实验。会议讨论了对认知能力测验的修订及各单位的任务分工，最后，给各单位发了个案追踪五年的调查表，对所追踪研究的超常儿童进行一次调查。

12月1—6日，发展心理学与教育心理学专业委员会学术年会在昆明召开。会议期间，超常儿童研究协作组就各单位追踪研究的超常儿童的情况进行了交流。

（六）1983年

5月16—25日，超常儿童研究协作组在北京召开了全国超常儿童协作五年的研究成果总结预备会议。参加会议的有：王骧业、刘荣才、高荣生、李仲涟、洪德厚、陈帼眉、陈光齐、姚平子、张连云、刘玉华、包吉人、赵俊颜、何金茶、查子秀等。

7月28日—8月4日，超常儿童研究协作组在广西师范大学召开了五年协作研究学术总结会议。参加这次会议的有：王骧业、刘荣才、高荣生、李仲涟、赵卓群、陈帼眉、洪德厚、舒笃初、张连云、刘玉华、荆其桂、赵俊颜、查子秀、朱源、康庄、卢乐珍、李淑兰、凌培炎、丁松年、贺宗鼎、陈心君、郑莉君、石向实、蔡雁生、刘企华、丘济寰等。

会上，查子秀、王骧业分别报告了3~6岁及7~14岁儿童类比推理比较研究的结果；李仲涟报告了7~14岁儿童创造性思维研究的结果；洪德厚等报告了3~14岁儿童记忆研究结果；张连云、舒笃初报告了3~6岁及7~14岁儿童观察力的研究结果；

陈帼眉报告了3~6岁儿童坚持性的研究结果；朱源报告了中国科学技术大学少年班研究情况；贺宗鼎、荆其桂等分别报告了所追踪研究的超常儿童的情况。

会上，查子秀还做了题为《关于超常儿童追踪五年总结》的报告；刘荣才做了题为《关于协作研究的五年工作总结》的报告。会上讨论通过了协作组条例。

（七）1984年

3月上旬，超常儿童研究协作组负责认知各项分测验的同志李仲涟、王骧业、高荣生、查子秀等在中国科学院心理研究所整理各地所得的认知能力测验的各项数据，输入计算机进行统计处理，编制常模标准，并编写测验指导书。

8月11—15日，超常儿童研究协作组在北京召开会议，讨论超常儿童与常态儿童个性比较研究的结果，以及超常儿童追踪研究第二辑《怎样培养超常儿童》的组稿等问题。

8月16日，邓小平会见著名物理学家丁肇中教授时说："少年班很见效，也是破格提拔，其他几个大学都应办少年班，不知办了没有。至少北大、清华、交大、复旦应办一点少年班。"

8月21—25日，应天津市教育局的邀请，查子秀、丁松年、荆其桂等部分协作组同志到天津，帮助天津市实验小学对900余名报名的幼儿进行个别的鉴别测验，从中选拔出29名智力超常的儿童，组建了我国第一个小学超常儿童实验班。

11月11—17日，超常儿童研究协作组的查子秀、周林等赴中国科学技术大学，对少年班大学生进行认知、创造能力测验，并与少年班学生和老师分别进行了座谈。

11月30日，超常儿童心理发展五年研究成果鉴定会，即中国超常儿童协作研究五年成果的鉴定会，在中国科学院心理研究所举行。评审委员有潘菽、刘静和、荆其诚、朱智贤、林传鼎，会议成员还有刘范、徐联仓、许政援、方明、刘兆吉、丁祖荫、彭祖智、邓左恩等。会议认为"本研究采取多种指标和多种方法，兼顾智力和非智力因素，取得了可贵成果，填补了我国这一领域的空白，对解决国内教育和智力开发问题，具有积极的现实意义，在国际同类研究中具有我国的特色"。

12月1日，超常儿童研究协作组参加鉴定会的代表，汇报了五年成果鉴定会的情况和结果，提出并讨论了超常儿童研究协作组出版内部通讯问题。

会议决定内部通讯出版由协作组各单位轮流负责，并决定第一期由河北师范大学的张连云负责。

12月3—9日，中国心理学会第五届全国学术会议在北京西三旗饭店召开。超常儿童研究协作组讨论了超常儿童非智力个性特征问卷测验的内容以及下一年度的协作任务。

（八）1985年

1月26日，教育部颁布文件，决定除中国科学技术大学少年班外，在北京大学、清华大学、北京师范大学、吉林大学、复旦大学、上海交通大学、南京大学、东南大学、浙江大学、武汉大学、华中科技大学、西安交通大学等12所大学创办少年班。

3月，北京市第八中学的党委书记刘国玮，到中国科学院心理研究所与超常儿童研究协作组的查子秀等讨论联合创办超常儿童实验班的事宜。北京市第八中学和中国科学院心理研究所签订了《关于智能超常学生鉴别和培养的整体研究协议书》。

3—5月，双方从前来报名的800余名儿童中，经过3次鉴别测验，选拔出30名年龄为10岁、智力优异的儿童，建立了一个中学超常少儿实验班，学制为四年。

同年，中国人民大学附属中学、西安一中、南昌十中等学校，也建立了不同类型的中学超常儿童（少年）实验班。

5月，超常儿童研究协作组负责编制个性量表的部分单位的同志洪德厚、陈帼眉、查子秀等，在上海师范大学开会，完成了少年非智力个性问卷的编制。

8月2—25日，第六届世界天才儿童会议在德国的汉堡举行，中国科学院心理研究所的查子秀、北京师范大学的陈帼眉和中国科学技术大学的陶懋颀3位老师应邀出席。在会上，陶懋颀做了题为《中国科学技术大学创办的少年班》的报告，查子秀做了题为《中国超常儿童心理发展的研究》的报告。

英国的约翰·弗里曼主编《天才儿童心理学》（*The Psychology of Gifted Children*）一书，查子秀应约撰写《超常儿童的心理发展》（*Psychological Development of Supernormal Children*）一文，介绍中国对超常儿童心理发展的研究。

11月20—23日，在湖南师范大学召开了超常儿童研究协作组全体会议，传达第六届世界天才儿童会议的情况，讨论了个性问卷及第二套认知测验的编制，并研究了下年度协作计划的安排。

（九）1986年

2月25—28日，天津超常儿童实验班组织观摩教学及研讨会，超常儿童研究协作组部分同志参加。

7月24—30日，超常儿童研究协作组会议在西安交通大学召开。会议的主题是：讨论个性问卷和认知能力第二套测验方案的预试结果，讨论修改、落实正式方案；各单位汇报追踪研究的超常儿童的情况，对出现的问题讨论解决办法；超常儿童研究专辑第二辑组稿的有关事宜；研究加强协作组的机构建设等问题。到会的协作组成员共30人。

7月24日—8月10日，会议举办了超常儿童（少年）鉴别和教育培训班。参加者为来自全国各地已经或即将从事超常教育工作的老师，共42人。协作组有关同志为培训班学员讲授了超常儿童的心理发展、智力和创造力等理论，进行了鉴别超常儿童的实际操作训练；中国科学技术大学、北京市第八中学、天津实验小学等单位的代表介绍了举办超常儿童实验班（少年班）的指导思想、教育教学原则、方法等经验；培训班学员列席了协作组会议。7月30日，组织培训班学员进行了参观，7月31日和8月1日向培训班学员介绍了常用统计方法，并安排实习。

（十）1987年

5月11—16日，在中国科学技术大学召开了超常儿童研究协作组会议。会议对个性问卷7个方面（求知欲、兴趣、动机、情绪、好胜心、坚持性、自我意识）的预测结果进行了讨论，并提出了修订的意见；分析了少年班大学生、中小学生及幼儿的非智力个性心理特点；研究了协作组十年总结的内容及召开十年总结会议的时间和地点。

9月18—23日，中国心理学会在杭州举行会议，超常儿童研究协作组的王骥业、高荣生、荆其桂、陈光齐、姚平子、凌培炎、查子秀等同志出席了会议。会议期间，协作组的同志讨论了《超常儿童研究十年总结》应包括的方面，以及出版超常儿童研究专辑第二辑的有关问题。

11月3—7日，超常儿童研究协作组召开了全体会议，主要讨论如何进行十年总结及编制鉴别超常儿童认知能力第二套测验的有关问题。会议还研究了出版超常儿童研究专辑第二辑的组稿问题。

（十一）1988年

5月23—28日，中国首届超常儿童教育学术研讨会议在中国科学技术大学召开。参加会议的有来自全国45所大、中、小学及科研单位的80余名代表。他们在会上总结和交流了创办超常教育的经验，并进一步讨论了对超常儿童、少年的鉴别和教育等问题。

会议期间，超常儿童研究协作组的领导组成员召开了中国超常儿童研究十周年学术会议的预备会，对次年将召开超常儿童研究十周年会议的目的、内容、时间、地点及论文报告的准备等问题进行了讨论。

5月，中国超常教育专业委员会（筹备会）成立。

7月，天津耀华中学创办超常教育实验班。

7月，上海师范大学的洪德厚主持全国18个协作单位共同协作编制的中国少年非智力个性心理特征问卷及其使用手册通过鉴定。

（十二）1989年

这年春天，超常儿童研究协作组对第二套认知能力测验的预试结果进行整理和分析，对不适合的项目进行筛选，拟订标准化方案。

5月20日，协作组领导小组扩大会举行，洪德厚、王骧业、刘荣才、荆其桂、朱源、查子秀、康庄、丁松年、贺宗鼎、黄丽珍等参加了会议，研究十周年学术研讨会的具体日程安排；进行了论文的审定；确定了在大会和小组会上宣读的报告，以及会后出版论文集等问题。

5月23—26日，中国超常儿童协作研究十周年学术研讨会议在北京召开。会议由洪德厚主持，徐联仓（时任中国科学院心理研究所所长）致辞，查子秀做题为《关于超常儿童协作研究十年》的报告。会上分专题进行了报告和讨论：陈帼眉、王骧业、洪德厚等报告了关于智力、非智力个性特征的鉴别和诊断；朱源、张端明等对超常儿童（少年）的教育发表了看法；接着分大、中、小学进行了座谈，并组织参观了北京市第八中学超常少儿教育实验班。通过对研究成果的总结，大家认为这十年的协作研究成绩明显，较大地促进了我国超常儿童（少年）研究和教育的发展。会后，还进行了为期两天的超常儿童鉴别测验的培训。

6月12—14日，中国科学技术大学少年班十年成果鉴定会召开。鉴定委员会主任为冯致光（南京大学原副校长），副主任为余立，委员有钱临照、杨承宗、查子秀、张端明、康庄。

7月，河南新乡市第一中学创办超常教育实验班，招收11岁学生入学，学制为四年。

9月，湖南师范大学附属中学创办超常教育实验班。

（十三）1990年

1月4—7日，超常儿童研究协作组部分成员应邀到天津，参加天津实验小学超常儿童实验班的总结会议。

8月6—10日，在大连举办的中国发展心理学专业委员会第四届学术年会期间，召开了超常儿童研究协作组领导组扩大会议。讨论主题包括：关于中国超常儿童研究十周年成果鉴定会的准备工作及十周年论文集的出版等问题。

10月，北京市第八中学与中国科学院心理研究所合作进行的超常儿童的鉴别和教育研究课题——第一届超常儿童实验班，四年完成了中学六年的全部教学任务，通过了成果鉴定。鉴定委员会专家有徐联仓、许政援、梅克、朱智贤、陈元辉和荆其诚等教授。

（十四）1991年

3月，香港的邹维庸大夫到北京与查子秀等商谈1995年联手在香港和北京两地举办第十一届世界天才儿童学术研讨会议的问题。

10月，全国中学超常教育研究协作组在北京成立，北京市第八中学、中国人民大学附属中学、天津市耀华中学、湖南师范大学附属中学、东北育才学校及陕西西安第一中学等6所中学参加了该协作组第一届年会，交流了创办超常教育实验班的经验。

（十五）1992年

9月，江苏省天一中学创办超常儿童教育实验班。在此之前，从1980年开始，该校对超常儿童采取的是个别发现和个别培养的方式。

9月，全国中学超常教育研究协作组第二届年会在沈阳的东北育才学校举行，全国有10所中学参加会议。

北京市第八中学与中国科学院心理研究所合作进行的超常儿童的鉴别和教育研究课题，获得北京市"七五"期间教育科学成果一等奖。

10月19—23日，全国超常儿童研究协作组会议在华中理工大学召开。会议交流了各地对超常儿童进行研究的主要成果及超常儿童教育实验、少年班教育的经验。会议讨论提出了今后两年协作的重点：加强对超常儿童的非智力个性特征和创造力的研究和教育；对超常教育实验，提倡多样化的办学模式，鼓励形成各自的特色；对个案追踪的超常儿童进行综合分析研究等；进行十五年研究成果鉴定的准备工作。

12月，中国科学院心理研究所超常儿童课题组主持讨论了在全国10个地区进行儿童创造力测验的标准化工作的日程安排等问题。华中理工大学少年班进行了成果鉴定。超常儿童研究协作组参加编制小学和幼儿个性问卷的王骧业、陈帼眉等同志，在心理研究所进行小学和幼儿个性问卷结果的分析和总结。

（十六）1993年

7月2日，超常儿童研究协作组的查子秀教授与中国人民大学附属中学的刘彭芝校长拜访了国家教育委员会主任柳斌。

10月10—14日，中国超常儿童心理和教育研究十五周年学术研讨会议在北京召开。会议邀请了我国香港和台湾地区在这个领域的专家、学者、教育工作者出席，这次会议既是对我国十五年来开展超常儿童研究和教育的成果及问题的总结，也加深了同行之间的学术交流和合作研究。

深圳中学创办超常教育实验班。

10月15—16日，超常儿童协作组部分同志赴天津，参加天津实验小学超常儿童实验班的鉴定会。

10月，全国中学超常教育研究协作组第三届年会在湖南师范大学附属中学召开，全国10所中学、1所大学和教科所参加会议，与会者交流经验，研究编书事宜。

（十七）1994年

1—3月，中国科学院心理研究所领导经讨论提出第十一届世界天才会议北京会议学术委员会委员名单及参加审稿会议的人选。

4月，召开北京会议学术委员会第一次会议，介绍了第十一届世界天才会议的宗旨、内容和北京会议的主题，讨论了学术委员会的任务。

10月，全国中学超常教育研究协作组第四届年会在河南新乡市第一中学举行，全国十几所中学的教师、校长出席会议并交流经验。

（十八）1995年

上半年，北京学术研讨会第二次预备会议召开，讨论各项准备工作：如印发中文和英文版通知、申请赞助等。

5月，北京育民小学与中国科学院心理研究所合作，在小学建立超常儿童实验班，由中国科学院心理研究所对前来报名的儿童进行测验选拔。8月31日，北京育民小学第一个超常儿童实验班举行了开学典礼。

9月，中国科学院心理研究所成立超常儿童研究中心，并起草了中心的章程。

中国科学院心理研究所的周林、查子秀与中国人民大学合作开展学生成就动机发展的研究，计划三年完成，第一年完成了100名学生成就动机的问卷调查。

全国中学超常教育研究协作组第五届年会在天津耀华中学举行，全国十几所中学及1所教科所参加会议，与会者进行了经验交流、研讨和参观。

中国人才研究会超常人才专业委员会成立，挂靠在中国科学技术大学。

（十九）1996年

4月16—20日，中国人才研究会超常人才专业委员会在中国科学技术大学召开成立大会。会上产生了第一届理事会，并讨论通过了专业委员会章程。

9月28日，超常儿童研究中心学术委员会在北京成立，聘请台湾师范大学的吴武典教授为学术委员会顾问，查子秀为主任，施建农、何金茶等为副主任。会议讨论通过了超常儿童研究中心的章程。时任中国科学院心理研究所所长张侃到会给顾问、主任和委员们发了聘书。

10月，全国中学超常教育研究协作组第六届年会在西安第一中学举行，全国18所中学及1所小学参加了会议，与会者交流经验并听课。

10月7日，中国人民大学附属中学超常教育实验班成果鉴定会召开。次年，该成果获北京市教委课题二等奖。

中国科学院心理研究所与中国人民大学附属中学合作进行的学生成就动机发展的研究完成了第二年度计划。

（二十）1997年

8月，超常儿童研究中心召开学术委员会第二次会议，讨论中国超常儿童研究和教育二十周年国际学术研讨会的具体计划等问题；随后召开了审稿会，对提交二十周年研讨会的论文按照审稿标准进行了集体审稿，并讨论了论文集《儿童超常发展之探秘》的出版事宜。

10月，全国中学超常教育研究协作组第七届年会在深圳中学举行，全国11所中学及1所大学出席了会议，与会者交流经验、听课并研讨。

（二十一）1998年

4月，超常儿童研究中心学术委员会召开第三次会议，具体研究安排二十周年学术研讨会议的各项筹备工作。

8月19—23日，中国超常儿童心理发展与教育研究二十周年国际学术研讨会在北京举行。大会主题是"加强超常儿童研究，为新世纪培养高素质人才"。会议的主要目的：一是总结我国二十年来超常儿童研究领域已取得的成果和经验；二是讨论促进超常儿童素质全面提高进一步要解决的主要问题；三是促进我国超常儿童研究和教育的进一步合作和交流。出席这次大会的代表有来自我国多年从事超常儿童心理发展和教育研究的心理学家、教育家和教育工作者，以及来自美国、英国等国家的特邀来宾，共120多人。大会共收到论文110篇。

8月16—19日，中国科学院心理研究所超常儿童研究中心为中小学老师举办了儿童创造力及情意教育培训班，邀请吴武典等中外知名专家为从事超常教育的老师进行儿童创造力、儿童情感意志的培养以及儿童心理卫生及心理健康教育等3个主题内容的培训。参加培训的老师共50余人。

（二十二）1999年

5月，全国中学超常教育研究协作组第八届年会在沈阳东北育才学校举行，全国十几所中学出席会议，与会者交流了经验。

北京市第八中学超常儿童的鉴别和教育课题的阶段成果获得北京市首届基础教育教学成果特等奖，并于同年获得教育部颁发的全国第二届教育科学优秀成果二等奖。

12月，超常儿童研究中心召开学术委员会的扩大会议，主要总结过去的工作，分析当前存在的问题，研究在新形势下如何进一步开展合作研究。

（二十三）2000年

6月，中央电视台到中国科学院心理研究所采访我国超常儿童研究和教育的情况。

9月，召开超常儿童家庭教育经验座谈会，邀请北京市第八中学和中国人民大学附属中学超常教育实验班的部分家长参加。

（二十四）2001年

全国中学超常教育研究协作组第九届年会在江苏无锡天一中学举行，全国十几所中学出席了会议，与会者进行了听课及研讨交流。

12月，中央人民广播电台"午间一小时"节目邀请中国科学院心理研究所查子秀、中国人民大学附属中学校长刘彭芝以及一些学生家长与超常儿童座谈并进行了节目录制。

（二十五）2002年

9月21—24日，中国人才研究会超常人才专业委员会第二届年会和全国中学超常教育研究协作组第十届年会在北京华北大酒店联合举行，全国十几所中学及大学出席会议，与会者进行了经验交流和研讨。

（二十六）2003年

10月，中国科学院心理研究所超常研究课题组为中国超常儿童心理与教育研究二十五周年举办报告会，邀请了查子秀做题为《我国超常儿童心理和教育研究——成绩、问题和展望》的报告，并邀请3位国外学者做了报告。

（二十七）2004年

北京幸福时光陶然幼儿园举办超常幼儿实验班。

全国中学超常教育研究协作组第十一届年会在西安交通大学举行，全国十几所中学及几所大学出席会议，与会者进行了交流、研讨和参观。

（二十八）2005 年

9月，北京育才学校建立超常儿童实验班。

全国中学超常教育研究协作组第十二届年会在福建龙岩举行，全国十几所中学及有关专家出席了会议，进行了交流和研讨。

12月，北京市第八中学举行创办超常少儿实验班二十周年座谈会，总结二十年来招收超常少年儿童进行教育实验（共12届，380名学生）的经验。

（二十九）2006 年

10月17日下午，中国超常人才研究会第四次常务工作会议在北京师范大学召开。

（三十）2007 年

4月15日，中国科学院心理研究所超常儿童研究中心学术委员会扩大会议在中国科学院心理研究所举行。会议讨论了新一届学术委员会名单；确定了在2008年10月召开中国超常儿童研究与教育三十周年学术研讨会；对今后如何加强超常儿童的协作研究交换了意见。

5月10日，中国超常儿童研究与教育三十周年学术研讨会筹委会第一次会议召开，讨论了2008年召开中国超常儿童研究与教育三十周年学术研讨会的主题、内容、时间、地点及日程安排等事宜。

12月1日，中国超常儿童研究与教育三十周年学术研讨会筹委会第二次会议在中国科学院心理研究所举行。会议由施建农主持，时任心理研究所所长张侃等领导出席了会议，讨论了三十周年会议的组织、文集出版等事宜。

（三十一）2008 年

3月，中国超常儿童研究与教育三十周年学术研讨会筹委会向各地发出会议通知，明确6月30日为提交大会论文/摘要的截止日期。

8月9日，中国超常儿童研究与教育三十周年论文集的审稿会在中国人民大学附属中学举行。

10月17—21日，中国超常儿童研究与教育三十周年学术研讨会在北京举行。

三、合作研究

▼

（一）国际合作研究

1.中德合作研究。1987年10月17—20日，德国慕尼黑大学教育心理研究所的海勒教授和他的助手汉恩博士访问北京，在中国科学院心理研究所与查子秀、施建农、周林等举行中德技术创造力跨文化研究的工作会议。会议通过讨论制定出《中德技术创造力三年合作研究方案》。

1988年10月，中国科学院心理研究所的查子秀应德国慕尼黑大学教育心理研究所海勒教授的邀请，赴德国慕尼黑大学进行中德技术创造力跨文化研究的工作会议。讨论确定了三年合作研究的方案及每年的具体计划、日程安排等。

1989年10月，德国慕尼黑大学教育心理研究所的海勒教授再次到中国科学院心理研究所进行访问，讨论了中德技术创造力跨文化研究年度测验的结果。

1991年3月，德国慕尼黑大学教育心理研究所的海勒教授访问中国科学院心理研究所，与查子秀等共商中德技术创造力跨文化研究三年的总结问题。

1991年7月，第九届世界天才会议在荷兰海牙召开。接着召开中德技术创造力跨文化研究总结性会议，查子秀教授应邀出席，在会上报告了中方的研究结果，并讨论了总结报告的内容。

2.中美合作研究。1993年春，台湾师范大学的吴武典教授和美国伊利诺伊州立大学的赫伯特·瓦尔贝格教授、圣约翰大学的坎贝尔教授，致信中国科学院心理研究所查子秀教授，提出开展"数学奥林匹克选手跨文化研究"的建议，通过信函交换意见，初步达成了合作研究的意向。

8月，中国科学院心理研究所的查子秀教授与台湾师范大学吴武典教授在加拿大多伦多出席第十届世界天才会议期间，与美国圣约翰大学的坎贝尔教授，讨论了开展中国与美国数学奥林匹克优胜者跨文化研究的计划。

1994年5月，在北京举行中国和美国数学奥林匹克选手跨文化研究的工作会议，参加者有美国的沃尔伯格教授、坎贝尔教授，日本的平野教授和我国台湾师范大学的吴武典教授，中国科学院心理研究所的查子秀教授、陶晓勇教授及中国人民大学附属中学的刘彭芝校长。会前翻译、修订了数学奥林匹克竞赛选手问卷；会后，按照合作的要求对学生进行了数学奥林匹克竞赛的问卷测验。

1995年，对数学奥林匹克竞赛问卷测验的结果进行了统计处理、数据分析，并讨论了撰写学术报告的题目、分工及日程。

1996年4月，查子秀应邀赴美国纽约出席美国教育双年会，在数学奥林匹克竞赛选手研究专题会上，做题为《中国学生数学才能的形成——对奥林匹克选手的研究》的报告。会后，在圣约翰大学讨论了第二阶段扩大合作研究的问题。

3.中荷合作研究。1991年10月，荷兰奈梅根大学的蒙克斯教授到中国科学院心理研究所参观访问，提出开展中荷超常儿童个性方面跨文化研究的建议。由于荷兰奈梅根大学与中国科学院有交流项目，1994—1996年，中国科学技术大学少年班与荷兰奈梅根大学天才研究中心开展了中荷超常儿童与常态儿童自我概念的跨文化研究，并互派了访问学者。

（二）国内合作研究

1.创造思考和创造倾向的合作研究。1994年，我国开展"创造思考和创造倾向"合作研究，用台湾师范大学林幸台教授修订的威廉斯创造思考与创造倾向量表（做适当修订），分别在北京、上海、台北、香港4地取样，进行研究。这项研究的参加者，有北京的查子秀、何金荼，台北的林幸台和香港的余古少贤。

2.托尼非语文智力测验的修订。1994年8月底—9月初，台湾师范大学吴武典教授及心理出版社许丽玉社长到北京，在中国科学院心理研究所与查子秀、张雨青和施建农等开会，讨论了修订托尼非语文智力测验的有关问题。

1998年，在北京市进行了托尼非语文智力测验的测试和数据处理工作。1999年完成了北京地区托尼非语文智力测验的修订常模的编制。

2002年5月27日，台湾心理出版社的吴道渝专程来到北京，与参加托尼非语文智力测验修订的中国科学院心理研究所、中国人民大学附属中学和北京市第八中学等讨论了推广版税的问题并签约。

（三）主办/出席国际会议及访问、考察

1.主办/出席国际（地区）会议。

（1）第十一届世界天才儿童会议北京学术研讨会议。

1992年11月9日，第十一届世界天才儿童会议香港筹备会的郭文玉博士到达北京，次日到中国科学院心理研究所与查子秀等同志讨论联手办好1995年第十一届世界天才儿童会议的有关准备工作。

1994年上半年，第十一届世界天才儿童会议会后北京学术研讨会的学术委员会成立，并召开了第一次筹备会议，讨论1995年北京学术研讨会的各项准备工作，如发出会议通知、编辑论文集，以及会议日程安排等。

1995年7月，第十一届世界天才儿童会议在我国香港举行，大会主题为"潜质尽展，稳步向前"。超常儿童研究协作组组成25人的代表团出席了会议，在会上发表论文20余篇。

8月5—8日，第十一届世界天才儿童会议北京学术研讨会在北京友谊宾馆举行，主题为"天才儿童的鉴别和教育"。到会代表250余人，来自20多个国家和地区。

（2）第六届亚太地区天才（超常）儿童会议。

2000年8月，第六届亚太地区天才（超常）儿童会议，由中国科技交流中心及中国科学院心理研究所联合主办，在北京的中国科技中心举行，主题为"新的世纪，天才的未来"。

2.访问、考察及出席国际（地区）会议。

1980年3月，查子秀参加"中国儿童工作专业考察团"赴美国考察，访问了西雅图、丹佛、查普希尔、华盛顿、波士顿、纽约6个城市，参观了华盛顿大学天才儿童发展研究中心等机构。

1985年8月2—25日，第六届世界天才儿童会议在德国的汉堡举行。中国科学院心理研究所的查子秀、北京师范大学的陈帼眉和中国科学技术大学的陶懋顾等3位老师应邀出席。在会上，陶懋顾介绍了中国科学技术大学创办的少年班，查子秀报告了中国超常儿童研究的初步结果。会后，查子秀应邀赴慕尼黑大学教育心理研究所，参观海勒教授领导的天才儿童研究项目。

在德国期间，查子秀应邀到德国波恩，出席德国教育与科学部组织的天才女孩问题的研讨会，做了题为《中国超常儿童研究中的性别问题》的报告，会后应邀访问了波恩大学及研究所，并做了题为《中国超常儿童的追踪研究》的报告。

1985年11月，应荷兰奈梅根大学蒙克斯教授的邀请，查子秀到荷兰奈梅根大学参加天才儿童研讨会，做了题为《中国超常儿童的追踪研究》的报告，会后进行了参观。接着，查子秀访问了德国杜宾根大学、瑞士巴塞尔大学，并赴苏黎世出席第二届欧洲高才能儿童会议，在会上做了题为《中国超常儿童类比推理的比较研究》的报告。

1991年4月，查子秀和中国科学技术大学的朱源应邀赴美国西雅图，参加美国儿童发展研究双年会。查子秀在会上做了题为《中国超常儿童心理发展研究十年》的报告，参观了西雅图的天才儿童活动中心、中学天才儿童快速班；接着，应任朱利、帕索和登纳等教授的邀请，赴康涅狄格大学、哈佛大学、哥伦比亚大学进行学术交流，并参观访问了天才儿童中小学及早慧幼儿园。

1991年10月，美国天才教育代表团一行百余人访问中国，在北京组织了研讨会，查子秀等教授出席会议并和他们进行了学术交流。

1993年8月，第十届世界天才儿童会议在加拿大多伦多举行。中国科学院心理研究所的查子秀、北京市第八中学的龚正行、中国人民大学附属中学的刘彭芝参加了会议，会上为第十一届世界天才儿童会议将在中国香港和北京召开进行了宣传，并散发了第一轮会议通知。

1993年11月，第一届华文社会心理与教育测验学术研讨会在我国台湾师范大学举行，查子秀应邀在会上做题为《测验在超常儿童鉴别和研究中的应用》的报告。

1994年8月，第三届亚太地区天才儿童会议在韩国首尔召开，中国科学院心理研究所的查子秀作为特邀嘉宾出席，并在会上做题为《天才儿童创造性思维的研究和培养》的报告。出席会议的还有北京市第八中学的龚正行、赵大恒等4位老师，这是我国代表第一次出席亚太地区的天才儿童会议。

1994年11月，韩国教育发展研究所天才儿童教育研究室的赵世基博士访问中国科学院心理研究所，了解中国关于超常儿童的研究和教育。

1996年3月，韩国赵世基博士带领韩国代表团一行8人再次来访，在中国科学院心理研究所进行了座谈，并参观了北京市第八中学和中国人民大学附属中学等学校。

1997年10月，第一届海峡两岸特殊教育学术研讨会在台湾师范大学举行。查子秀和朱源应邀出席，查子秀向大会做了《我国大陆超常（资优）教育研究》的专题报告，并宣读了《超常与常态学生技术创造力的比较研究》的论文。朱源在主题研讨会上做了《教育改革与特殊教育》的引言，并宣读了《少年大学生智力结构特点的研究》论文。

2000年8月，世界天才协会亚太地区联合会第六届会议在中国北京召开。会上，施建农被推举为亚太地区联合会副主席。

2002年，第七届亚太天才儿童会议在泰国曼谷召开，中国北京市第八中学、中国人民大学附属中学及中国科学院心理研究所派代表参加。施建农在会上被选为亚太地区联合会主席。

2002年12月，海峡两岸特殊教育会议在北京举行。超常儿童研究协作组的赵大恒、刘彭芝、贺淑曼、李彩云、施建农、查子秀等20余人参加了会议，并在会上宣读了论文。

2004年，第八届亚太地区天才儿童会议在韩国召开，中国科学院心理研究所的施建农应邀出席。

四、成果

（一）鉴别原则

经过多年探索，总结出多种指标、多种方法的鉴别原则；组织编制了认知能力测验及非智力个性心理特征问卷并通过了专家鉴定。

（二）教育形式

超常儿童的教育从无到有，形式多样，概括起来可分为两大类。

1.在各年龄阶段（大学、中学、小学），建立了各种类型（如缩短或不缩短等）的超常教育实验班，如大学的少年班、中学超常教育实验班、小学超常儿童实验班，以及幼儿园的超常幼儿实验班。这些实验班大多数成效卓著，获得了国家或地区教育部门的奖励。例如，1989年，中国科学技术大学"少年班教育实验十年"通过专家鉴定，1990年，获得国家教委颁发的优秀教育成果奖；1992年，北京市第八中学与中国科学院心理研究所合作进行的超常儿童的鉴别和教育研究课题的阶段成果，获得北京市"七五"教育教学研究成果一等奖，1999年该成果获得北京市首届基础教育成果特等奖、全国第一届教育教学优秀成果二等奖；1996年11月，中国人民大学附属中学的超常教育实验研究课题获得北京市"八五"普教科研成果二等奖。

2.发展了各种形式的校/课内外的超常教育。校内的课内外超常教育，如各种课题研究、活动课，各种社会调查、社会实践、参观、座谈等。校外的超常教育有假期或周末进行的各种才艺、学科培训班等。

（三）一批学术著作（或科普读物）的出版

1983年1月，《智蕾初绽——超常儿童追踪研究》，超常儿童研究协作组编著，青海人民出版社出版。

1987年8月，《怎样培养超常儿童》，超常儿童研究协作组编著，西安交通大学出版社出版。

1988年2月，《少年大学生的足迹》，朱源等编著，中国科学技术大学出版社出版。

1988年8月，《超常儿童与早期教育》，凌培炎著，河南大学出版社出版。

1990年春，《中国超常儿童研究十年论文选集》，超常儿童研究协作组编著，团结出版社出版。这本书中既有对十年间开展超常儿童与常态儿童认知、个性等方面的比较研究的总结报告，也有小学、中学及大学超常儿童、少年教育实验的阶段性总结报告。

1990年5月，《少年大学生的成长》，中国科学技术大学少年班编著，黑龙江教育出版社出版。

1990年8月，《超常儿童培育手册》，冯春明、毕顺堂、张连云主编，河北教育出版社出版。

1991年6月，《超常教育学》，辛厚文主编，司有和、朱源、刘玉华等编著，人民教育出版社出版。

1993年6月，《超常少儿的鉴别与培养》，北京市第八中学、中国科学院心理研究所、北京市教科所超常教育实验课题组编著，光明日报出版社出版。

1993年7月，《超常儿童心理学》，查子秀主编，人民教育出版社出版，2006年再版。

1994年，《超常儿童心理发展与教育》，刘玉华、朱源编著，安徽教育出版社出版，2001年修订再版。

1998年7月，《儿童超常发展之探秘——中国超常儿童心理发展和教育研究二十周年论文集》，查子秀主编，施建农副主编，重庆出版社出版。

1999年1月，《发现天才儿童》，施建农、徐凡著，中国世界语出版社出版。

2001年，《超常儿童成长摇篮》，刘运秀主编，北京大学出版社出版。

2002年5月，《成长的摇篮——家庭高素质教育》，查子秀主编，重庆出版社出版。

2004年，《超常儿童发展心理学》，施建农、徐凡著，安徽教育出版社出版。

2005年，《全国中学超常教育研究协作组第十二届年会超常教育文集》，福建省龙岩第一中学教育科学研究室编著。

2007年，《超常儿童成长的地方——北京八中少儿班成立二十周年文集》，赵大恒著，学苑出版社出版。

2008年7月，"人大附中超常儿童培养纪实"丛书（共8本），刘彭芝、王珉珠主编，高等教育出版社出版。

参考资料

▼

《邓小平文选》（一九七五——一九八二），93页.

教育部文件【1985】教计字018号，1985年1月26日.